Nicolas Sarkozy
face à la crise

Du même auteur

Risques et catastrophes : Comment éviter et prévenir la crise ? Le management des situations complexes, septembre 2006, Éditions du Papyrus.

© L'Harmattan, 2010
5-7, rue de l'École-polytechnique ; 75005 Paris

http://www.librairieharmattan.com
diffusion.harmattan@wanadoo.fr
harmattan1@wanadoo.fr

ISBN : 978-2-296-11962-8
EAN : 9782296119628

Gilbert Boutté

Nicolas Sarkozy
face à la crise

Questions Contemporaines
*Collection dirigée par J.P. Chagnollaud,
B. Péquignot et D. Rolland*

Chômage, exclusion, globalisation... Jamais les « questions contemporaines » n'ont été aussi nombreuses et aussi complexes à appréhender. Le pari de la collection « Questions Contemporaines » est d'offrir un espace de réflexion et de débat à tous ceux, chercheurs, militants ou praticiens, qui osent penser autrement, exprimer des idées neuves et ouvrir de nouvelles pistes à la réflexion collective.

Derniers ouvrages parus

Edward GRINBERG, *L'intervalle. Vers une théorie du dynamisme créatif*, 2010.
Christian MARION, *Participation citoyenne au projet urbain*, 2010.
Albin WAGENER, *Identité(s). Essai à propos d'un fantôme*, 2010.
Jennifer FUKS, *L'anti-américanisme au sein de la gauche socialiste française*, 2010.
Florence SAMSON, *La femme : objet de la gent masculine et des diktats sociétaux*, 2010.
Christian SIMEON (avec la collaboration de Pierre BETBEDER), *L'exclusion, une étape vers d'autres mondes*, 2010.
Maurice BERNARD, *Ombres et lumière. Les élites françaises. Tome III*, 2010.
Maurice BERNARD, *La marche vers le pouvoir. Les élites françaises. Tome II*, 2010.
Maurice BERNARD, *La méritocratie française. Les élites françaises. Tome I*, 2010.
Daniel LAGOT (dir.), *Droit international humanitaire : Etats puissants et mouvements de résistance*, 2010.
Pierre COMBARNOUS, *Architecture et Altermondialisation*, 2010.
Bertrand MARICOT, *Le RPR et la construction européenne : se convertir ou disparaître ? (1976-2002)*, 2010.

Introduction

« Le vrai peut quelquefois n'être pas vraisemblable. »[1]

Si l'on en croit les médias, le monde est en crise.
De quelle crise s'agit-il ?
En réalité nous sommes environnés de multiples crises et ceci depuis bien longtemps. Nous vivons dans un monde de crise, en crise.

Je suis, comme vous tous, entouré, cerné par la crise.

Je regarde la télévision, j'écoute la radio, je lis le journal, je navigue sur Internet : la crise. Je discute lors de la pause café avec des collègues, je prends un verre avec des amis, je téléphone à un membre de ma famille, je rencontre un inconnu dans le métro : on parle de la crise.

Aussi loin que je m'en souvienne, j'ai toujours entendu parler de crise.

Petit déjà, lorsque je mange trop de chocolat on me dit que je fais une crise de foie. Ma cousine, trop énervée par mes moqueries, pique une crise de nerf.

En 1960 j'ai dix ans. En Amérique, c'est la première fois que les deux candidats à la présidence, Nixon et Kennedy, débattent à la télévision. La manière de se tenir face à une caméra devient un élément important lors d'une élection et nous entrons ainsi dans une ère nouvelle. John Fitzgerald Kennedy est le plus jeune président élu des Etats-Unis. Il est âgé de 43 ans.

Mais en 1961 le débarquement dans la Baie des Cochons place le monde au bord d'une guerre nucléaire qui devient la crise des missiles de Cuba.

M'intéressant à l'histoire de mon pays et du monde j'entends parler des premières crises industrielles du 19e siècle et de la "crise" de 1929, sans trop d'ailleurs savoir à quoi cette dernière se rapporte réellement.

Les crises politiques sont déjà loin, la constitution de la Ve République ayant semble-t-il mis fin à une certaine instabilité.

Devenu adulte je suis confronté, comme mes concitoyens, aux chocs pétroliers de 1973 et 1979.

---

[1] Boileau.

On ne parle pas encore de crises pétrolières, cela viendra en 2008, et le mot crise sera alors utilisé de préférence à celui de choc lorsque le baril frôlera la barre des 150 dollars.

Et puis tout s'accélère. C'est la crise du Sida, du sang contaminé, de la vache folle, de la grippe aviaire, etc.

C'est la crise du logement, la crise de l'emploi et la crise des banlieues.

Et survient un véritablement déferlement avec la crise des subprimes, sa transformation en crise financière mondiale et ses conséquences sociales.

Confronté professionnellement pendant plus de 30 ans à des situations qualifiées parfois de crises, j'ai participé à des travaux de recherche sur ce phénomène particulier. J'enseigne, dans plusieurs universités, la gestion de crise et la communication de crise. Je me suis naturellement intéressé à la crise mondiale actuelle.

L'approche du "management des situations complexes"[2], que j'ai développée, porte sur des "crises" plus classiques, car plus limitées dans l'espace et le temps.

Ce travail peut-il éclairer la lecture de ce qui se passe avec cette crise financière, économique, sociale, voire politique ?

La problématique de cette crise ne se trouve-t-elle pas trop éloignée de mon champ d'étude habituel ?

J'ai considéré que cette transposition était possible.

En effet, « seul le croisement de perspectives et problématiques diverses, y compris dans des domaines apparemment éloignés du thème, peut permettre de rassembler les ressources nécessaires à la réflexion. »[3]

Mon approche du management des situations complexes repose sur l'étude des mécanismes de la prise de décision, sur le fonctionnement des cellules dites "cellules de crise" et sur le rôle des différents acteurs et en particulier du décideur.

Disons-le tout de suite, au cœur de la crise on trouve l'exercice du pouvoir.

---

[2] Gilbert Boutté, *Risques et catastrophes: comment éviter et prévenir les crises*, Editions du Papyrus, 2006.
[3] Claude Gilbert, *Les crises et le retour d'expérience*, Séminaires du CNRS, 1994 à 2002.

Si j'ai concentré mon étude sur le cas de la France, j'ai considéré comme nécessaire d'identifier les mécanismes financiers internationaux qui se sont propagés à l'ensemble de la planète.

Etudier la crise sous l'angle de l'exercice du pouvoir ne pouvait que m'amener à examiner le rôle du président de la République et du Gouvernement face à cette situation.

Les modifications apportées à la constitution de la Ve République conduisent à un renforcement du rôle du président de la République. Nicolas Sarkozy joue aussi un rôle particulier pendant la présidence française de l'Union européenne et en tant que chef de l'Etat. Cela me conduit naturellement à le placer au centre de cette étude.

En découvrant les caractéristiques de la crise et les mécanismes qui y conduisent, le lecteur pourra, d'une part mieux décoder le récit que les médias proposent de la situation et, d'autre part, évaluer les mesures que les politiques envisagent de mettre en œuvre.

Il n'entre pas dans mon propos de juger des choix politiques ou des décisions économiques prises pour limiter les effets de cette crise et pour empêcher qu'elle ne se reproduise.

J'émettrai toutefois les hypothèses qui me paraissent les plus probables pour éclairer le lecteur sur les points qui auraient pu ou pourraient s'avérer être des vulnérabilités dans la "gestion de la crise".

La première partie portera sur la compréhension de la crise.

Nous examinerons les mécanismes qui peuvent y conduire. La crise des subprimes nous servira d'illustration.

Puis nous étudierons la complexité des prises de décision. Pour cela nous ferons appel à une modélisation qui sera appliquée aux conflits sociaux qui parfois se manifestent par la séquestration des dirigeants.

Nous montrerons comment le modèle retenu nous aide à répondre à la question : y-a-t-il eu une crise au Parti socialiste ?

Cette première approche va nous permettre d'identifier certains principes qui pourraient permettre d'éviter la crise.

Nous terminerons la première partie par un chapitre consacré à l'examen de la crise financière au niveau européen et international.

La seconde partie s'intitule : « Comment Nicolas Sarkozy a géré la crise. »

Comme Nicolas Sarkozy a présidé l'Union européenne durant le second semestre de 2008 il semblait intéressant de consacrer un chapitre à la gestion de crise au niveau international, avant de passer au cas de la France.

Il est difficile de parler de la crise sans aborder la composante communication surtout quand l'un des acteurs principaux est Nicolas Sarkozy. Nous consacrerons un chapitre au traitement médiatique de la crise par Nicolas Sarkozy.

J'ai intitulé la troisième partie : « Maintenant et demain. »

Dans un premier temps, nous allons identifier les risques d'une explosion sociale et rechercher les principes à mettre en œuvre pour tenter de l'éviter. Nous montrerons les difficultés que Nicolas Sarkozy pourrait rencontrer pour "gérer" cette nouvelle phase de la crise. Nous en chercherons les raisons.

Dans un second temps, nous nous intéresserons à l'avenir. Comment prévenir le retour d'une nouvelle crise ? Les mesures prises au plan organisationnel seront-elles efficaces ?

Les crises peuvent être aussi des opportunités à saisir.

« Nous sommes confrontés à ces moments de vérité qui ouvrent de grandes perspectives, tout au moins à qui ose décrypter les défis émergents, franchir les obstacles, et opérer des ruptures fécondes. Dans ce cas, le temps est à de fortes mobilisations, à la réinvention théorique et méthodologique. »[4]

J'espère simplement y avoir contribué !

---

[4] Patrick Lagadec, *Risques collectifs et situations de crise*, L'Harmattan, 2004.

PREMIERE PARTIE

Eléments de compréhension du phénomène de crise

Chapitre I

Comprendre la crise

Nous l'avons indiqué dans l'introduction, le terme de crise est fréquemment utilisé.

La question que l'on se pose est alors de savoir ce qu'il y a derrière ce mot. A-t-il pour tous ceux qui l'utilisent la même signification ? Ou alors, comme le souligne Claude Gilbert, chercheur au CNRS : « Trop utilisée, la notion même de crise tend à perdre tout son sens. »[1]

I. Les apports de la recherche

Une étude, portant sur un demi-siècle, montre que « dans ses débuts, la gestion de crise fut principalement consacrée à la politique et plus généralement au volet militaire. Il a fallu attendre les électrochocs de Bhopal (1984) puis Tchernobyl (1986) pour que la question de crise civile rentre véritablement dans l'histoire récente. »[2]

L'examen du nombre annuel des citations, dans la presse quotidienne, des expressions "crisis management" et "gestion de crise", montre l'explosion de l'utilisation du mot crise sur les vingt dernières années.

Pour y voir un peu plus clair regardons ce qu'en disent les chercheurs.

Une observation s'impose alors : la crise est étudiée après coup et rarement lorsque le phénomène est en train de se produire.

Les chercheurs font donc un travail qui peut se comparer à celui d'un médecin légiste. Ils constatent et analysent, après coup, les mécanismes qui ont conduit à ce qu'ils nomment "crise". Mais ils ne disposent que de comptes rendus factuels et de récits faits par des acteurs tentés de "rationaliser" des décisions qui l'ont parfois été moins dans la réalité.

---

[1] Claude Gilbert, *Le pouvoir en situation extrême, catastrophe et politiques*, L'Harmattan, 2000.
[2] Didier Heiderich, *Magazine de la communication de crise et sensible*, Décembre 2008.

Ce travail sur la crise aide à mieux comprendre la " maladie". En cela la recherche joue un rôle important pour nous aider à identifier les mécanismes de la crise.

Nous pensons, comme Michel Dobry, qu'il « importe si l'on veut comprendre les crises, de mettre entre parenthèses leur point d'aboutissement, c'est à dire leur résultat. La question est de saisir le processus en train de se faire, y compris les calculs des acteurs, y compris les actes, les choix des acteurs en cours. »[3]

Une dernière observation s'impose : on a souvent l'habitude d'assimiler crise et catastrophe. En quelque sorte il y aurait crise lorsqu'un phénomène entraîne des conséquences importantes !

C'est à partir des années 80 que les chercheurs commencent à distinguer deux composantes à la catastrophe : l'accident et la crise. La crise n'est pas liée à l'importance de l'événement et de ses effets. « Ainsi les ressorts des crises peuvent être considérés comme distincts de l'événement, relativement autonomes même, les réactions de la population (soumise aux peurs, alarmiste) et l'intervention des médias (sensationnalistes) pouvant suffire à développer des situations de crise sans rapport avec la gravité des évènements. »[4]

Nous allons examiner le concept de crise selon sept caractéristiques principales.

1. La vulnérabilité

La crise n'est plus considérée comme la simple conséquence d'un évènement déclencheur.

Elle est aussi une production de la société.

Pour Claude Gilbert « on reconnaît un rôle déterminant aux vulnérabilités internes des collectivités dans le déclenchement des crises », ce qui permet « de commencer à dégager la spécificité des crises sans ennemi. »[5]

Il ajoute : « A côté des causes extérieures les chercheurs mettent en avant le caractère endogène des crises. »[6]

---

[3] Michel Dobry, *Réflexions à partir d'une analyse sociologique des crises politiques*, CNRS, Juin 1995.
[4] Claude Gilbert, *Risques collectifs et situations de crise*, L'Harmattan, 2004.
[5] Claude Gilbert, *Le pouvoir en situation extrême, catastrophe et politiques*, L'Harmattan, 2000.
[6] Idem 4.

2. L'incertitude

Certaines situations ne peuvent être appréhendées facilement dans toutes leurs composantes, notamment pour les effets dans le temps.

La limite de la connaissance scientifique dans un domaine particulier peut être atteinte, au point que Patrick Lagadec, directeur de recherche à l'Ecole Polytechnique, parle de "rupture" et qualifie certaines crises de "non conventionnelles".

3. La dimension sociologique

C'est dans ce domaine que la recherche a apporté un éclairage novateur.

« L'idée était donc de s'intéresser tout particulièrement aux vulnérabilités internes, telles qu'elles résultent du jeu des acteurs, du fonctionnement des organisations, et de ne pas se limiter aux aspects matériels et quantitatifs pour appréhender le phénomène de crise. »[7]

Ainsi, les vulnérabilités internes pourraient provenir du jeu des acteurs, jeu qui serait susceptible d'être un facteur de crise.

De quel jeu d'acteurs parle-t-on ?

Ce ne peut être que celui que l'on rencontre dans tout groupe humain, toute organisation ou société : le jeu du pouvoir.

C'est ainsi qu'au cœur de la crise se trouve l'exercice du pouvoir.

4. Le décideur

Les apports des chercheurs mettent en évidence la dimension sociologique et la place des cellules de décision et des décideurs dans le phénomène appelé dorénavant "crise".

L'exercice du pouvoir s'exerce dans un cadre qui est celui de la prise de décision. Face à un évènement, une décision doit être prise et mise en œuvre.

Qui décide ? Comment ? Où se prend la décision ? Quel est le lieu d'exercice du pouvoir ?

Qui décide ? Le décideur ! Mais qui se cache derrière cet acteur ?

---

[7] Claude Gilbert, *Risques collectifs et situations de crise*, L'Harmattan, 2004.

Le décideur est-il celui qui assume la responsabilité, notamment pénale de la décision, ou alors les collaborateurs qui préparent la décision, ou encore la nébuleuse d'où émergera une décision qu'on pourrait qualifier de "décision non identifiée" ?

Pourtant, dans la représentation que s'en fait l'opinion publique, et aussi dans celle des acteurs qui sont confrontés à l'événement, il y a un décideur, un lieu de décision (la cellule de crise), une décision, et une "logique" (un processus décisionnel).

Notons déjà que l'on parle de cellule de crise et non de cellule de décision.

Pour Hervé Laroche, professeur à l'école supérieure de commerce de Paris-Europe : « La réalité essentielle de la décision est que les gens se vivent comme des décideurs, prennent des décisions et vivent ce qui se passe autour d'eux à travers des idées de décision, de choix et d'autres idées semblables. »[8]

5. L'effondrement de la décision

Des décisions sont prises en permanence dans les organisations. Face à un évènement, les systèmes de décision arrêtent des choix, en appliquant des procédures prévues à cet effet. Cela s'avère en général satisfaisant.

Alors pourquoi dans certaines situations, celles que l'on va qualifier rapidement de crise, ces systèmes sont-ils défaillants ?

Si on retient la définition proposée par l'Institut des hautes études de la sécurité intérieure (IHESI) : « La crise est une accélération de temps normal produisant une surcharge des capacités de réponse habituellement mises en œuvre pour gérer les dysfonctionnements quotidiens ».[9]

Alors, dans cette perspective, on peut penser que « la crise signale nécessairement une faillite du décideur, un effondrement de la décision. »[10]

On comprendra les réticences que pourraient avoir certains décideurs pour accepter une telle approche.

---

[8] Hervé Laroche, *Risques, crises et problématiques de la décision,* CNRS, novembre 1995.
[9] IHESI (devenu depuis 2004 Institut des hautes études de sécurité, INHES), *Dossier n°5,* mars 1993.
[10] Idem 8.

Il leur faut déjà accepter l'importance de la dimension sociologique de la crise et de la place centrale de l'exercice du pouvoir. Ils doivent aussi accepter l'idée que la crise est une faillite du décideur. Culturellement ce n'est pas aisé. C'est apparemment le cas pour le corps préfectoral. Le préfet est un décideur important dans la vie française. Il est le représentant de l'Etat et il est aussi présent dans les divers cabinets ministériels. Mais, « force est de reconnaître que la culture du corps préfectoral a longuement fait que l'on ne pouvait pas former un préfet puisque, par définition, il savait déjà tout ou, s'il ne savait pas tout, il n'aurait pas dû être nommé préfet. Nous venons de plus loin que les autres puisque la culture ne prédisposait pas à l'humilité minimale que réclame la gestion des catastrophes. »[11]

6. La complexité

On a vu que certains évènements pouvaient entraîner des incertitudes et nous avons indiqué la difficulté pour réduire celles-ci compte tenu de l'état des connaissances actuelles. On peut ainsi se trouver face à des situations qui deviennent complexes. Cette complexité n'est pas la conséquence de la seule dimension technique de l'évènement. Comment une partie de l'opinion publique va-t-elle réagir face à des incertitudes qui génèrent des inquiétudes ? Comment répondre en matière de communication ? Quel sera le rôle des médias ? Pour réduire les incertitudes on va faire appel à des experts. Comment les faire produire ensemble de la connaissance ? Comment faire lorsqu'il y a querelle d'experts ? On est en présence d'une multiplicité d'acteurs. Des groupes de pression, des responsables politiques, vont relayer, amplifier les inquiétudes de la population. Des polémiques vont surgir.

On comprend que les systèmes chargés de répondre aux dysfonctionnements quotidiens soient dépassés.

Pour Bruno Latour, chercheur au centre de sociologie des organisations de Sciences Po : « Les très beaux exemples accumulés dans les cas de crise correspondent précisément au retour de la complexité dans des situations qui doivent rester compliquées. »[12]

---

[11] Joël Lebeschu, préfet, Séminaire du C.N.R.S mars 1999.
[12] Bruno Latour, *Sociologie des sciences, analyse des risques collectifs et des situations de crise,* CNRS, novembre 1994.

7. La représentation de la crise source d'un emballement
Nous voilà face à une situation complexe que les systèmes habituels ne peuvent pas régler et qui conduit à des conflits de pouvoir entre des acteurs qui deviennent de plus en plus nombreux.
L'évènement à l'origine du dysfonctionnement peut toucher un secteur vulnérable de la société. Des divergences peuvent apparaître au grand jour entre les solutions envisagées, proposées ou revendiquées. Tout cela est susceptible de provoquer un emballement de la représentation de la crise, emballement qui va être souvent accéléré par la médiatisation qui en sera faite. Comment dans ce cas envisager, comprendre et répondre aux évolutions rapides d'une opinion publique qui n'est plus guidée par une démarche rationnelle ?

Les caractéristiques que nous venons de présenter nous incitent à penser qu'aucune spécialité ou discipline n'est à même de proposer un modèle explicatif de la crise qui prendrait en compte toutes les dimensions.
Tentons de résumer ce que nous venons de mettre en évidence au travers ces apports de la recherche sur les crises :
- Des dysfonctionnements apparaissent régulièrement dans la vie des organisations et de la société.
- Des systèmes, créés à cet effet, apportent, selon des procédures décisionnelles, des réponses adaptées.
- Lorsque les dysfonctionnements présentent une accumulation de facteurs qui rendent la situation complexe, le système décisionnel peut se retrouver en surcharge en raison de difficultés qui résultent de l'aspect technique mais aussi et surtout de la dimension sociologique.
- Les acteurs, placés devant une complexité qu'ils ne peuvent pas comprendre complètement et appréhender avec les outils et les procédures habituelles, se trouvent plongés dans une situation de stress qui occasionne des problèmes relationnels.
- Le pouvoir, jusqu'alors régulé par le système organisationnel, peut être remis en cause. Le jeu des acteurs se développe pleinement.
- Si l'évènement touche un domaine de la société qui présente des vulnérabilités, l'amplification du phénomène, notamment

par les médias, et la pression de l'opinion publique vont conduire à un emballement. La situation échappe alors au contrôle des décideurs. Dans cette situation, on parlera de gestion de crise alors que dans la réalité on ne gère plus rien. On subit, on réagit, mais on n'a plus la capacité d'anticipation. Les décideurs ont le sentiment de courir derrière l'évènement.

Pour poursuivre notre étude, il nous faut donc mieux comprendre la dynamique de la situation.

II. La dynamique de la crise

Examinons la dynamique de la crise.

Il s'agit d'une présentation schématique en huit séquences dont certaines peuvent, dans la réalité, être inversées ou absentes.

1. L'évènement source du dysfonctionnement

Un évènement survient et produit un dysfonctionnement dans l'organisation ou la société. Cet "évènement déclencheur" a des effets sur les personnes, les biens et l'environnement. Les médias peuvent vouloir communiquer sur cet évènement et sur ses effets.

Prenons un exemple simple : une tempête sur une zone géographique limitée. La tempête est l'évènement déclencheur. Les effets sur la population pourront se traduire par des morts, des blessés, des sinistrés. Pour les biens, il s'agira de dégâts aux habitations, aux bâtiments, aux infrastructures. L'environnement pourra être touché au niveau des forêts, des récoltes, etc. Les médias vont s'intéresser à l'évènement (nature, importance, durée), à ses effets sur les personnes, les biens et l'environnement.

2. La réponse des systèmes d'intervention

Les systèmes de réponses spécialisés vont être engagés pour faire face à l'urgence. Ils sont là pour mettre fin au dysfonctionnement, lorsque cela est possible, et pour porter secours aux personnes, protéger les biens et l'environnement. Dans cette séquence la pression temporelle est forte.

Face aux effets de la tempête, le dispositif doit permettre de secourir les victimes, de prendre en charge les sinistrés, de protéger les biens et l'environnement. Il s'agit aussi de prendre les dispositions qui vont permettre un retour à la normale.

Ce sera le rétablissement de la circulation, la remise en état des réseaux et la mise en place des procédures d'indemnisation.

Les médias vont rendre compte du dispositif d'intervention.

Si le dysfonctionnement est limité, les services d'intervention vont y mettre fin en appliquant les procédures habituelles.

Certaines dispositions visant à la coordination entre les divers services seront mises en œuvre. Dans de nombreuses situations, il sera mis fin au dysfonctionnement dans des délais rapides et à la satisfaction générale.

On pourrait donc s'arrêter à ces deux séquences.

On ne peut donc alors parler de crise.

3. La mise en place d'une cellule de décision

Certaines situations, en raison de leur étendue ou de leur durée, nécessitent la mise en œuvre d'une coordination des divers systèmes de réponse spécialisés.

Une cellule de décision va se mettre en place.

Vous pouvez constater qu'en général on parle à ce moment là d'une cellule de crise.

On a assimilé l'ampleur de l'évènement à une crise.

Pourtant là encore de nombreuses situations peuvent être réglées avec les procédures habituelles qui sont définies dans un plan que l'on qualifiera de "plan de secours" ou "plan d'urgence".

C'est à partir de cette séquence que nous allons pouvoir observer une dynamique qui, dans certains cas, va pouvoir conduire à une véritable crise.

4. Les incertitudes et la complexité

Le dysfonctionnement présente des caractéristiques difficiles à appréhender.

Il faut alors réduire les incertitudes. Pour cela il faut produire de la connaissance qui doit parfois être recherchée en dehors de la cellule de décision de départ.

On va faire appel à des experts et certains d'entre-eux vont intégrer la cellule de décision.

Comment les prendre en compte ?

L'arrivée de nouveaux acteurs ne risque-t-elle pas de modifier l'organisation de la cellule de décision ?

L'incertitude peut concerner l'évènement déclencheur, ses effets, ou encore les deux. Prenons un exemple pour mieux comprendre : un incendie d'un entrepôt d'engrais et de produits phytosanitaires. Un nuage se forme au dessus des bâtiments et il se déplace, en fonction du vent, vers l'agglomération de Nantes.[13] Quelles sont les zones qui seront atteintes ? Quand ? Quelle la nature de ce nuage ? Est-il dangereux pour la santé ? A court terme ? A long terme ? De nombreuses questions se posent donc qui nécessitent des connaissances dans des domaines scientifiques, de santé publique, de météo, etc.

5. Des inquiétudes et encore plus de complexité

Les incertitudes entraînent des inquiétudes qui peuvent alors provoquer des comportements irrationnels, en particulier liés à la peur. Les médias vont alors se préoccuper des réactions de la population. Les peurs peuvent conduire à des mises en cause, des accusations, à la circulation de rumeurs, au retour des évènements similaires du passé, etc. Les médias vont s'en faire l'écho. On va commencer à rechercher des responsables, ou des coupables, à désigner des boucs émissaires. La cellule de décision va devoir identifier les inquiétudes et les éventuels comportements irrationnels. Comment y répondre ? De compliquée, la situation devient de plus en plus complexe.

6. Une multiplicité d'acteurs et la complexité à son comble

Les acteurs sont plus nombreux. Les groupes de pression prennent le relais des inquiétudes de la population, tout comme les responsables politiques qui se déplacent sur le terrain. La justice fait aussi son apparition. Tous ces acteurs sont sollicités par les médias, à moins qu'ils ne les sollicitent eux mêmes. Bientôt, la cellule de décision va travailler devant les caméras ! Comment les acteurs présents dans la cellule de décision vont-ils vivre cette complexité liée à l'évènement et à la multiplicité des acteurs ? Quelles vont être les relations entre tous ces acteurs, qui sont invités ou qui s'invitent dans la cellule ? On imagine facilement que des pressions psychologiques fortes s'exercent sur les membres de cette cellule.

---

[13] Claude Gilbert, *La catastrophe, l'élu et le préfet,* PUG, 1990.

7. L'apparition des "pathologies de crise"

L'apparition de nouveaux acteurs, dans une situation déjà complexe, va souvent être perçue par les membres de la cellule de décision comme une intrusion, une agression. Elle vient perturber le travail que s'efforcent de faire les décideurs pour tenter de voir clair dans une situation complexe. On peut alors observer des comportements particuliers. Ils correspondent à ceux que le professeur Laborit a mis en évidence et qui ont été magnifiquement mis en scène dans le film d'Alain Resnais "Mon oncle d'Amérique". Soumis à des pressions extérieures, au climat interne stressant, les membres de la cellule vont se comporter selon les trois types de comportements proposés par le professeur Laborit. On pourra ainsi observer des attitudes de fuite, de repli sur soi (qui pourra entraîner des perturbations psychologiques et physiologiques du sujet) et enfin d'agressivité entre individus.

8. La cellule est en crise

Les phénomènes qui se manifestent dans la cellule de décision ne permettent plus à celle-ci d'effectuer le travail de simplification qui est nécessaire pour appréhender une situation complexe.

L'accélération du temps, la complexité croissante, la multiplicité des acteurs et l'inefficacité des procédures habituelles peuvent faire échouer ce travail de simplification qui est nécessaire dans ce genre de prise de décision. La crise doit donc alors être considérée comme une défaillance du processus décisionnel. La cellule se trouve dans l'incapacité de maîtriser la situation. Elle subit alors l'événement tout en cherchant désespérément à "reprendre la main". Cette "responsabilité" de la cellule de décision dans la survenance de la crise nous paraît correspondre à l'idée que peut s'en faire, en général l'opinion publique. Elle conduit parfois à faire de la cellule de décision, ou du "responsable décideur", le bouc émissaire d'une situation de crise.

Donc la crise est une défaillance du processus décisionnel ! De là à penser qu'il s'agit d'une défaillance du décideur, il n'y a qu'un pas. Difficile pour les décideurs, en particulier quand il s'agit de représentants de l'Etat ou de responsables politiques, de retenir facilement cette définition.

Rappelons-nous que la complexité est l'une des principales caractéristiques de la crise. Les crises sont souvent traitées par de multiplies niveaux décisionnels.

Peut-on imputer la responsabilité de la défaillance à l'une ou à l'autre de ces cellules de décision ?

La crise financière et économique, qui nous concerne tous, est-elle le résultat de la défaillance du seul système bancaire et boursier ?

Les dispositifs censés réguler ce système, les banques centrales des divers Etats, la Banque centrale européenne, le Fonds monétaire international sont-ils les responsables ?

Quel est le rôle des dirigeants politiques de chaque pays dans cette crise ?

Quel a été le rôle du président Sarkozy lors des six mois de la présidence tournante de l'Union européenne ?

Le G8 a-t-il réellement des pouvoirs pour mettre fin à cette situation ?

Pour chercher à répondre à toutes ces questions, que l'opinion publique peut se poser, il nous faut relater les grandes lignes de cette crise et tenter d'en réécrire le scénario.

III. Le récit de la crise des subprimes

Portons un premier regard sur cette "crise" en utilisant ce que nous venons d'examiner sur la dynamique de l'évènement.

III.1 La montée en puissance

Cette phase va de l'année 2001 au mois d'octobre 2007.
Elle peut se décomposer en sept phases.

1. La bulle internet

Une bulle spéculative boursière se forme sur les nouvelles technologies à la fin des années 1990. On parle alors de "bulle internet". Son apogée se situe en mars 2000. Sous la pression de la remontée des taux d'intérêt à long terme, cette bulle "éclate" amenant une grande quantité de liquidités sur le marché. Les capitaux cherchent un nouveau débouché qui pourrait offrir la même rentabilité. Ils vont se reporter sur des produits financiers liés à l'immobilier.

En effet l'application des directives gouvernementales, qui remontent aux années Carter, (le Community Reinvestment Act de 1977), se poursuit sous Bill Clinton. Il s'agit de faciliter l'accès à la propriété pour un plus grand nombre d'américains. Le gouvernement du président Clinton incite le secteur financier à augmenter la fréquence des prêts hypothécaires, notamment pour les consommateurs qui n'auraient pu les obtenir dans le passé. De nombreux prêts sont accordés à des gens dont la solvabilité n'est pas assurée. Ce sont les prêts "subprimes". Ces prêts sont garantis par deux organismes paraétatiques, Fannie Mae (Federal National Mortgage Association) et Freddie Mac (Federal Home Loan Mortgage Corporation), supervisés par une institution gouvernementale, l'Office of Federal Housing Enterprise Oversight.

George W. Bush devenu président en décembre 2000 ne modifie pas la tendance.

En 2002, la frénésie d'achat de maisons s'accélère.

Mais les organismes de crédits ne conservent pas les créances liées à ces prêts dans leur bilan. Ils les " titrisent", c'est-à-dire qu'ils les regroupent, avec d'autres, dans des instruments financiers qui sont mis en vente sur les marchés financiers. Wall Street crée des packages de titres hypothécaires qui sont vendus dans le monde entier comme des obligations pour investisseurs. Ces produits financiers sont assortis de la plus haute cotation par les principaux organismes de notation du crédit, comme Standard and Poor's, Moody's et Fitch. Les compagnies hypothécaires commencent alors à proposer davantage de prêts hypothécaires à taux ajustables. Le raisonnement est persuasif : les prix de l'immobilier vont se maintenir à la hausse et les souscripteurs pourront ainsi revendre, avec bénéfice, avant que les taux ajustables ne montent. La bulle immobilière est en train de se constituer et de grossir.

On aurait pourtant pu espérer que l'expérience de la bulle Internet de 2001 aurait eu des effets dissuasifs. Mais les bulles spéculatives sont en général niées par une majorité d'observateurs, sauf à la fin, lorsqu'elles éclatent.

George W. Bush est réélu en 2004. La bulle immobilière rapporte d'énormes recettes fiscales qui sont nécessaires pour financer, au moins en partie, les guerres en Afghanistan et en Irak.

En février 2006 la Réserve fédérale (la FED, la banque centrale des Etats-Unis) maintient des taux d'intérêt soutenus. En 3 ans, ce taux est passé de 2% à 5,75%. Or, les prêts "subprimes" sont le plus souvent à taux variables et indexés sur celui de la FED. Des propriétaires ne peuvent plus rembourser leur prêt à taux d'intérêt réajusté. Leurs logements sont vendus aux enchères, ce qui entraîne la baisse des prix de l'immobilier et donc de la valeur des hypothèques. Entre 2004 et 2007, plus de 1,2 millions d'américains sont chassés de leur logement. Les médias vont faire quelques reportages sur ces américains contraints de vendre leur maison. Cette première phase sera considérée comme une "crise immobilière".

2. Les premiers effets sur le système bancaire

HSBC, est l'un des premiers établissements bancaires à révéler l'existence de problèmes au sein des produits liés au crédit hypothécaire en lançant, le 8 février 2007, son premier "Profit Warning" (avertissement sur les résultats). Début mars, New Century Financial, la troisième banque américaine de crédits immobiliers à risque signale à son tour des difficultés et l'ouverture d'une enquête pénale, lancée par le procureur fédéral de Californie, portant sur des transactions sur les actions du groupe ainsi que sur des erreurs comptables. Le non remboursement des prêts "subprimes" augmente rapidement et met en difficulté les organismes de prêts hypothécaires à risque. C'est le cas de la société de crédit immobilier American Home Mortgage qui fait savoir, le 6 août, qu'elle a demandé à être placée sous la protection de la loi américaine sur les faillites. La banque d'affaires américaine Bear Stearns doit fermer deux fonds spécialisés dans ce type de crédit. Goldman Sachs, l'une des plus prestigieuses banques d'investissement américaines, "The Firm", injecte 3 milliards de dollars dans l'un de ses fonds.

En France, BNP Paribas suspend la valeur liquidative de trois de ses fonds qui viennent de perdre plus de 20% en moins d'une semaine. Son PDG est convoqué par la ministre de l'Economie pour s'expliquer.

3. Premières inquiétudes

Les premières inquiétudes apparaissent et entraînent des comportements de repli. La méfiance s'installe entre les banques. Certaines ne se prêtent plus d'argent, ou alors avec une extrême réticence et à des taux très élevés. Pourtant, début août 2007, le secrétaire adjoint au Trésor estime que la crise ne devrait pas s'étendre aux autres secteurs de l'économie américaine. La Banque de France affirme que la crise américaine des subprimes n'entraîne aucun "risque global" concernant les banques européennes.

4. L'intervention des banques centrales

Pendant ce même mois d'août, les banques centrales, considérant que les difficultés concernent la liquidité bancaire, injectent massivement des liquidités dans le marché interbancaire.

C'est ainsi que les banques centrales (la Réserve fédérale américaine, la Banque d'Angleterre, la Banque centrale européenne et la Banque du Japon) mettent à la disposition des établissements bancaires, sous forme de prêts, plus de 400 milliards d'euros de liquidités (en dollars, livres, euros ou yens). Mais, peu à peu le scénario d'une crise de solvabilité globale des banques s'impose aux autorités de régulation.

La "crise immobilière" se poursuit par une "crise bancaire".

5. La crise boursière

Les craintes des marchés s'étendent alors à toutes les opérations de crédit. La valeur des actions des fonds engagés dans le crédit immobilier s'effondre. Cela touche également les actions relatives aux prêts consentis à des emprunteurs solvables, avant de s'étendre aux valeurs des actions des groupes bancaires. Les grands investisseurs se mettent à vendre des actions, dans d'autres compartiments du marché financier, ce qui entraîne une baisse générale des cours boursiers. La panique commence à s'emparer des marchés financiers et ces baisses font boule de neige. La "crise monétaire" est devenue une "crise boursière" qui, partie de Wall Street, n'épargne ni l'Europe ni l'Asie du Sud-Est. Le vendredi 10 août est considéré comme un "vendredi noir" et le 15 août 2007, la bourse de Tokyo atteint son plus bas niveau depuis le début de l'année.

6. La recherche des "responsables"

Face à ces inquiétudes la recherche des responsables va commencer. C'est ainsi que, dans une lettre envoyée à Angela Merkel, et rendue publique par l'Elysée le jeudi 16 août, le président français dénonce l'explosion de la spéculation boursière et demande à ce que le G7 se saisisse de la question. Il s'interroge également sur « le rôle exact que doivent jouer les agences de notation. »

7. La fin de la crise

A partir du mois d'octobre 2007, les indices boursiers repartent à la hausse. La presse spécialisée peut signaler une « bonne santé des marchés européens. »

De là à penser que la crise est terminée !

Comment regarder cette première séquence ?
Tout d'abord, s'agit-il d'une crise ?
Au regard des médias et des politiques, certainement.

Pour les "victimes", notamment les millions d'américains qui se retrouvent sans logement, pas de doute il y a bien eu une crise immobilière.

Et pourtant ! La spéculation et l'apparition puis l'éclatement de bulles, ne représentent pas une nouveauté!

En 1720, un krach anglais concernant la South Sea Compagny emporte dans la tourmente des membres du gouvernement et le parlement est dissout. Le grand scientifique Isaac Newton en est l'une des victimes. Il déclarera « je peux prévoir le cours des corps célestes, mais pas la folie des hommes. »[14]

L'éclatement de la bulle immobilière a eu des conséquences au niveau du système bancaire puis des places boursières. Ces dysfonctionnements ont été régulés par les organismes qui ont été conçus à cet effet, et en particulier par les banques centrales. Quant aux inquiétudes des milieux boursiers, cela fait partie de leur quotidien, même si cette fois-ci l'alerte a été sévère.

Les difficultés sont surtout venues de la nécessité de coordonner un système relativement compliqué, car touchant de nombreux pays et institutions :

- Les banques : banques centrales nationales, le Banque centrale européenne (BCE), etc.
- Les organismes de contrôle des marchés financiers : la Securities and Exchange Commission, (la SEC) pour l'Amérique ; l'Autorité des marchés financiers, (l'AMF en France), etc.

---

[14] Jean Luc Garnier, *Les crises, 2000 ans d'histoire, Actualité de l'histoire mystérieuse*, février 2009.

- Le Fonds monétaire international (FMI), dont Dominique Strauss-Kahn vient de prendre la présidence le 28 septembre.

Mais Nicolas Sarkozy se « félicite que les régulateurs de place et les autorités monétaires puissent ainsi coordonner leurs efforts […]. Il me semble en effet essentiel que nous veillions à la transparence du fonctionnement des marchés et à la capacité pour ces derniers de financer de façon efficace et stable l'économie mondiale ». Dans ce courrier à Angela Merkel il poursuit en indiquant « les axes de progrès ne doivent pas nous conduire à instaurer des mesures qui seraient de nature à rigidifier le financement de nos économies et à brider la croissance mondiale. »

III.2 La prise de conscience

La prise de conscience sera progressive. Elle se déroule sur une année, de novembre 2007 à septembre 2008. Les conséquences de la crise immobilière continuent à mettre à la rue de nombreux américains. Les banques se montrent toujours aussi frileuses pour se prêter de l'argent. En janvier, des banques présentent des pertes liées aux subprimes. La première banque américaine Citigroup annonce, pour le seul quatrième trimestre 2007, des pertes de l'ordre de 9,8 milliards de dollars.

La Société Générale annonce une perte de 2 milliards d'euros au titre de la crise des subprimes. Elle rend officiellement publique la découverte d'une "fraude exceptionnelle", entraînant 4,9 milliards de pertes, due à un jeune trader nommé Jérôme Kerviel.

Pendant ce temps les places boursières s'effondrent. Le 21 janvier 2008 est classé "lundi noir".

Le 18 janvier 2008, le président George W. Bush annonce un plan de relance budgétaire pour un montant de 145 milliards de dollars. Ce plan est essentiellement fondé sur des baisses d'impôts. Quelques jours plus tard, dans le discours annuel sur l'état de l'Union, il assure : « Les Américains peuvent avoir confiance dans leur économie. » Le 17 mars, il n'hésite pas à en rajouter : « Nous montrons au monde que les États-Unis maîtrisent la situation. »

Le 9 février, les ministres des Finances réunis à Tokyo, dans le cadre du G7, et les responsables des banques centrales reconnaissent que la croissance mondiale risque un ralentissement, à plus ou moins court terme.

Selon le FMI, les pertes financières globales liées à la crise des subprimes pourraient s'élever à plus de 400 milliards répartis entre banques américaines, européennes et asiatiques.

Quant au président de la Commission européenne, José Manuel Barroso, il se veut rassurant, estimant le 4 mars que : « La force de l'euro est un signe de confiance dans l'économie européenne [...]. Si l'économie européenne n'affichait pas d'aussi bonnes performances, l'euro ne serait pas à ce niveau. »

Malgré ces déclarations encore relativement optimistes, les faillites et les rachats de banques se multiplient au cours du mois de mars.

Des états se décident alors à intervenir de manière plus directe. C'est ainsi que le gouvernement britannique décide le 17 février de nationaliser la banque Northern Rock placée en situation difficile. Cette décision provoque une vague de protestations et de critiques, l'opposition conservatrice allant jusqu'à demander la démission du chancelier de l'Échiquier. Le gouvernement est accusé de ramener le pays « dans les années 1970. » On rappelle également que c'est Gordon Brown qui a, lorsqu'il était ministre des Finances, mis en place le nouveau système de régulation des banques britanniques.

Nicolas Sarkozy, en visite officielle à Londres le 26 mars 2008, déclare devant le Parlement anglais : « Vous êtes devenus pour nous un modèle, une référence, et nous devons nous inspirer de ce que vous avez su faire ces vingt ou trente dernières années. »

Laisse-t-il entendre ainsi qu'il envisage de procéder aussi à des nationalisations ? On le sait, ce n'est pas le choix qu'il retiendra.

Si les banques centrales continuent à intervenir et conjuguent de nouveau leurs efforts pour soulager le marché du crédit, le président de la Deutsche Bank s'interroge publiquement sur la capacité des marchés financiers à trouver eux-mêmes une issue à la crise financière. Il en appelle à la responsabilité des politiques par une action concertée des banques, des gouvernements et des banques centrales.

Le G7, qui s'est réuni début avril 2008 à Washington, déclare dans son communiqué final : « L'économie globale continue à faire face à une période difficile. Nous restons optimistes sur la résistance à long terme de nos économies, mais les perspectives à court terme se sont affaiblies. » Le G7 met les banques en demeure de publier leurs pertes dans les cent jours, en leur demandant de façon pressante « de faire preuve de toute la transparence sur les risques auxquels elles sont exposées lors de la publication de leurs comptes semestriels. »

En septembre, l'Etat fédéral américain nationalise de fait Fannie Mae et Freddie Mac, les deux énormes institutions financières qui garantissent près de la moitié des 12 000 milliards de dollars de crédits immobiliers aux Etats-Unis. Elles viennent de perdre 14 milliards de dollars au cours des quatre derniers trimestres.

S'il nationalise, toujours de fait, le géant de l'Assurance (AIG) en déboursant 85 milliards de dollars, l'Etat américain se refuse à sauver la banque d'affaires Lehman Brothers qui annonce son placement sous la protection de la loi sur les faillites.

Le lendemain le CAC 40 baisse de près de 2% se rapprochant de sa valeur la plus basse de l'année. La Réserve fédérale et la Banque centrale européenne injectent massivement des liquidités. Le Benelux nationalise partiellement la banque Fortis et les gouvernements belge, français et luxembourgeois injectent 6,4 milliards d'euros pour sauver la banque franco-belge Dexia.

Le 17 septembre 2008, le Trésor américain est contraint de renflouer la FED à hauteur de 40 milliards de dollars.

Que dire de cette seconde séquence ?

Les dispositifs de régulation, notamment avec les banques centrales, tentent de limiter les effets sur les banques et sur les marchés financiers. Les responsables politiques, c'est-à-dire les gouvernements, du moins dans certains pays, décident d'intervenir directement, mais leurs déclarations se veulent encore rassurantes.

La caractéristique principale réside en réalité dans l'absence d'un système unique de régulation, même si une certaine concertation entre les acteurs existe bien.

Chaque pays intervient donc de manière autonome, y compris ceux de l'Union européenne. Quelques mises en cause du système bancaire sont formulées.

III.3 Chacun pour soi !

Les mois de septembre et d'octobre 2008 vont concentrer les réactions les plus fortes.

Le 19 septembre 2008, Georges W.Bush et son secrétaire au Trésor, Henry Paulson, proposent au Congrès un plan de rachat des créances douteuses des banques pour un montant de 700 milliards de dollars. Ce plan d'assainissement est salué avec soulagement par les représentants du G7. Le directeur général du Fonds monétaire international, Dominique Strauss-Kahn, salue les « mesures courageuses » de Washington. Le Congrès américain pose toutefois ses conditions au plan de sauvetage.

Le 23 septembre à la tribune des Nations Unies à New York, Nicolas Sarkozy appelle, au nom des vingt-sept, à la tenue d'un sommet « des chefs d'Etat et de Gouvernement des pays les plus directement concernés » avant la fin de l'année « pour réfléchir ensemble aux leçons à tirer. » Il réclame, une nouvelle fois, des « sanctions contre ceux qui mettent en danger l'argent des épargnants. »

Le Grande Bretagne veut durcir sa régulation et s'en tenir à son plan de sauvetage bancaire.

Dans le même temps des restructurations interviennent dans le milieu bancaire. Pour retrouver la confiance du marché, Goldman Sachs et Morgan Stanley obtiennent de changer de statut afin d'adopter celui de banque commerciale. Goldman Sachs lève 10 milliards de dollars auprès de la Bourse et de Warren Buffett, le deuxième homme le plus riche du monde. JPMorgan Chase reprend Washington Mutual pour 1,9 milliard de dollars et devient la deuxième banque commerciale américaine. D'autres exemples pourraient être cités.

Les banques centrales continuent d'injecter de nouvelles liquidités.

Le 25 septembre, dans une allocution en direct à la télévision, George W. Bush déclare : « Toute notre économie est en danger. » Il reçoit à la Maison-Blanche John McCain, Barack Obama et les principaux membres du Sénat et de la Chambre des représentants pour tenter de faire adopter son plan de sauvetage.

En France, à Toulon, Nicolas Sarkozy déclare que la crise financière aura des « conséquences durables » sur la croissance et le chômage français. Par ailleurs, il invite Bruxelles à « bousculer ses dogmes » et appelle à une mobilisation internationale pour repenser les systèmes de régulation.

Le plan Paulson est rejeté le lundi 29 septembre 2008 par la Chambre des représentants. Un texte amendé, portant le total des fonds engagés à 840 milliards de dollars sera accepté par le Sénat le 1er octobre et par la Chambre des représentants le 3 octobre.

Fin septembre, la Belgique, le Luxembourg et les Pays-Bas injectent un total de 11,2 milliards d'euros dans Fortis. L'Allemagne accorde une ligne de crédit de 35 milliards d'euros à la banque immobilière Hypo Real Estate pour lui éviter la faillite. Le gouvernement britannique annonce la nationalisation de la banque hypothécaire Bradford & Bingley. L'Islande nationalise la troisième banque du pays, Glitnir.

Le 30 septembre, l'Irlande garantit pour 400 milliards les dépôts bancaires de son pays, faisant ainsi "cavalier seul". Son premier ministre, reçu la veille à l'Elysée, n'a pas jugé nécessaire d'en informer Nicolas Sarkozy qui assure pourtant la présidence tournante du Conseil européen.

Le président de la Banque centrale européenne, Jean-Claude Trichet, rejette l'idée d'un plan sur le modèle américain en Europe.

Le 30 septembre 2008 Nicolas Sarkozy réunit les banques et les assurances et, le lendemain, le Premier ministre affirme dans les Echos : « Nous ne nous interdisons aucune solution pour sauver une banque de la faillite. »

Début octobre, l'Europe se divise sur la mise en place d'un plan de sauvetage du système bancaire européen suggéré par la ministre de l'Economie, Christine Lagarde. L'Allemagne s'oppose à la création d'un fonds européen doté de 300 milliards d'euros, sur le modèle du plan de sauvetage américain, idée avancée par la France, selon une " source gouvernementale européenne " à Berlin, ce que dément Paris. Les Pays-Bas proposent la création de fonds nationaux de sauvetage bancaire, et non pas un fonds européen. Londres se montre également favorable à des solutions nationales.

Dominique Strauss-Kahn, directeur général du FMI, qui a rencontré Nicolas Sarkozy, appelle les pays européens à agir ensemble dans leur réponse à la crise.

Quant à la Russie, son premier ministre, Vladimir Poutine, dénonce : « L'irresponsabilité du système financier américain qui est la cause de la crise financière. »

Le 4 octobre, les Européens, à l'initiative de Nicolas Sarkozy, se retrouvent lors d'une réunion comprenant l'Allemagne, l'Italie, la Grande Bretagne, la France et le président de la Commission européenne, José Manuel Barroso. Ce mini G8 s'engage à soutenir les établissements financiers européens en difficulté et à « sanctionner les dirigeants qui ont failli. » Cette tentative pour afficher une certaine unité est vite remise en cause. Le ministre de l'Economie allemand se prononce contre un plan de sauvetage européen et Berlin décide de garantir sans limite tous les comptes courants et d'épargne des particuliers.

Par ailleurs, le lendemain de ce mini sommet européen, le secrétaire général de l'Elysée, Claude Guéant, plaide pour un assouplissement du pacte de stabilité européen.

Le 6 octobre, les bourses mondiales s'effondrent. Paris connaît la plus forte baisse depuis la création de son indice CAC 40. Londres chute de 7,8%, Francfort de 7%, Zurich de 6%. L'indice de la Bourse de Moscou finit sur une baisse record de 19%. Le Dow Jones tombe sous les 10 000 points pour la première fois depuis quatre ans. La forte baisse de l'euro aggrave les pertes sur les places européennes. Le 8 octobre, c'est l'effondrement des places boursières asiatiques. La Bourse de Tokyo subit sa pire chute depuis le "lundi noir" de 1987, l'indice Nikkei termine à -9,4%.

Dans le même temps, les Vingt-sept sont toujours sur des positions différentes.

Pourtant, Nicolas Sarkozy déclare que toute l'Europe est solidaire. Ce n'est qu'une déclaration d'intention, sans aucune proposition, sauf que chaque état s'engage à faire un communiqué identique pour la presse.

Les ministres européens des Finances se mettent néanmoins d'accord pour relever de 20 000 à 50 000 euros le montant minimal que les banques devront rembourser aux déposants en cas de faillite. Ils s'engagent à respecter des principes communs dans leurs interventions de sauvetage des établissements financiers en difficulté.

Gordon Brown propose à ses partenaires de l'Union européenne l'adoption d'un « plan européen de financement du système bancaire. » Angela Merkel répète son opposition à toute idée de fonds européen de sauvetage du secteur bancaire et déclare : « Nous refusons un parapluie européen dans lequel, en tant qu'allemands, nous devrions verser pour un pot commun sans avoir le contrôle et sans savoir ce que devient l'argent allemand. » L'italien Berlusconi demande une réunion des dirigeants européens et l'espagnol Zapatero une réunion de l'Eurogroupe.

Berlin décide de garantir sans limite tous les comptes courants et d'épargne des particuliers. Les Pays-Bas, l'Espagne, la Grèce, l'Autriche et la Belgique relèvent le seuil de la garantie bancaire à 100 000 euros. En France, le montant de la garantie est officiellement de 70 000 euros.

Le 8 octobre, sept grands instituts d'émission font une "union sacrée" en réduisant, de concert, leurs taux directeurs d'un demi-point. La Réserve fédérale américaine injecte 37,8 milliards de dollars de liquidités supplémentaires pour aider l'assureur AIG.

Malgré une baisse coordonnée des taux des banques centrales les marchés financiers ont continué à chuter aux Etats-Unis et en Europe. « Reprenez vos esprits », lance alors Jean-Claude Trichet, le président de la Banque centrale européenne.

Dans le même temps Christine Lagarde accuse les américains d'être responsables : « Ils auraient dû sauver Lehman Brothers. »

Dominique Strauss-Kahn, directeur du FMI, déclare : « Toute action solitaire doit être évitée, voire condamnée. »

L'organisation mondiale de la santé, l'OMS, prévient que la crise financière mondiale risque de provoquer une recrudescence du nombre des suicides et des troubles mentaux parmi les victimes de la crise financière.

Mi-octobre, avec 480 milliards d'euros, Berlin s'ingère dans la gestion des banques. L'Italie mobilise 20 milliards pour les banques. Londres injecte 37 milliards de livres dans son système bancaire. La France présente un plan de 360 milliards d'euros pour aider les banques et Paris enregistre une hausse historique. Wall Street rebondit de plus de 11% mais, le 15 octobre, la peur de la récession fait à nouveau rechuter les marchés. Wall Street dévisse de 7,8% et le CAC 40 à Paris enregistre une baisse de 6,8%.

La Caisse d'Epargne, symbole de la sécurité pour des millions d'épargnants, reconnaît avoir perdu 600 millions d'euros. Christine Lagarde se dit : « Vraiment, vraiment en colère » et Nicolas Sarkozy appelle les responsables à tirer toutes les conséquences de cette affaire.

Le 20 octobre, le Bureau international du travail (BIT) estime que le nombre de chômeurs dans le monde risque d'augmenter, à cause de la crise financière, de 20 millions, passant de « 190 millions en 2007 à 210 millions fin 2009. »

Le directeur général du BIT, Juan Somavia, évoque une crise sociale « sévère, longue et globale. » Il appelle à « une action rapide et coordonnée des gouvernements » sous la forme d'un « plan de sauvetage concentré sur l'économie réelle et les questions sociales. »

Le 21 octobre, à Strasbourg, Nicolas Sarkozy plaide pour la création de fonds souverains. Il appelle à la création d'un véritable gouvernement économique de la zone euro qui pourrait épauler la Banque centrale européenne. L'Allemagne oppose une fin de non recevoir à cette proposition.

Dix-sept pays réunis à Paris demandent à l'OCDE une révision de la "liste noire" des paradis fiscaux. La Suisse et le Luxembourg, pays qui appliquent le secret bancaire, renoncent à prendre part à la réunion.

Le 24 octobre, ouverture à Pékin d'un sommet Europe-Asie consacré à la crise financière. Nicolas Sarkozy demande que « la réponse à la crise soit mondiale. »

José Manuel Barroso, le président de la Commission européenne, appelle au soutien de la Chine et du reste de l'Asie pour répondre à la situation « sans précédent » créée par la crise financière.

Le 25 octobre 2008, la Maison Blanche annonce qu'un premier sommet sur la crise financière se tiendra le 15 novembre près de Washington, avec la participation des dirigeants du G20. Georges W. Bush lance un appel à la patience, et déclare qu'en « dépit de la dégringolade des marchés financiers, et des craintes d'une récession mondiale, il n'est pas temps d'abandonner les politiques libre-échangistes, ni d'approuver des mesures qui risquent de menacer la liberté d'entreprendre. »

La ministre de l'Economie, Christine Lagarde, déclare que « la croissance mondiale sera considérablement réduite pendant l'année 2009 » et souligne toutefois l'impossibilité de prévoir la « durée et la profondeur de la crise. »

Le 27 octobre, la Bourse de Tokyo s'effondre en clôture au niveau le plus bas depuis 26 ans. Hong Kong, Shanghai et de nombreuses bourses européennes terminent en baisse.

Regardons cette troisième séquence.

La "crise bancaire" et la "crise financière" se poursuivent.

Des banques ou des organismes d'assurance font faillite et sont rachetés ou nationalisés, totalement ou partiellement.

Les banques centrales injectent des liquidités. Les bourses connaissent des hausses et surtout des journées "noires".

Les gouvernements interviennent plus fermement, de manière plus importante et surtout dans le cadre d'une planification. C'est le plan Paulson qui finit par voir le jour aux USA.

Face à cette position américaine, l'Europe n'arrive pas à se mettre d'accord.

Des conflits de pouvoir se font jour et, en particulier l'attitude de Nicolas Sarkozy, alors président de l'Union européenne jusqu'à la fin de l'année, ne semble pas "passer" auprès d'Angela Merkel, de Gordon Brown et de Jean Claude Juncker. C'est comme si la position de leadership que Nicolas Sarkozy veut assurer au sein de l'Union européenne était perçue comme une tentative de prise de pouvoir.

Que devient aussi le président de la Commission européenne, le portugais José Manuel Barroso ?

En résumé, pour l'Europe, c'est plutôt chacun pour soi, même si l'on cherche à montrer un semblant d'unité pour la photo.

Dans ce contexte, le directeur général du FMI est inaudible lorsqu'il appelle à l'unité dans le traitement de la crise financière.

Ce manque d'unité se retrouve dans les critiques et les mises en causes formulées par les différents acteurs. Vladimir Poutine accuse les Etats-Unis d'Amérique, ce qui ne paraît pas trop surprenant. Qu'en est-t-il lorsque la ministre de l'Economie, Christine Lagarde lance une accusation similaire ?

On sent bien que, si les annonces pour "réguler" le système bancaire et financier se multiplient, les propositions visent surtout à "rétablir la confiance" et préserver l'autonomie de la finance. Quel crédit donner en France, aux déclarations qui se multiplient pour mettre en cause et menacer les responsables des banques et organismes financiers ? Quand des responsables du Parti socialiste font des déclarations, personne n'est surpris, ni par les propositions faites, ni par les critiques de l'action du gouvernement. C'est plus surprenant quand la critique vient de l'ancien président Giscard d'Estaing. Et que penser de la cacophonie entre la ministre de l'Economie et le secrétaire d'Etat à l'emploi ?

Si cette "crise" génère des inquiétudes dans la population, elles restent à un niveau assez faible.

Les médias se font surtout l'écho de l'évolution de la situation des banques et organismes financiers et de l'intervention des responsables politiques. Les conflits de pouvoir qui apparaissent sont repris sous forme de "petites phrases" qui alimentent les différents journaux.

Les incertitudes restent fortes et personne ne peut dire la durée et les conséquences de cette "crise financière" qui s'est maintenant étendue à l'ensemble des pays.

Des organismes, comme l'organisation mondiale de la santé (OMS) et le bureau international du travail (BIT), ont bien tenté d'alerter les responsables politiques et l'opinion publique sur les conséquences sociales de la crise. Sans succès semble-t-il !

Si on reprend les trois séquences que nous venons de relater et que nous les rapprochons de la dynamique de la crise présentée précédemment, nous pouvons faire les constatations suivantes :

- Il y a bien des dysfonctionnements que tentent de régler les dispositifs de régulation prévus à cet effet.

- Il y a des incertitudes sur les effets et la durée de ces dysfonctionnements.

- Des inquiétudes sont générées par ces incertitudes, mais elles concernent, pour l'instant, essentiellement le monde de la finance.

- Les responsables politiques sont intervenus pour faire pression sur le dispositif de réponse.

- La multiplicité des acteurs entraîne des conflits de pouvoir et le repli sur soi de certains pays, ce qui se traduit par un "chacun pour soi".

- On repère des mises en causes, un rappel du passé et la recherche de boucs émissaires.

- La médiatisation reste faible, ou du moins concentrée à certains domaines : les organismes financiers, la bourse et les déclarations des responsables politiques.

Tous les ingrédients sont rassemblés pour conduire à une crise, telle que nous l'avons définie, c'est-à-dire à une défaillance du processus de décision.

Une particularité saute toutefois aux yeux. Il n'y a pas de cellule de décision pour répondre à la situation mais une multitude de centres décisionnels interconnectés plus ou moins au sein d'une grande nébuleuse.

Le récit que nous faisons de la situation nous apprend à mieux repérer les étapes mais il ne nous permet pas de savoir comment remédier à la situation et comment éviter à l'avenir quelle ne se reproduise.

Pour identifier de manière plus certaine la crise comme défaillance du processus décisionnel, nous allons devoir disposer d'outils d'analyse.

Avant d'aller plus avant, il nous faut toutefois terminer le récit provisoire de cette crise.

III.4 Vers l'explosion sociale ?

Nous limiterons notre étude à la période de novembre 2008 au début de l'année 2009. Nous porterons un regard sur la suite des évènements dans la troisième partie.

Cette quatrième séquence va voir la "crise bancaire et financière" se poursuivre et commencer à se transformer en "crise de l'emploi" et donc en "crise sociale".

1. La propagation

Les effets de la crise immobilière continuent à se faire sentir sur les banques, les bourses et les économies des différents pays.

Ils vont atteindre aussi les entreprises, les salariés et une partie de plus en plus importante de la population, entraînant inquiétudes, comportements irrationnels et interventions de divers groupes de pression.

Toutes les bourses plongent autour de 5% le 20 novembre. Les observateurs parlent de plus en plus de déflation.

Le 12 décembre éclate l'affaire Madoff, une escroquerie de 50 milliards de dollars US.

Au 31 décembre le bilan pour la Bourse de New York est négatif, l'indice Dow Jones a lâché 34% sur l'ensemble de l'année et réalise sa pire performance depuis 1931.

En janvier et février, les marchés vont réagir aux déclarations relatives aux plans des divers pays : Le 28 janvier 2009, les principales places boursières mondiales reprennent de la hauteur et parient sur l'adoption du plan de relance de Barack Obama, qui vient de prendre ses fonctions le 20 janvier.

A Paris, le CAC 40 bondit de plus de 4%, après avoir été le 22 janvier au plus bas depuis le 19 mai 2003.

Par contre, le 10 février, malgré l'adoption par le Sénat américain d'un plan de relance de 838 milliards de dollars, Wall Street clôture sur une chute de 4,6% de l'indice Dow Jones, tandis qu'à Paris l'indice CAC 40 perd 3,6%.

En ce qui concerne l'économie des pays, on relève, à la mi-novembre, que l'inflation atteint son plus bas niveau dans la zone euro depuis le début de l'année, grâce à la baisse des produits pétroliers.

La zone entre officiellement en récession. L'Italie y est entrée officiellement au troisième trimestre 2008 avec un recul du PIB de 0,5%. Pour la Grande-Bretagne ce sera en janvier 2009.

La crise atteint les rivages asiatiques fin janvier. La Banque du Japon annonce qu'elle anticipe désormais une récession d'au moins deux ans. La Chine connaît une croissance de seulement 6,8% au dernier trimestre 2008, soit une division par deux du rythme de développement du pays. Enfin, la Corée du Sud fait savoir que son dernier trimestre 2008 s'est soldé par une contraction de l'activité de 5,6%. Les prévisions des experts sont plutôt pessimistes : la Banque mondiale revoit à la baisse ses prévisions de croissance 2009 pour la Chine à 7,5% contre 9% auparavant. Cela rejoint les nouvelles prévisions "pessimistes" de croissance du FMI pour les principaux pays.

Début janvier, Jean-Claude Trichet, le président de la Banque centrale européenne (BCE) déclare : « L'économie mondiale va significativement ralentir en 2009, les pays industrialisés enregistreront probablement des chiffres de croissance négatifs. »

Réunis à Bâle, les dirigeants des dix plus grandes banques centrales estiment qu'une reprise économique pourrait s'amorcer dès 2010.

Mais, selon Paul Krugman, prix Nobel d'économie 2008, l'économie mondiale risque de subir le contrecoup des turbulences financières pendant encore au moins trois ans.

Les entreprises sont également touchées par cette crise financière. Selon l'Association des constructeurs automobiles européens, les ventes de voitures neuves en Europe, touchées par la crise économique et financière, ont plongé en novembre de 25,8% sur un an.

Dans les premiers jours de janvier, Chrysler, troisième constructeur automobile américain, au bord de la faillite, reçoit du Trésor public 4 milliards de dollars d'aides. Le 6 janvier General Motors, qui vient de recevoir un prêt de 4 milliards de dollars du gouvernement, annonce une baisse drastique de sa production.

Pékin débloque 20 milliards d'euros d'aides pour son industrie aéronautique.

La crise économique est même ressentie par L'Oréal, le numéro un mondial de la cosmétique, qui voit la croissance de ses ventes divisée quasiment par trois sur un an.

Par contre, l'américain Exxon Mobil, le premier groupe pétrolier mondial, annonce pour l'année 2008 un résultat net en hausse de 11%.

Mais c'est sur le plan de l'emploi que les effets deviennent les plus préoccupants.

Cela commence par les banques : La banque Citigroup annonce en novembre la suppression de 50 000 postes sur les 350 000 personnes qu'elle emploie de par le monde. Début décembre, le Crédit Suisse, qui annonce une nouvelle perte, prévoit la suppression de 5 300 emplois, soit 11% de son effectif global. Pour le groupe japonais de services financiers Nomura Holdings, c'est une réduction d'effectif de 1 000 emplois à Londres, sur un total de 4 500 qui est prévue. La banque de Boston, State Street annonce la suppression prochaine de quelques 1 800 postes, soit environ 6% de ses effectifs, alors qu'elle a obtenu deux milliards de dollars de fonds publics.

C'est ensuite le secteur de l'automobile. General Motors va au premier trimestre 2009 mettre en chômage technique de nombreuses usines. Le troisième constructeur japonais Nissan, contrôlé à 44,3% par Renault, annonce une perte nette probable de 2,23 milliards d'euros et prévoit la suppression de 20 000 emplois d'ici au 31 mars 2010, dont 60% au Japon.

Le secteur des nouvelles technologies est à son tour touché par la crise dès janvier. Au moins 35 000 suppressions de postes sont annoncées dans l'high-tech américain. Motorola, l'équipementier télécoms américain supprime en janvier 4 000 emplois, qui viennent s'ajouter aux 3 000 postes dont il avait annoncé la disparition fin octobre 2008. Ces mesures portent à 16 000 le nombre total de licenciements annoncés dans l'entreprise depuis janvier 2007.

Le groupe américain de télécommunication AT&T annonce la suppression de 12 000 emplois d'ici fin 2009, soit 4% de ses effectifs.

L'Europe est rattrapée par cette onde de choc. Le chômage progresse de manière significative. L'économie espagnole a détruit, au mois de janvier 2009, près de 200 000 emplois. Avec 3,1 millions de chômeurs recensés fin décembre 2008 elle atteint un record historique jamais vu depuis 1996.

Dans l'ensemble de la zone euro, l'activité industrielle a chuté de 12% sur un an. C'est la plus forte baisse annuelle enregistrée depuis la publication de statistiques pour les pays de la zone euro, en 1991.

En France 90 200 demandeurs d'emploi supplémentaires se sont inscrits sur les listes de Pôle emploi en un mois.

En Russie, le chômage frôle les 8% de la population active.

Les prévisions des experts sont mauvaises : le secrétaire général de l'Organisation pour la coopération et le développement économique prévoit « 20 à 25 millions » de chômeurs en plus dans le monde à cause de la crise d'ici 2010, dont 8 à 10 millions au sein de l'OCDE. Cela porterait le nombre de chômeurs dans le monde à 210 millions de personnes fin 2009. Les perspectives sociales sont de plus en plus sombres. Le Bureau international du travail (BIT), dans son rapport annuel sur les tendances mondiales de l'emploi, prévoit, qu'en 2009, la pauvreté des travailleurs pourrait retrouver son niveau de 1997. Près de 45% de la population active ayant un emploi vivrait alors sous le seuil de pauvreté.

Evidemment, avec la crise, les inégalités entre pays vont encore s'accroître.

Selon les propos tenus, fin décembre, par le président du FMI l'année 2009 s'annonce comme une année vraiment mauvaise. Il déclare : « La question des troubles sociaux a été mise en relief par les journalistes, ce que je peux comprendre, mais ce n'est qu'une partie du problème [...]. Le problème est que l'ensemble de la société va souffrir. »

Les conséquences de la crise financière vont atteindre les entreprises. Certaines vont devoir fermer, d'autre mettre en place des restructurations entraînant des mises au chômage partiel ou total et des plans sociaux. La crainte de perdre son emploi génère des inquiétudes dans la population. Le fait que le public prenne conscience que la crise l'atteint directement, ou risque de l'atteindre dans un avenir proche, plonge la population dans l'angoisse du chômage et de ses conséquences. Une épée de Damoclès se trouve au dessus de beaucoup de têtes !

Cela va conduire à des attitudes irrationnelles, illustrées par la séquestration des cadres ou des dirigeants d'entreprise.

2. A la recherche d'une stratégie

Les banques centrales vont continuer à injecter des liquidités dans le système bancaire.

Les organismes supranationaux vont intervenir, soit comme experts pour évaluer les conséquences de la crise dans le temps, soit pour préconiser ou décider certaines mesures.

Les gouvernements vont prendre des mesures qui doivent limiter les effets sur les banques et les marchés boursiers, préserver les entreprises et l'emploi, répondre aux inquiétudes de la population et aux interrogations des groupes de pression.

Cela doit se faire (du moins peut-on l'espérer !) dans le cadre d'une stratégie mise en œuvre par des plans d'action.

Comment les divers organes de décisions ont-ils procédé ?

Ont-t-ils pu éviter les défaillances décisionnelles qui traduisent une "crise de la décision" ?

Quelle stratégie ont-ils adoptée ?

Qui a géré la crise ?

Nous avons proposé le récit de la crise, dans ses grandes lignes, selon une grille de lecture particulière.

On peut en faire le résumé suivant :

- Il y a eu des dysfonctionnements suite aux subprimes américaines.

- Le système de réponse a tenté de remédier à la situation en régulant, notamment en injectant des liquidités.

- Les conséquences sur le système boursier ont rendu la situation plus difficile en raison de sa généralisation au système planétaire.
- Les experts ont fait des prévisions concernant les effets et proposé des dispositions à prendre pour les limiter.
- Des inquiétudes se sont manifestées chez certains épargnants et actionnaires.
- Les responsables politiques sont intervenus pour faire des déclarations et décider de "plans de sauvetage".
- Les acteurs se sont multipliés d'autant plus qu'une coordination entre les pays s'avérait difficile.
- Des conflits de pouvoir ont donc fait leur apparition.
- La situation s'est complexifiée. Médias et groupes de pression ont pris le relais. Le mécanisme s'est emballé.
- Il est difficile de repérer la ou les cellules de décision.

Il nous faut répondre à une question : il y a t- il crise ?

Tout d'abord, les responsables politiques et les médias parlent de crise des subprimes, de crise bancaire, de crise financière, de crise économique et sociale, etc. Certains envisagent la possibilité d'une crise politique et pourquoi pas d'une crise des institutions, notamment pour les organismes supranationaux.

Pas de doute alors, il y a crise !

C'est d'ailleurs ce que ressent l'opinion publique.

Pour tout le monde il y a crise parce que c'est important, parce que les conséquences touchent la planète entière et, pour le simple citoyen, parce que cela rend son avenir de plus en plus incertain et menaçant.

Nous ne dirons pas le contraire !

A lire ce récit on constate que les responsables de la décision ne font que répondre à l'évolution de la situation et à l'émergence des problèmes. Leur capacité d'anticipation reste faible.

On parle de "gestion de crise", dans la réalité on la subit ! On essaie d'en limiter les effets, on propose des solutions pour corriger les systèmes en espérant que cela suffira à empêcher la prochaine crise.

Il ne reste plus qu'à commenter les décisions prises, les propositions faites, à les critiquer ou les contester, ou encore à proposer des solutions alternatives.

En rédigeant cet ouvrage je me suis rendu dans les grandes librairies et j'ai pu constater (comment aurais-je pu ne pas le faire !), l'importance du nombre de livres qui traitent de la crise actuelle. J'en ai feuilleté beaucoup et acheté quelques uns. On y trouve des récits de la crise, des analyses des systèmes bancaires et financiers, des prévisions de retour à la normale avec des scénarios plus ou moins pessimistes. On y trouve aussi des propositions pour réformer, réguler, renforcer, redéfinir.

Je ne vais pas prendre position sur ces points. Je ne suis pas expert en ce domaine. Ce que je vous propose c'est de comprendre la crise à partir des mécanismes qui peuvent y conduire, et dans cette optique la "crise est une défaillance du processus décisionnel".

Cette approche, nous le montrerons dans la suite de ce livre, permet de concevoir une méthode pour éviter les crises (toujours comprises comme défaillance de la décision) et aussi pour les prévenir, en bâtissant et en pilotant des systèmes moins vulnérables.

Pour aller plus loin il nous faut la méthode, le moyen et les outils qui pourront nous permettre de comprendre les mécanismes de la décision et de repérer les conditions de sa défaillance.

Il nous faut examiner comment la stratégie a été décidée par le système politique, c'est-à-dire comment les décisions ont été prises.

Peut-on déterminer si à ce niveau il y a eu crise, au sens de la défaillance du processus de décision ?

Des décisions sont toujours prises. Mais le sont-elles pour colmater, en urgence, une évolution de la situation ? Ou alors, le sont-elles dans le cadre d'une stratégie délibérée et anticipée ?

Je vous propose de poursuivre notre voyage avec l'étude des pratiques décisionnelles pour découvrir ce qui conduit à la crise. Pour vous aider à bien comprendre l'outil de "décodage" des pratiques décisionnelles, nous examinerons la "crise sociale" et ce que les commentateurs politiques et les médias ont nommé "la crise au Parti socialiste".

Nous verrons comment le modèle de compréhension des pratiques décisionnelles va mettre en évidence la dimension stratégique. Nous étudierons cette dernière.

Nous reprendrons ensuite la "gestion" de l'évènement par les différents systèmes de décision, à l'aide de cette méthodologie et des outils présentés.

Chapitre II

Comprendre les processus de décision

Nous avons défini la crise comme une défaillance de la décision. Si nous voulons comprendre la crise il faut porter notre étude sur les processus décisionnels.

La question qui se pose est de dégager, de la somme des études qui existent sur les mécanismes de la décision, l'approche qui va nous permettre de comprendre le processus décisionnel qui conduit à la crise. Ensuite nous pourrons envisager des pistes d'action pour éviter celle-ci.

L'étude de la dynamique de la crise nous a permis de comprendre comment le phénomène peut apparaître. Il nous faut maintenant disposer d'un outil pour décoder le processus de la décision qui génère la crise.

I. Le mythe de la rationalité et le mythe du "stratège"

Nous avons devant nous un premier obstacle de nature culturelle. L'adoption de pratiques décisionnelles est influencée par le milieu culturel dans lequel baigne l'organisation et par son histoire. La décision, comme les structures sur lesquelles elle s'appuie, est fortement marquée par le milieu culturel. Les représentations que se font les individus d'une organisation, des pratiques décisionnelles, de la responsabilité et des rapports hiérarchiques sont directement influencées par la culture.

Quelle est la "carte mentale" du français moyen ?

Nous nous trouvons face à deux mythes dominants concernant la prise de décision.

D'abord le mythe de la rationalité.

Devant un problème, nous recherchons les différentes solutions, nous examinons les avantages et les inconvénients de chaque solution, et nous faisons le choix de la solution optimale. Bref nous sommes des êtres rationnels. Pourtant, nous savons que ce processus est souvent escamoté car nous rationalisons le récit que nous faisons de la décision. Question de crédibilité !

Cette "rationalisation ex-post" conduit certains auteurs à considérer que, pour comprendre une décision, il faut étudier le récit qui en est fait.[1]

Bien sûr, un choix peut être difficile à faire en raison de l'insuffisance d'informations disponibles ou des incertitudes relatives à ses conséquences.

Mais le processus de décision lui-même apparaît si évident, si naturel qu'il semble curieux de s'interroger : la décision n'est-elle pas le privilège de l'homme libre doué de raison ?

En France, nous disposons de grandes écoles qui forment les futures élites à trouver les solutions. Encore faut-il que la manière de bien poser les problèmes soit aussi enseignée. Combien de fois le décideur arrive-t-il avec la solution toute prête, à la mode, sans se préoccuper de définir clairement la nature du problème ?

Geneviève Decrop indique : « Les politologues et les sociologues ayant particulièrement bien travaillé ces dernières décennies, ils ont dévoilé la fiction de la décision, fondée sur le "mythe rationnel" de l'articulation bien ordonnée de l'instruction (expertise), de la décision (politique), et de la mise en œuvre (exécution). On sait maintenant que, pour le moins, les séquences sont dans le désordre, qu'une bonne part du processus décisionnel est dans la mise en œuvre et que, in fine, c'est plus du processus décisionnel qu'il faut parler voire même de "décision non décisionnelle" que de décision comme un acte isolable. »[2]

Cela ne veut pas dire que le mythe a disparu !

Second mythe, celui du "grand homme", de "l'homme providentiel", du "stratège".

L'importance donnée à la décision, considérée comme la dimension noble qui façonne la "figure du décideur", conduit à « une représentation de faits ou de personnages réels déformés ou amplifiés par l'imagination collective. »

On parle alors de stratège. Et le "grand stratège" fonctionne comme un mythe. Nous verrons que ce mythe permet de donner du sens à des phénomènes complexes et mystérieux et, qu'en cela, il joue un rôle dans la représentation qui est faite, que l'on veut faire et que l'on se fait de la décision.

---

[1] Lucien Sfez, *Critique de la décision,* Les Presses de Sciences Po, 1992.
[2] Geneviève Decrop, *Risques collectifs et situations de crise,* L'Harmattan, 2004.

Le mythe de la rationalité ne s'arrête pas au décideur solitaire. Celui du stratège englobe souvent les "éminences grises" qui entourent celui qui dispose du "privilège de la décision".

Que se passe-t-il lorsque la décision relève, non plus d'un seul individu, mais d'un groupe organisé ? Rien ne dit que le processus décisionnel est de même nature pour un individu et pour une organisation. On constate que les exemples abondent où le choix, le résultat de la décision, apparaît si curieux que l'on se demande comment une telle décision a pu être prise.

Certaines décisions peuvent être considérées comme absurdes. L'analyse sociologique des décisions, comme celles prises lors de l'accident de Challenger, montre que des mécanismes décisionnels collectifs peuvent conduire à des décisions que l'on va qualifier d'absurdes.[3]

Décidément, si nous voulons comprendre la défaillance du processus décisionnel qui entraîne la crise il nous faut étudier les recherches qui ont été conduites afin de "démystifier" la décision.

II. La réalité décisionnelle

La décision est « un acte par lequel un ou des décideurs opèrent un choix entre plusieurs options permettant d'apporter une solution satisfaisante à un problème donné. »[4]

Mais comme le souligne Jean-Pierre Nioche : « La langue française utilise le mot décision pour désigner deux choses distinctes : l'action qui consiste à opérer un choix, et le choix qui résulte de cette action. »[5]

La décision rationnelle, si évidente au pays de Descartes, a fait l'objet de nombreuses critiques. D'autres conceptions existent qui décrivent de manière plus réaliste le fonctionnement des organisations. Des modèles de base ont été élaborés. On ne peut toutefois s'en tenir à ces derniers. Ce serait nier la complexité des situations concrètes.

---

[3] Christian Morel, *Les décisions absurdes. Sociologie des erreurs radicales et persistantes*, Folio essais, 2004.
[4] *Cours Economie d'entreprise*, geronim.free.fr.
[5] Jean-Pierre Nioche, *Pour une nouvelle politique d'entreprise,* PUF, 1985.

Le problème des responsables ne se borne pas à prendre des décisions, mais plutôt à maîtriser les processus décisionnels. La réalité des décisions est souvent plus complexe. Elle ne peut être réduite aux modèles fondamentaux.

Nous avons retenu un modèle explicatif des pratiques décisionnelles : le modèle générique de Nioche.

S'agissant d'un modèle, nous garderons à l'esprit que « ce qui est simple est toujours faux, ce qui ne l'est pas est inutilisable. »[6]

Jean-Pierre Nioche, dans son ouvrage « Pour une nouvelle politique d'entreprise », propose un modèle explicatif qui met en relation la nature des processus de décision et les situations dans lesquelles ils apparaissent. Dans l'introduction il nous indique clairement la dimension sociologique de la décision : « Nous allons nous écarter des modèles classiques pour découvrir avec vous les sentiers cachés, qui sont les processus de décision réels, tels qu'on peut les analyser dans toute organisation. Ils ont une façade rationnelle que les "décideurs" mettent en avant pour justifier leurs décisions, mais ils font appel à bien d'autres logiques. Nous serons ainsi amenés à mettre en cause la notion même de décision et de décideur dans l'extraordinaire maquis que constituent les groupes et sous-groupes organisés, hiérarchisés, retranchés qui peuplent une entreprise, chacun avec sa compétence, ses ambitions et ses modes d'action propres. Au jeu de la lutte permanente entre les coalitions changeantes, nous perdrons sans regret le mythe des objectifs unitaires. Mais nous introduirons de nouveaux acteurs faits de chair et de sang, soumis à l'influence des pressions extérieures comme de leurs propres pulsions profondes. »[7]

Ce paragraphe illustre bien ce que les chercheurs ont pu relever dans les situations de "crise ?

Jean-Pierre Nioche ajoute : « A ce stade, la forêt nous apparaît toute différente, non plus comme un monde inconnu ou régnerait quelque obscure loi de la jungle, mais comme une entité structurée ou nous avons établi des repères. »[8]

La décision, si elle relève de la responsabilité d'un acteur défini par des textes législatifs ou réglementaires, est plus souvent le fruit

---

[6] Paul Valéry, *Autres pensées et autres*, 1941.
[7] Jean-Pierre Nioche, *Pour une nouvelle politique d'entreprise*, PUF, 1985.
[8] Idem.

d'un travail de préparation par une équipe, c'est à dire par un système plus ou moins organisé.

Quelles sont les pratiques décisionnelles qu'adopte ce système ?

Deux facteurs caractérisent et influencent les pratiques décisionnelles : la répartition du pouvoir interne et le rythme d'évolution de l'environnement.

La combinaison de ces deux variables permet de bâtir une typologie des pratiques décisionnelles qui va servir à bâtir le modèle générique de Nioche.

1. Pratiques décisionnelles et configuration de pouvoir

Les théories de la décision sont, en règle générale, muettes sur le problème du pouvoir. Pourtant, les décisions en situation de crise ou "sous pression" modifient l'équilibre établi des pouvoirs et sont souvent l'occasion de redéfinir les règles du jeu. Or la question du pouvoir et de son exercice est au centre du mécanisme qui conduit à la crise.

Le pouvoir peut être détenu et exercé par un seul acteur. Il sera dit concentré. Cette situation correspond à un modèle de base appelé "modèle de l'acteur unique". Dans ce modèle, l'organisation se confond avec un acteur unique, rationnel, conscient de lui-même et de son environnement. Cet acteur est doté d'objectifs et/ou de préférences relativement stables.

Le processus de décision peut se résumer à quatre étapes successivement logiques : la formulation du problème, le repérage et l'explicitation de toutes les actions possibles, l'évaluation des options et enfin le choix qui est sensé se porter sur la solution optimale. Dans le modèle de l'acteur unique une seule logique est à l'œuvre. On est en présence d'une mono rationalité qui exclut tout conflit sur les objectifs et sur la façon de décider. Les objectifs sont clairement et précisément définis. L'organisation les sert comme "un seul homme". On peut très vite imaginer les limites d'un tel modèle et les critiques qu'il peut susciter. Ce modèle correspond bien à la représentation naturelle de l'action pour un Occidental. Il est encore plus évident pour un Français éduqué selon une approche privilégiant la dimension cartésienne. Mais ce modèle ne prend pas suffisamment en compte l'importance du processus de décision. En effet, la bonne formulation du problème suppose au préalable une reconnaissance de celui-ci. Pour cela il faut procéder à la collecte et au traitement des informations. Mais ce modèle nie surtout l'existence des conflits et des stratégies des individus et des groupes.

Ces critiques ont conduit à une adaptation du modèle de l'acteur unique. C'est ainsi qu'il a été admis que les raisonnements des décideurs n'avaient pas la rigueur qu'on leur avait supposée et qu'il existait de nombreux biais, représentant les écarts de la pensée humaine "naturelle" par rapport au calcul rationnel. On parle alors du modèle de l'acteur unique cognitif.

Quels sont ces biais qui affectent notre logique que l'on dit rationnelle ?

- Le décideur peut s'ancrer sur son jugement initial et ne pas prendre en compte les informations nouvelles qui lui parviennent, surtout si elles sont divergentes avec sa première impression.

- Il peut aussi persévérer dans l'action engagée alors qu'elle ne produit pas les effets attendus. Pas question de réviser sa stratégie !

- S'il va un peu plus loin dans l'analyse du problème, il peut aussi focaliser sur une solution qui lui paraît bonne. Il a alors tendance à ne voir que les avantages de sa solution et que les inconvénients des autres options. Pourquoi chercher plus loin ? C'est la bonne solution ! Les autres sont à rejeter !

- Il peut transposer des cas simples connus aux cas complexes.

- Et pourquoi ne pas généraliser à partir de situations passées, d'expériences réussies.

- Il peut enfin penser pouvoir contrôler le cours des choses. Cette illusion du contrôle peut entraîner une mauvaise appréciation des risques.

La manière dont nous sommes "câblés" comprend des hypothèses et des croyances, que nous avons sur notre environnement et sur les organisations, qui vont favoriser tel ou tel biais cognitif.

Nos raisonnements vont donc suivre les itinéraires tracés par ces "cartes mentales". L'approche cognitive montre ainsi que la phase de délibération, qui est centrale dans le modèle de l'acteur unique, suit des processus complexes, difficilement maîtrisables, qui ne respectent pas les canons de la rationalité.

Avec ce modèle de l'acteur unique cognitif on accepte de reconnaître que la volonté et la pensée du décideur qui entrent en jeu dans le processus de décision ont leur part d'ombre.

En abordant l'acteur unique, détenant le pouvoir, et en relisant les biais cognitifs que nous venons de présenter, l'idée que ce modèle pourrait aller comme un gant au président de la République actuel nous vient facilement à l'esprit.

Mais avant de regarder de plus près ce qu'il en est, en reprenant la "gestion" de la crise, poursuivons notre examen de la répartition du pouvoir avec un second modèle.

En effet, le pouvoir peut aussi être réparti dans le système décisionnel. Cela correspond à un modèle qui a été désigné sous le vocable de "modèle organisationnel".

Nous avons vu avec les biais cognitifs, que face à un problème, le décideur ne cherche pas toujours la solution optimale mais qu'il a tendance à retenir la première solution qu'il considère comme satisfaisante. Nous avons ainsi, selon la théorie de Simon, une "rationalité limitée". Nos conduites sont orientées par notre environnement psychologique. Or nous nous trouvons souvent placés dans un système, une organisation. C'est aussi le cas dans notre vie personnelle où le système est le couple ou la famille. Qui peut prétendre décider seul dans ce cas ?

L'organisation détermine l'environnement psychologique de ses membres. La division du travail, les procédures, l'autorité, la communication et l'identité influencent nos comportements et donc les décisions que nous prenons.

Ce constat a conduit Cyert et March à proposer une théorie comportementale de l'entreprise.

L'organisation est alors conçue comme une coalition d'individus qui ont des objectifs différents. L'organisation peut donc être considérée comme une juxtaposition de rationalités locales. Examinée selon ces caractéristiques elle va favoriser un processus de décision de type organisationnel et va réagir aux problèmes que lui pose l'environnement pour s'adapter.

Lorsque le problème est facilement identifié, on lui applique les procédures habituelles qui génèrent la solution habituelle. Dans le cas contraire l'organisation va engager un processus de recherche pour cerner le problème et à lui trouver une solution.

Concrètement on décompose le problème en sous problèmes.

On va demander aux parties de l'organisation de prendre chacune en charge un sous problème et de le traiter selon ses procédures habituelles. Cela signifie que, comme pour l'acteur unique, chaque partie de l'organisation va s'arrêter lorsqu'elle trouve une solution satisfaisante. Pour la décision finale arbitre et réalise un compromis à partir de l'ensemble des solutions apportées aux sous-problèmes.

Le modèle organisationnel fait aussi l'objet de critiques. En effet, il ne prend pas assez en compte les jeux et les stratégies des membres de l'organisation. Pour l'acteur unique on a mis en évidence des biais cognitifs, des écarts entre la "rationalité théorique" et la celle de l'individu ; pour le modèle organisationnel on constate également des déficits. Ces déficits concernent l'organisation, le système organisationnel. Ils vont être appelés déficits systémiques. Certains de ces déficits systémiques sont susceptibles de générer des vulnérabilités.

C'est aux études, qui ont été conduites par les sciences du danger, que l'on va emprunter la typologie de ces déficits. A partir d'études sur les enquêtes post-accidentelles et post-catastrophiques une liste empirique de déficits, mettant en danger les systèmes, a été établie.

Ces déficits systémiques peuvent être culturels, organisationnels ou managériaux. La culture de certaines organisations peut conduire les acteurs à se sentir infaillibles, à être centrés sur eux-mêmes et à peu communiquer. L'organisation peut être dominée par la productivité ou favoriser la dilution des responsabilités. Les méthodes managériales peuvent présenter des déficits qui sont liés à l'absence d'un système de retour d'expérience, de procédure écrite, de formation du personnel ou à l'absence de préparation aux situations de crise.

Le troisième modèle, appelé "modèle politique", repose sur le fait que le pouvoir peut faire l'objet de négociations, d'alliances, de luttes. Il est disputé entre plusieurs acteurs ou groupes d'acteurs. Ce modèle est hérité principalement de la science politique. L'organisation est considérée comme une structure plus ou moins précise dans laquelle des "joueurs" (individus ou groupes) sont placés dans des situations particulières. Les joueurs sont dotés d'intérêts et d'objectifs propres et contrôlent différentes ressources. Ils conduisent des stratégies à partir de leur situation propre.

La structure de l'organisation régule, en partie, la confrontation des stratégies particulières qui s'exprime au travers des jeux de pouvoir.

L'intérêt du modèle politique est qu'il met bien en évidence les interactions des stratégies particulières au sein des organisations.

Il met surtout en lumière les jeux de pouvoir que cachent les discours rationnels et les organigrammes bien dessinés.

Donc en résumé nous avons trois modes de répartition du pouvoir : le modèle de l'acteur unique avec un pouvoir concentré, le modèle organisationnel où le pouvoir est réparti et enfin le modèle politique où le pouvoir est disputé entre les acteurs.

2. Le rythme d'évolution de l'environnement

L'environnement de la décision va se situer dans l'espace et dans le temps.

« Alors que le temps est l'une des ressources principales des décideurs la plupart des modèles de décision négligent cette variable. Nous opposerons donc des situations dans lesquelles on a le temps à celles où on n'a pas le temps. On a le temps, cela veut dire qu'on dispose d'un délai convenable de décision entre le moment où on se saisit d'un problème et le moment où les engagements dans une voie nouvelle sont irréversibles. »[9]

L'environnement va surtout être fonction de la perception que peuvent avoir les acteurs de ces deux dimensions, temps et espace.

On appellera situation de décision un ensemble de conditions concrètes d'espace, de temps et de perception dans lesquelles un ou plusieurs acteurs sont amenés à choisir.

Jean-Pierre Nioche nous propose de retenir trois situations typiques de décision :

- La situation de décision émergente. Il s'agit d'une situation qui apparaît dans le quotidien de l'acteur et qui peut amener celui-ci à prendre des décisions qu'il considère comme peu importantes. C'est la situation la plus difficile à saisir car elle fait peu apparaître le rôle de la décision. On ne distingue pas la décision de sa mise en œuvre. Ce n'est pas une situation dans laquelle on prend une décision "noble".

---

[9] Jean-Pierre Nioche, *Pour une nouvelle politique d'entreprise*, PUF, 1985.

- La situation de décision anticipée. La dimension principale est ici qu'on a le temps, ou qu'on se le donne, pour analyser et résoudre les problèmes. A en croire les décideurs c'est la vraie décision stratégique !

- La situation de décision occurrente. Elle correspond assez souvent aux situations que l'on présente comme le fait des grands stratèges. Un événement surgit, externe ou parfois interne, qui entraîne une prise de décision considérée par les acteurs comme importante, provoquant une réorientation majeure de la stratégie. C'est le temps du "grand stratège", de "l'homme providentiel".

L'environnement par rapport auquel la décision est prise est un ensemble de perceptions complexes, évolutives, souvent contradictoires.

L'organisation peut voir son environnement de différentes façons : stable, prévisible ou turbulent.

Cette distinction peut être mise en corrélation avec les situations de décisions :

- La décision émergente correspond à un environnement considéré comme stable.

- La décision anticipée se produit dans un environnement prévisible.

- Dans la décision occurrente les acteurs se sentent dans un environnement perturbé et fait d'incertitudes.

On comprend alors que la vigilance doit jouer un rôle essentiel. Il s'agit de surveiller l'environnement et reconnaître les opportunités et les menaces.

Selon Oury, on peut relever trois formes de vigilance :

- Celle du guetteur qui se caractérise par une vigilance statique mais non passive. L'attention et l'imagination du guetteur sont mobilisées pour repérer l'ennemi et pour donner l'alerte.

- Pour le chasseur, la vigilance sera orientée vers la capture de la proie et vers la survie. Il scrute l'environnement dans lequel il se déplace.

- Le marin va exercer une vigilance qui combine certaines caractéristiques du guetteur et du chasseur. Il inspecte son environnement et cherche à prévoir la tempête, mais il doit aussi observer les mouvements de la mer et adapter les siens instantanément.

Ce que nous venons de voir sur l'environnement peut se résumer dans un tableau qui présente les caractéristiques des trois types de situations de décision.[10]

	Décision émergente	Décision anticipée	Décision occurrente
Nature du changement	Progressif	Progressif et radical	Radical
Temps décisionnel	On n'a pas le temps ou on ne l'utilise pas	On a le temps	On n'a pas le temps
Perception globale de l'environnement	Stable	Prévisible	Perturbé
Type de vigilance	Du guetteur	Du chasseur	Du marin

Pour étudier et comprendre le mécanisme de la crise, définie comme une défaillance du processus décisionnel, nous avons identifié deux facteurs importants :

- La répartition du pouvoir interne, que nous retrouvons dans les trois modèles fondamentaux : acteur unique cognitif, modèle organisationnel, modèle politique.

- Le rythme d'évolution de l'environnement de la décision mis en relation avec trois types de situations de décision : émergente, anticipée et occurrente.

Trois possibilités pour l'exercice du pouvoir et trois situations de décision.

Cela va nous conduire à dessiner une matrice à neuf cases qui est la base du modèle de Nioche.

Nous avons complété le modèle proposé par Jean-Pierre Nioche et nous avons retenu le terme crise de préférence à ce qu'il nomme "grand jeu".

La représentation de la matrice du modèle de Nioche est la suivante :[11]

---

[10] Strategor, *Stratégie, structure, décision, identité*, InterEditions, 1998.
[11] Jean-Pierre Nioche, *Pour une nouvelle politique d'entreprise*, PUF, 1985.

	POUVOIR	ENVIRONNEMENT REEL ET/OU PERCU		
La décision stratégique comme :		Stable	Prévisible	Turbulent
		Situations de décision		
		Émergente	Anticipée	Occurrente
Le choix d'un acteur unique	Concentré	Ajustement rationnel	Analyse stratégique	Décision entrepreneuriale
Le produit d'une organisation	Réparti	Adaptation administrative	Planification	Procédures d'urgence
Le résultat d'un jeu politique	Disputé	Incrémentalisme	Jeu politique interne	CRISE

Regardons d'un peu plus près chacune des cases qui correspondent à des pratiques décisionnelles types. Pour plus de compréhension nous donnerons des exemples concrets.

Prenons d'abord le cas correspondant au modèle de l'acteur unique cognitif. Nous avons :

- L'ajustement rationnel qui est la réponse mono rationnelle à une situation émergente. Supposons que mon chef de service me téléphone pour me demander un avis technique. Je suis dans mon bureau, donc dans un environnement que je perçois comme stable et cette demande "émerge" dans mon quotidien de travail. Je vais donc prendre une décision (qui d'ailleurs à mes yeux n'en pas une) et lui donner mon point de vue. Cette pratique est appelée ajustement rationnel.

- L'analyse stratégique qui correspond à l'effort de rationalisation qui suppose que l'on a (ou que l'on prend) le temps de l'information et de la réflexion.

L'exemple que je vous propose pour illustrer cette pratique décisionnelle est ce qui se produit dans un centre 15, quand il s'agit de choisir l'établissement de soins où diriger la victime d'un accident de la route. Le médecin régulateur suit cette opération depuis l'engagement des secours. Il peut anticiper la décision. Quel va être son rôle ? Dès qu'il aura un bilan concernant l'état de la victime, il devra choisir sa destination en fonction de la pathologie à traiter, de la proximité d'un établissement et éventuellement de la disponibilité d'un lit spécialisé et de l'équipe chirurgicale nécessaire à la prise en charge de l'accidenté. Il va donc rationaliser son choix. Il décide seul, à partir de son expérience et des procédures.

- La décision entrepreneuriale qui est la réaction d'un acteur unique face à une surprise stratégique, une prise de risque en situation de très faible information. Le décideur aura souvent recours à des analogies pour simplifier la réalité à laquelle il est confronté. C'est la pratique que l'on retrouve pour les responsables des services d'urgence.

On pourra citer l'exemple d'un médecin à l'hôpital placé devant un patient en arrêt cardiaque. Il va prendre seul la décision des actes à accomplir et donner les ordres en conséquence. Il va pour cela mettre en œuvre ce qu'on lui a enseigné, les procédures pour ce genre de situation et faire appel à son expérience. Il va en quelque sorte agir dans les "règles de l'art" de sa discipline.

Passons maintenant au modèle organisationnel, modèle où le pouvoir est réparti dans l'organisation. Nous avons aussi trois pratiques décisionnelles :

- L'adaptation administrative qui correspond à une multiplication de microdécisions, qui sont des réponses locales et limitées des différentes parties de la structure à travers des procédures. Le problème, lorsqu'il émerge, est traité par la structure dans laquelle le pouvoir est réparti selon les procédures prévues à cet effet. On va rencontrer ce type de décision par exemple pour prendre un arrêté de catastrophe naturelle après un évènement climatique paroxysmique.

- La planification qui est « une procédure organisationnelle visant à anticiper les changements stratégiques, et à partager le travail d'élaboration de la décision stratégique grâce à une méthode explicite et formalisée. »[12] Le processus décisionnel débouche sur des choix stratégiques et sur des plans d'action visant à assurer la mise en œuvre de la décision. C'est ce que l'on doit en principe

---

[12] Strategor, *Stratégie, structure, décision, identité*, InterEditions, 1998.

retrouver dans la salle opérationnelle mise en place dans une préfecture lorsqu'un plan est déclenché.

- Les procédures d'urgence qui correspondent aux efforts visant à répondre par des mécanismes de type organisationnel aux événements qui peuvent surgir. Dans un environnement turbulent la coordination des divers acteurs ou groupes d'acteurs sera assurée par l'application d'un plan préétabli.

Ce sera par exemple, la mise en œuvre du plan sur le terrain à l'occasion d'un accident d'autocar sur une autoroute.

Enfin, regardons les pratiques décisionnelles avec le modèle politique où le pouvoir est disputé. Nous distinguons :

- L'incrémentalisme qui exprime la politique du tâtonnement systématique, du cheminement par petits pas, qui correspond à des situations de changement stratégique émergent effectué par des voies politiques. On pourrait également parler d'ajustement consensuel. C'est ce qui peut se produire dans la gestion des phases de réparation et d'indemnisation après une catastrophe.

- Le jeu politique interne, celui des luttes entre groupes et services au sein de l'organisation. Le changement stratégique sera le résultat d'une domination et /ou d'un compromis entre les parties prenantes. Chaque groupe cherche à faire prévaloir sa vision et ses intérêts. Le pouvoir est disputé. On retrouve cette situation dans une cellule de décision lorsque les acteurs se multiplient et que leur rôle n'a pas été correctement défini. On pourra par exemple avoir des conflits entre experts, entre expert et décideur, etc.

- La crise ou "grand jeu" qui est le « type de comportement politique original qui apparaît dans les situations de crise que peuvent provoquer les surprises stratégiques. »[13] Le système politique établi peut être bouleversé par l'apparition d'acteurs nouveaux, ou par une nouvelle distribution du pouvoir entre les acteurs existants.

Les variables schématisées dans le modèle générique de Nioche contraignent de manière forte l'adoption de pratiques décisionnelles particulières, mais cette adoption reste un choix politique.

L'utilisation du modèle générique permet de prévoir les pratiques décisionnelles et leurs conditions de succès. Elle n'indique

---

[13] Jean-Pierre Nioche, *Pour une nouvelle politique d'entrepris* PUF, 1985.

pas les bonnes ou les mauvaises décisions mais permet de prévoir, ou d'observer quelle sera la pratique décisionnelle dans un environnement de décision et un type de pouvoir donnés.

Cette typologie met aussi en évidence le fait que les modalités de décision ne sont pas indifférentes à la manière dont se présentent les problèmes. Elle permet aussi de rendre compte de la diversité des pratiques observées, donc d'expliquer et de dépasser le caractère apparemment contradictoire des théories existantes de la décision.

« On peut associer une ou plusieurs représentations théoriques à chacune des pratiques décisionnelles définies, hormis le grand jeu dont la théorie reste à formuler. »[14]

Les pratiques décisionnelles sont le résultat de choix, conscients ou inconscients, opérés par les acteurs de façon beaucoup plus libre que le supposerait une règle générale.

Il convient de retenir que les modèles décisionnels sont simplificateurs.

Mais comme l'indique lui-même Jean-Pierre Nioche : « En tant que théorie explicative notre modèle permet de reconnaître les diverses pratiques décisionnelles observées non comme des aberrations par rapport à une norme unique, mais comme un ensemble de phénomènes normaux et explicables par une démarche scientifique. »[15]

III. Le glissement et le basculement dans la crise

Examinons les mécanismes qui peuvent conduire à la pratique décisionnelle dénommée "crise".

Deux mécanismes peuvent se produire : le glissement vers la crise et le basculement dans la crise.

La crise correspond au "grand jeu", c'est à dire à la case en bas à droite du modèle générique.

Si un système décisionnel a été défini à priori, il répartit le pouvoir dans un modèle organisationnel.

Lors d'une situation importante, nous nous situons, quand nous avons le temps, dans la pratique de la "planification".

---

[14] Strategor, *Politique générale de l'entreprise*, InterEditions, 1988.
[15] Jean-Pierre Nioche, *Pour une nouvelle politique d'entreprise,* PUF, 1985.

Quand nous n'avons pas le temps, nous sommes dans la pratique décisionnelle dénommée "procédures d'urgence".

Si la tension monte dans le système décisionnel, le pouvoir peut être disputé entre certains acteurs, on glisse du modèle organisationnel au modèle politique.

Le glissement vers la "crise" se fera selon quatre "chemins" :
- Directement de la case "procédures d'urgence" à la "crise".
- Directement du "jeu politique interne" à la "crise".
- Directement de la "planification" à la "crise".
- Indirectement en passant de la "planification" au "jeu politique interne" puis à la "crise".

Si le système décisionnel n'existe pas au départ, ou qu'il n'a pas été respecté, on se situe dans le modèle politique et donc directement dans le "jeu politique interne". Si la tension monte et que les acteurs, placés en situation de décision, vivent leur environnement comme turbulent, on passera directement à la "crise". La dynamique de ce glissement peut être plus ou moins rapide.

Cette modélisation présente un intérêt immédiat : Si je peux, à l'aide du modèle de Nioche, repérer les conditions de la prise de décision, c'est-à-dire l'environnement "vécu" par les acteurs d'une part, et l'exercice du pouvoir de l'autre, je peux alors situer la pratique décisionnelle et repérer les symptômes qui pourraient la faire glisser vers la crise. Cela signifie alors que je peux envisager des mesures qui permettraient d'éviter ce glissement. Concrètement cela veut dire qu'il y a des possibilités d'évitement de la crise.

Examinons maintenant le basculement dans la crise.

Dans ce cas de figure un acteur unique concentre le pouvoir.

On se situe dans la pratique décisionnelle appelée "analyse stratégique" ou dans la "décision entrepreneuriale" en fonction de la situation de décision. Si ce pouvoir est disputé d'un seul coup, il y a basculement dans la "crise". Le basculement pourrait se faire dans le "jeu politique interne" et il serait alors suivi par un glissement vers la "crise". On se retrouverait dans l'une des situations décrites précédemment. Le phénomène est brutal. Venant au départ d'une situation simple, la vigilance concernant le risque de crise est faible. Il n'existe pas ou il n'y a que peu de symptômes laissant supposer ce risque.

Cela est possible par l'intrusion d'un acteur important, ou d'un groupe d'acteurs, dans l'environnement de l'acteur unique, intrusion réelle ou perçue comme telle par le décideur. L'intrusion est considérée comme "une tentative de prise de pouvoir" contre laquelle le décideur tente de résister. Elle vient également perturber l'environnement initial du décideur.

Ce qui importe n'est pas la réalité mais la perception que le décideur, acteur unique, peut en avoir.

Chapitre III

Des exemples de crises

Je vous propose maintenant d'appliquer ce que nous venons d'étudier sur les pratiques décisionnelles à quelques situations qualifiées aujourd'hui de crises.

I. Les conflits sociaux

Dans les relations sociales, au sein d'une entreprise, il est possible de rencontrer des situations de décision qui peuvent conduire à la crise par basculement ou glissement. Il suffit donc de repérer, à l'aide du modèle de Nioche, les pratiques décisionnelles en fonction de l'environnement vécu par les décideurs et du mode de répartition du pouvoir.

Prenons le cas d'un patron, ou d'un cadre dirigeant chargé du personnel, qui gère les relations sociales directement, en qualité d'acteur unique. En cas de conflit, le patron va recevoir le personnel ou ses représentants et négocier directement avec eux.

Cette situation correspond à la pratique décisionnelle appelée "décision entrepreneuriale". Tout va bien tant que le charisme du dirigeant est fort, tant que son pouvoir n'est pas disputé. Par contre, si son autorité est remise en cause, le basculement dans la crise est possible.

C'est le cas, par exemple, lors de la séquestration de patrons ou de cadres de direction, comme cela s'est produit au mois d'avril 2009.

Dans certains cas, un préavis de grève est déposé. Il s'agit pour les syndicats de montrer leur pouvoir, de faire "une démonstration de force". Nous sommes dans le cas d'un "jeu politique interne" qui, s'il ne débouche pas sur des négociations, peut conduire à des manifestations violentes, comme l'affrontement avec les forces de l'ordre. Le risque de crise est donc possible.

Dans quelques entreprises, comme par exemple à la SNCF, un modèle organisationnel a été élaboré pour permettre le règlement des conflits.

Une alerte sociale va entraîner, selon le respect d'une procédure préétablie, la réunion d'un "groupe de décision ad hoc" qui va rechercher des solutions pour tenter d'éviter la crise.
C'est la pratique décisionnelle de la "planification".
Si les négociations se tendent, le climat va être perçu par les négociateurs comme turbulent. Cela peut conduire à mettre en œuvre des "procédures d'urgence", c'est-à-dire le déclenchement d'un plan comprenant un service minimum. Si ce plan est contesté, un glissement vers la "crise" est possible.

Cela peut aussi conduire au déclenchement d'une grève si le pouvoir réparti dans le système décisionnel est remis en cause par certains acteurs ou par l'apparition de nouveaux acteurs. C'est le cas lorsque le pouvoir politique intervient dans la négociation des partenaires sociaux. On passe alors au "jeu politique interne", puis on peut glisser dans la "crise".

Nous constatons, en utilisant ce modèle générique, tout son intérêt pour comprendre les pratiques décisionnelles. Bien sûr nous devons garder à l'esprit qu'il s'agit d'un outil simplificateur d'une réalité bien plus complexe. Mais nous pouvons dégager des pistes qui devraient permettre d'éviter le glissement ou le basculement dans la crise.

On observe aussi que la crise vient toujours d'un pouvoir disputé entre des acteurs ou groupes d'acteurs. Si le pouvoir réparti dans le modèle organisationnel est remis en cause, alors le risque de crise apparaît.

Cela peut se produire dans trois cas :

- Des acteurs ne respectent pas les règles de fonctionnement définies par le modèle organisationnel. Ce non respect peut venir de la méconnaissance du système organisationnel lui-même ou des procédures.

- Des acteurs extérieurs, non prévus dans le modèle organisationnel initial, interviennent et modifient la répartition du pouvoir.

- Le modèle organisationnel de départ n'a pas été négocié entre les acteurs ou groupes d'acteurs. Il a été imposé. Le système n'est pas reconnu comme "représentatif" des intérêts des acteurs. Par exemple la représentation de la direction est trop importante, ou encore on reconnaît aux syndicats minoritaires la possibilité de signer une négociation qui s'impose alors aux autres. La situation sociale tendue peut alors déboucher sur un pouvoir disputé et la crise même pourra être recherchée comme moyen de remettre en cause la répartition du pouvoir, afin d'en obtenir une plus favorable.

Enfin on voit le danger d'un pouvoir concentré qui peut conduire à un basculement dans la crise, ce qui s'effectuera toujours de manière rapide et parfois brutale. L'histoire nous montre que le pouvoir concentré conduit parfois à la révolution qui peut être considérée comme la crise la plus importante.

II. La "crise" au Parti socialiste

Après l'échec de Ségolène Royal et du Parti socialiste aux élections de 2007, François Hollande décide de rester jusqu'au terme de son mandat de premier secrétaire, en 2008.

Ségolène Royal veut avancer le congrès avant les municipales de 2008 afin de bénéficier de la dynamique de sa campagne présidentielle.

Le Parti socialiste se retrouve à La Rochelle, du 29 au 31 août 2008, pour son "université d'été" qui se déroule avec en toile de fond l'élection du prochain premier secrétaire du parti.

Pierre Moscovici s'est déclaré candidat le premier, en début d'année, Ségolène Royal a annoncé sa candidature le 17 mai 2008, au 20h de France 2, et Bertrand Delanoë se déclare officiellement candidat à la veille de l'université d'été. Quant à Martine Aubry elle refuse de dire si elle sera candidate, mais n'exclut aucune possibilité.

Les médias couvrent cette université en parlant de "guerre des chefs", de "crise au PS", etc.

Lors de l'émission de commentaires de l'actualité de la semaine de France 2, le 6 septembre 2008, on peut noter les propos suivants : « le vaisseau socialiste n'en finit pas de sombrer », « on promettait le spectacle d'un parti en ordre de marche, La Rochelle fut un festival de croc-en-jambe. »

Donc pas de doute, pour les observateurs politiques et les médias, le Parti socialiste est en crise. Si on remonte plus loin dans les commentaires, il l'est d'ailleurs depuis longtemps !

Essayons de regarder cela avec l'éclairage de ce que nous avons proposé comme outil de "décodage" et en particulier utilisons le modèle générique de Nioche pour repérer les pratiques décisionnelles.

Conformément aux statuts du PS un congrès est programmé, en juin 2008, pour fixer la ligne politique du parti pour trois ans, et élire son premier secrétaire.

L'affrontement entre Ségolène Royal et le Maire de Paris, Bertrand Delanoë, est annoncé par les médias.

Ce congrès est initialement prévu à Toulouse, dont le maire et la fédération départementale sont proches de Bertrand Delanoë et de Lionel Jospin. Après un vote du bureau national il est finalement fixé à Reims, du 14 au 16 novembre 2008.

Le congrès de Reims est un congrès ordinaire, c'est-à-dire qu'il est organisé selon les dispositions des statuts du Parti socialiste.

Tout d'abord se déroule la phase des contributions permettant de présenter un certain nombre d'idées. A la date limite de dépôt, le 2 juillet 2008, on dénombre vingt-et-une contributions générales (contre dix-huit au congrès précédent) et un peu plus de trois cents contributions thématiques. Après la synthèse des contributions, les motions, rédigées pour le 23 septembre 2008, sont soumises au vote des militants.

Pour ce congrès, les motions sont au nombre de six : Motion A, de Bertrand Delanoë, "clarté, courage, créativité" ; motion B, de Gérard Guibert et Christophe Caresche, "pôle écologique" ; motion C, de Benoît Hamon, "un monde d'avance, reconstruire l'espoir à gauche" ; motion D, de Martine Aubry, "changer à gauche pour changer la France" ; motion E de Gérard Collomb (et Ségolène Royal), "l'espoir à gauche, fier(e)s d'être socialistes" ; motion F, de Franck Pupunat, "socialistes, alter mondialistes, écologistes".

Le 6 novembre 2008, soit une semaine avant le congrès, a lieu le vote, à un tour et à la proportionnelle, pour départager les motions. Les résultats se calculent par fédération. L'abstention est de 43%. Les résultats donnent la motion E de Gérard Collomb en tête avec 29,08%. La motion A de Bertrand Delanoë obtient 25,24%, la motion D de Martine Aubry 24,32% ; la motion C de Benoît Hamon 18,52%. Les motions B et F recueillent moins de 2%.

La motion E est aussi celle de Ségolène Royal qui, après avoir annoncé sa candidature au poste de premier secrétaire en Mai, a déclaré, le 15 septembre 2008 au 20h de TF1, qu'elle ne fait plus de sa « candidature un préalable. »

Les résultats de ce vote permettent de désigner les 204 membres du nouveau conseil national à la proportionnelle des voix recueillies par chaque motion. Viennent s'y ajouter les 102 premiers secrétaires fédéraux.

Du 7 au 9 novembre ont lieu les congrès fédéraux où sont désignés les délégués au congrès de Reims. Chaque fédération a le droit à un nombre de délégués proportionnel à ses effectifs au 31 décembre 2007.

Voilà la situation lorsque le congrès de Reims s'ouvre.

Si on s'en tient à cette première étape, qui débouche sur le vote des motions, et que l'on utilise le modèle générique de Nioche, on peut en déduire la pratique décisionnelle à l'ouverture du congrès de Reims et l'éventuelle tendance au glissement vers la crise.

Les statuts du parti définissent un modèle organisationnel en répartissant le pouvoir au sein d'une structure qui est construite selon une procédure bien définie.

Après l'université d'été, fin août 2008, un processus s'est mis en place, étape par étape, pour aboutir à un vote afin de choisir entre les différentes motions et d'élire, à la proportionnelle, une partie des membres du conseil national. On est donc dans un environnement prévisible, dans une situation de décision anticipée. On se donne le temps. Cela nous conduit à déterminer une pratique décisionnelle correspondant à la "planification".

Les motions sont portées par des personnes qui ont des ambitions, notamment pour le poste de premier secrétaire. Quelques "petites phrases", reprises et commentées par les médias, peuvent nous faire penser qu'un "jeu politique interne" vient de commencer (ou qu'il se poursuit).

Rappelons les caractéristiques du "jeu politique interne ": C'est celui des luttes entre groupes au sein de l'organisation. Le changement stratégique sera le résultat d'une domination et/ou d'un compromis entre les parties prenantes. »

En effet, chaque groupe cherche à faire prévaloir sa vision et ses intérêts. Le pouvoir est disputé.

Nous pouvons donc penser qu'avant l'ouverture même du congrès de Reims, la pratique décisionnelle s'oriente fortement vers un "jeu politique interne".

Dès le vendredi 14 novembre, Martine Aubry, Bertrand Delanoë, Benoît Hamon et leurs lieutenants se réunissent à l'Assemblée nationale, sans Ségolène Royal.

A l'issue de la réunion Harlem Désir, proche de Bertrand Delanoë, déclare que l'objectif est « d'essayer de rassembler ceux qui semblent proches sur la conception du Parti socialiste, de son ancrage à gauche, de ses alliances, de ses orientations. » Il évoque notamment la question « des alliances avec le MoDem » ou encore « l'attachement à un parti de militants pas un parti de supporters. »

On comprend aisément à qui s'adresse ces propos et le front qui se constitue face à Ségolène Royal. A cela s'ajoute la question de savoir si on doit voir, à l'occasion de ce congrès la pré-désignation du candidat socialiste à la présidentielle de 2012, et donc mettre un présidentiable à la tête du parti.

Pourtant les choses ne sont pas aussi simples pour les représentants des trois motions réunis à Paris. Un accord entre deux motions seulement ne peut conduire à la majorité !

Si nous entrons dans le "jeu politique interne", il n'y a pas (ou pas encore) de crise au PS ! Mais pour les observateurs et les médias il y a crise et cela depuis longtemps. L'expression "crise au PS" est certainement plus intéressante au plan de la couverture médiatique !

Poursuivons notre analyse de ce congrès de Reims afin de voir si, au final, ce "jeu politique interne" va se transformer, par glissement, en crise. Là encore les règles du jeu sont bien définies.

Selon les statuts du Parti socialiste et le programme du congrès de Reims les principales étapes sont les suivantes :

Vendredi 14 novembre, l'ouverture du congrès à 15 h, puis du débat général à 16 h. Proclamation des résultats des votes sur les motions, désignation des 102 membres de la commission des résolutions à 18h45. Les assemblées générales des motions doivent se tenir dans la soirée.

Samedi 15 novembre : reprise du débat général à 9h30, appel à candidatures pour le poste de premier secrétaire national à 18h30 suivi des assemblées générales de motion. Enfin c'est la réunion de la commission des résolutions à partir de 21h30.

Dimanche 16 novembre, rapport de la commission des résolutions à 9h30, interventions puis vote sur ce rapport à 10h30. Présentation des candidatures au poste de premier secrétaire et prise de parole des candidats à partir de 11 h. Fin du congrès à 12h30.

Regardons comment se sont déroulées ces journées.

Le Vendredi 14 novembre 2008, à partir de 19h, l'assemblée générale de la motion E (Gérard Collomb) se déroule dans la salle plénière du parc des expositions, privilège pour la motion arrivée en tête. Les délégués socialistes soutenant cette motion demandent à Ségolène Royal de présenter sa candidature au poste de premier secrétaire.

On sait par ailleurs que Benoît Hamon a annoncé le premier sa candidature, le jour du dépôt des motions, fin septembre. Nous voici avec deux candidats. Qu'en est-t-il pour les deux autres principales motions elles aussi réunies en assemblées générales ?

A 22h, Bertrand Delanoë se dit prêt à renoncer officiellement à sa candidature au poste de premier secrétaire et à envisager un accord sur un texte commun avec Martine Aubry et Benoît Hamon mais « à condition que ce candidat de rassemblement soit issu de la motion A », c'est-à-dire la sienne.

Le samedi 15 novembre, on apprend du député du Nord Yves Durand qu'une candidature de Martine Aubry est « fortement probable », mais l'intéressée ne fait aucune déclaration officielle.

La phase la plus importante de la réunion de la commission des résolutions va se dérouler à partir de 21h30, non pas au parc des expositions mais dans le centre-ville. Cette commission des résolutions, composée de 102 membres délégués par les différentes motions, devrait déboucher sur la composition de la majorité qui dirigera le parti jusqu'au prochain congrès. Il s'agit de réaliser la fameuse synthèse. Les partisans de Ségolène Royal doivent présenter les premiers un texte permettant de former une majorité, en évitant de faire un front uni contre eux dès le départ. Pour les représentants des trois autres motions, mettre en minorité Ségolène Royal et construire une synthèse entre les motions Aubry, Delanoë et Hamon pourrait être une stratégie payante, encore faudra-t-il s'entendre ensuite sur un candidat au poste de premier secrétaire.

A partir de 0h30, des bruits courent disant que Ségolène Royal pourrait quitter la réunion et une information filtre en direction des journalistes indiquant que « Delanoë, Aubry et Hamon sont partis s'enfermer pour un tête à tête. »

A 1h30, Ségolène Royal quitte la commission des résolutions en constatant que « la main tendue n'avait pas été saisie » par les autres motions. Elle dénonce « le retour des vieilles méthodes. »

Quelques instants plus tard, Pierre Moscovici, qui après avoir envisagé d'être candidat a soutenu la motion de Bertrand Delanoë, indique que les deux thèmes qui ont provoqué des désaccords sont, d'une part la conception du parti, et d'autre part les alliances avec le MoDem. Il déclare aussi que, après le départ de Ségolène Royal, « comme la motion A (Delanoë) est arrivée seconde c'est à elle de faire les propositions. » Vers 2h45 Benoît Hamon confirme l'absence de synthèse et déclare « moi je suis toujours candidat » et souligne « une vraie proximité politique » avec Martine Aubry. Quelques minutes plus tard, Martine Aubry quitte la salle sans un mot. Enfin, vers 3h30, François Hollande clôt cette difficile nuit : « La motion Royal a cherché le rassemblement, elle ne l'a pas trouvé, et les trois autres non plus. Il y a des raisons politiques, mais aussi humaines, à cela ». Il ajoute : « ce n'est pas obligatoire de trouver une synthèse, je l'ai fait au Mans et on me l'a reproché. »

Le dimanche 16 novembre, Martine Aubry dépose sa candidature au poste de premier secrétaire. Dans un premier temps, Bertrand Delanoë décide de ne pas donner de consigne de vote, regrettant la « logique de blocage » de la motion menée par Martine Aubry. Il reste trois candidats qui vont s'exprimer chacun 15 minutes.

Alors, le PS est-t-il en crise ?

Nous devons convenir que le congrès s'est terminé sans avoir pu définir de ligne directrice et sans avoir obtenu un accord sur la candidature d'un premier secrétaire. Mais les statuts prévoient les conditions de la désignation du premier secrétaire avec son article 7.14 : « Le (la) premier (e) secrétaire du parti est élu (e) à bulletin secret par l'ensemble des adhérents du parti, réunis en assemblées générales de section, après le congrès national. »

Si on examine cela avec le modèle générique, nous constatons que sommes toujours dans une situation anticipée et un environnement prévisible. La pratique décisionnelle est donc celle du "jeu politique interne".

Que va-t-il se passer d'ici le 20 novembre, jour du vote des militants ?

Quel sera le résultat de cette élection ?

On comprend aisément que jusqu'au vote des militants les déclarations, les jeux de pouvoir et les alliances vont se dérouler et seront repris par les médias, qui eux voient toujours la crise au PS.

Dès Lundi Bertrand Delanoë appelle à choisir Martine Aubry comme première secrétaire alors qu'il avait déclaré la veille qu'il ne donnait pas de consignes de vote. Benoît Hamon, se dit déçu de cet appel et déclare : « la vieille logique du règlement de comptes prend le pas sur le renouvellement. »

Pendant les quelques jours qui séparent le congrès de Reims du vote des militants pour le poste de premier secrétaire du parti, nous sommes restés dans "le jeu politique interne". Les déclarations et les petites phrases n'ont pas provoqué de glissement vers la crise.

Le 20 novembre 2008, c'est le premier tour du vote. Ségolène Royal obtient (42,9%), Martine Aubry (34,5%) et Benoît Hamon (22,6%). Ce dernier demande aux 30 000 militants qui ont choisi de lui faire confiance de se reporter sur Martine Aubry.

Les résultats du second tour, donnés par la direction nationale du PS, le samedi 22 novembre à 6h du matin, placent Martine Aubry en tête devant Ségolène Royal avec une avance de 42 voix (soit 50,02% des suffrages exprimés).

Avec le vote des militants, on applique les statuts du parti. Nous sommes dans un modèle organisationnel et dans une situation de décision de type anticipée. Nous sommes revenus dans la pratique décisionnelle correspondant à la "planification".

Le faible écart de voix conduit Ségolène Royal et ses partisans à contester la validité des élections et à réclamer un nouveau vote. Manuel Valls, porte-parole de Ségolène Royal va jusqu'à déclarer qu'une plainte sera déposée, pour faux en écriture dans une section lilloise. En réponse, la fédération socialiste du Nord menace d'une plainte en diffamation. Par ailleurs des erreurs dans le comptage et la transmission des voix ont été relevées dans plusieurs fédérations. De son QG du boulevard Raspail, Ségolène Royal fait sa première déclaration : « Je m'étonne que certaines personnes proches de la candidate Martine Aubry se soient autorisées à annoncer des résultats sans en avoir le droit en dehors de toute règle de droit. Où est le code de l'honneur ? C'est une infraction aux règles de droit du parti, ce sont des méthodes qui portent atteinte au code de l'honneur. Nous, dans notre camp, personne ne s'est permis d'annoncer la victoire. Les méthodes de l'appareil du parti sont totalement insupportables. »

On apprend quelques instants plus tard que Ségolène Royal a proposé à Martine Aubry de faire revoter les militants jeudi, du fait des nombreux « résultats contestables et contestés. » La réponse de Martine Aubry ne tarde pas et elle est négative : « Je viens d'avoir François Hollande au téléphone. Je lui ai dit qu'un troisième tour n'a pas de raison d'être. Il en a convenu. »

De nombreux acteurs interviennent et font des déclarations. Nous entrons dans une phase de contestation du pouvoir. Nous sommes au bord de la crise car l'environnement devient "turbulent". Allons-nous cette fois-ci glisser dans la crise ?

A l'issue du second tour du vote pour le poste de premier secrétaire, le modèle de Nioche nous indique que nous sommes devant un glissement de la "planification" vers la "crise".

Il reste une instance prévue par les statuts, et donc par le modèle organisationnel, qui peut intervenir pour éviter le glissement dans la crise. Il s'agit de la commission de récolement. Elle va, les 24 et 25 novembre, examiner les procès-verbaux des fédérations, corriger les erreurs relevées, avant de transmettre les résultats définitifs au conseil national du PS. Le lundi 24 novembre 2008 dès 9h45 la commission de récolement débute ses travaux rue de Solferino, elle les suspend de 13 à 15h. A 17h15 Ségolène Royal déclare que, pour faire sortir le Parti socialiste « de la crise par le haut », il faut « redonner la parole aux militants. » A 21h50 les proches de Ségolène Royal menacent de « saisir la justice » et « d'appeler à une manifestation » devant le siège du PS si la commission de récolement, ne prend pas en compte leurs requêtes. Le mardi 25 Novembre à 12h20 les représentants de Ségolène Royal demandent au conseil national l'annulation du scrutin pour désigner le premier secrétaire du Parti socialiste. A 18h, la commission de récolement conclut à la victoire de Martine Aubry avec 102 voix d'avance sur Ségolène Royal.

On peut observer que, malgré les pressions exercées de l'extérieur par Ségolène Royal et ses partisans, la commission de récolement a effectué son travail et pris sa décision dans un environnement qui n'a pas été perçu comme turbulent par ses membres.

Nous sommes restés dans la pratique décisionnelle de la "planification".

Toujours pas de crise alors !

Il reste une étape prévue par les textes, c'est la confirmation des résultats par le conseil national du parti. Il se réunit dès 18h25 à la Mutualité.

A 18h45 Martine Aubry est officiellement déclarée premier secrétaire du PS et à 19h20 le conseil national confirme le résultat officiel avec 159 voix pour, 76 contre et deux abstentions.

Dans la soirée Ségolène Royal appelle les militants socialistes à « l'unité » et au « rassemblement » tout en rappelant qu'elle voulait être « une force de transformation » au sein du parti. Jean-Louis Bianco déclare que les partisans de Ségolène Royal « maintiendront un recours en justice » après l'élection de Martine Aubry si elle n'accepte pas un nouveau vote dans les « endroits où il y a un problème. » Manuel Valls annonce que « des tribunaux seront évidemment saisis » pour répondre au « déni de justice » que constitue, selon lui, l'élection de Martine Aubry. Mais, le mercredi 26 novembre au matin, Vincent Peillon, bras droit de Ségolène Royal, estime, sur RMC, qu'un recours en justice contre l'élection de Martine Aubry « ne serait pas aujourd'hui une bonne chose pour le Parti socialiste. »

Là aussi le conseil national a pris sa décision, par un vote prévu par les statuts, dans un environnement qui n'était par perçu comme turbulent par ses membres.

Nous sommes bien restés dans la pratique décisionnelle de la "planification" sans glisser dans la crise.

La situation n'aurait pas été la même si, à l'issue de la décision du conseil national, Ségolène Royal avait déposé un recours en justice, remettant en cause la légitimité de l'élection de Martine Aubry. Nous aurions été alors devant une contestation du pouvoir tel qu'il est réparti par les statuts dans "l'organisation PS".

Reprenons l'analyse faite, quelques semaines après, par Jean-Pierre Mignard, l'avocat de Ségolène Royal et président de Désirs d'avenir[1] : « Devant un juge civil, l'annulation était quasi acquise de droit. » Mais ajoute-t-il « aller devant le juge, c'était quand

---

[1] Julien Martin, *http://www.rue89.com*, décembre 2008.

même entamer une procédure de divorce», et « la volonté de se séparer n'existait pas. »

Et maintenant ?

Martine Aubry est à la tête du Parti socialiste. Pour tenter de faire l'unité elle a offert 11 places aux représentants de Ségolène Royal au secrétariat national. Mais pour tenir compte du poids de ses « alliés » elle a élargi ce conseil à 80 membres.

On constate que les jeux d'acteurs restent encore forts. La constitution des listes pour les élections européennes a aussi provoqué des conflits de pouvoir comme par exemple avec le maire de Lyon.

Martine Aubry aura donc à faire face à des jeux d'acteurs qui risquent toujours de générer une crise interne. La question se pose donc de savoir si Martine Aubry, par caractère, privilégie le modèle de l'acteur unique, qui concentre le pouvoir, ou au contraire préfère travailler selon une répartition du pouvoir dans un modèle organisationnel.

Dans un cas elle pourrait, dans des situations complexes, devoir faire face à un basculement dans la crise au sein du PS par une contestation forte de son pouvoir. Dans l'autre cas elle devra être vigilante à un risque de glissement dans la crise. On a vu qu'il était plus aisé d'anticiper le glissement que le basculement dans la crise.

Si on en croit le député UMP Sébastien Huyghe opposant lillois de Martine Aubry : « Elle a la sensation d'avoir toujours raison et que ceux qui ont un avis différent, au mieux se trompent et au pire sont des imbéciles. » Par contre les élus socialistes et alliés au sein du conseil municipal confirment que « Martine joue collectif. »[2] Pour le premier secrétaire de la fédération du Nord, qui a beaucoup ferraillé avec elle après avoir longtemps soutenu Ségolène Royal : « Martine a changé, les épreuves l'ont marquée. Elle a appris à relativiser, à faire preuve de davantage d'humilité ou à travailler en équipe. Ce qui n'était pas forcément le cas il y a dix ans. »[3]

La démission d'André Vallini de son poste de secrétaire national du PS à la justice, annoncée pour « des raisons personnelles », semble vraisemblablement provenir des remontrances que lui aurait adressées Martine Aubry, qui souhaite contrôler l'expression des secrétaires nationaux dans les médias.

---

[2] *La Dépêche.fr*, 26 novembre 2008.
[3] *auterive.parti-socialiste.fr*, 10 novembre 2008.

Alors, plutôt acteur unique ? Affaire à suivre ! L'avenir nous le dira.

Parlons d'avenir justement. Parmi les enjeux du congrès du Parti socialiste, et surtout avec l'élection de sa première secrétaire, on trouve le problème du choix du candidat socialiste pour les élections de 2012.

Ségolène Royal, forte de ses résultats honorables à la présidentielle de 2007, même si elle a perdu cette élection, s'est présentée pour se donner plus de chance d'être à nouveau candidate en 2012.

Le front qui s'est organisé contre sa motion, pourtant arrivée en tête, montre bien que ses adversaires potentiels ne l'entendaient pas ainsi. Bien sûr on a mis en avant l'organisation même du Parti socialiste et les alliances possibles avec le MoDem, mais l'enjeu était surtout de ne pas favoriser Ségolène Royal dans sa course à la présidentielle de 2012.

Reste que les véritables problèmes sont survenus par la mise en évidence d'erreurs et de fonctionnement litigieux lors des votes des militants. Le Parti socialiste n'est pas le seul à vivre des élections au déroulement contesté. Saura-t-il "sécuriser" le vote des militants notamment lorsqu'il s'agira du choix du candidat ou de la candidate à l'élection présidentielle ?

Mieux, si le Parti socialiste veut faire des primaires, en dehors de ses propres adhérents, il doit définir un mode de désignation qui ne risque pas d'être contesté. Quels seront le rôle du Parti socialiste et l'attitude de sa première secrétaire, si Ségolène Royal est finalement désignée candidate ?

Jean-Pierre Mignard, président de Désirs d'avenir prévient déjà que, dans ce cas, si on ne les laisse pas être « très présents dans l'élaboration du programme », l'éclatement du parti s'avèrerait inéluctable. Il ajoute : « Il faudrait convenir qu'il n'y a plus de parti. Il faudrait prendre acte de ce que décidément les enjeux de pouvoir interne du parti sont devenus des obstacles insurmontables à toute prétention de sa part à conquérir le pouvoir. Dans ce cas-là, chacun devrait en conscience en tirer les conséquences. »[4]

Un éclatement du parti serait une crise au sens où nous la définissons.

---

[4] Julien Martin, *http://www.rue89.com,* décembre 2008.

Prévenir cette possible crise, passe par la capacité du Parti socialiste à préparer les conditions qui permettraient de se situer, sur le modèle générique de Nioche, sur la case "planification".

On serait alors dans le cas d'une situation de décision anticipée, puisqu'on se donnerait le temps de prendre la décision concernant le candidat ou la candidate à la présidentielle. Il faudrait, pour être dans la "planification", que le parti construise un système décisionnel où le pouvoir serait réparti. Eviter la crise passe alors nécessairement par un modèle organisationnel "accepté" par tous les acteurs concernés, c'est à dire construit à l'issue de négociations. Si ce n'est pas le cas, au moindre problème, la répartition du pouvoir sera contestée et on passera au jeu politique interne puis à la crise, ou directement à la crise.

Le congrès de Reims et l'élection de la première secrétaire du Parti socialiste sont bien des situations compliquées, voire parfois complexes. Le modèle générique permet de faire une lecture des pratiques décisionnelles qui ont été successivement rencontrées. Il permet surtout de montrer que, malgré les commentaires des observateurs politiques et des médias, il n'a pas eu véritable crise, mais plutôt des "jeux politiques internes", qui sont tout à fait légitimes lorsqu'il y a des enjeux de pouvoir. C'est le lot de tout système démocratique.

Le lecteur peut poursuivre la lecture de l'actualité du Parti socialiste en utilisant le modèle de Nioche comme nous venons de le faire.

De nouvelles alliances relevant de la poursuite du jeu politique interne peuvent être facilement identifiées.

Le livre récent dénonçant les "trucages" lors des élections du premier secrétaire du parti va-t-il entraîner un glissement vers la crise ?[5]

Au lecteur de suivre l'actualité armé du modèle de Nioche !

L'utilisation de ce modèle offre un bon moyen de relativiser les choses et de "décoder" l'actualité en échappant à la pensée unique des médias !

Le modèle donne aussi la possibilité de réfléchir à la manière d'éviter une crise. Il indique des pistes pour cela.

---

[5] Antonin André et Karim Rissouli, *Hold up, arnaques et trahisons,* Editions du Moment, 2009.

La crise étant le fait d'un modèle politique dans un environnement turbulent, la solution réside dans la construction d'un modèle organisationnel dans lequel la répartition du pouvoir est négociée par les acteurs concernés.

Les enjeux pour la définition d'une nouvelle répartition du pouvoir dans le cadre d'une procédure pour des primaires, au sein du Parti socialiste, ou étendues à toute la gauche (et quelle gauche ?) peuvent être mieux compris et suivis.

Les résultats des élections européennes et ceux des régionales, notamment avec le score d'Europe écologie, modifient la donne des présidentielles de 2012. L'éventualité de voir des primaires susceptibles de concerner le Parti socialiste et Europe écologie n'est pas à écarter. Les négociations qui se sont déroulées, entre ces deux partis, entre les deux tours des élections régionales, montrent une nouvelle répartition des rapports de force.

Le leader écologiste Daniel Cohn-Bendit se dit prêt à cautionner des primaires avec le Parti socialiste si un accord préalable est trouvé pour les législatives. Pour cela il juge nécessaire de structurer l'ensemble du mouvement écologique. C'est l'objectif de « son appel du 22 mars. »

« Comment continuer Europe écologie, qu'elles seront les structures de décision pour aborder les cantonales, les présidentielles et les législatives » a-t-il déclaré le 21 mars 2010 sur BFM-TV.

Le Parti socialiste et Europe écologie seront-ils capables de bâtir un modèle organisationnel, pour prendre les décisions dans le cadre d'une éventuelle stratégie commune pour 2012 ?

Là réside, en partie, les possibilités d'un succès commun aux présidentielles.

Chapitre IV

La stratégie et la politique

Nous venons de montrer, avec l'exemple du Parti socialiste, l'importance de la pratique décisionnelle désignée sous le terme "planification". Il s'agit en effet de la case centrale du modèle de Nioche. De là, le glissement dans la crise peut se faire directement, mais aussi en passant par le "jeu politique interne". Rappelons que l'appellation "politique" désigne dans le modèle : « Les jeux par lesquels une coalition dominante gère sa domination et fait prévaloir ses vues à l'intérieur d'une organisation. »[1] Enfin nous avons indiqué que la crise amène à une remise en cause de la répartition du pouvoir.

Jean-Pierre Nioche nous le précise d'ailleurs : « Les décisions en situation de crise ou sous pression ont ceci de particulier qu'elles modifient l'équilibre établi des pouvoirs et qu'elles sont l'occasion de redéfinir les règles du jeu, de révéler les critères de l'action, notamment ceux qui restent implicites en temps ordinaires. »[2]

C'est pourquoi certains acteurs ou groupes d'acteurs peuvent être tentés de provoquer ou d'accélérer une crise latente pour demander ensuite, voire exiger, une nouvelle répartition du pouvoir. C'est en particulier le cas quand ils ne sont pas entendus lorsqu'ils demandent que des décisions soient prises pour régler leurs problèmes quotidiens. Il s'agit, en quelque sorte, d'une démarche "révolutionnaire" !

Quelques pistes sont possibles pour éviter la crise ou pour prévenir la suivante.

Nous reviendrons sur ces deux notions "d'évitement de crise" et de "prévention de crise".

Indiquons seulement que celui qui a en charge le système décisionnel peut concevoir celui-ci de manière à réguler le jeu des acteurs afin d'éviter le glissement dans la crise.

Examinons d'un peu plus près la case centrale du modèle de Nioche : la "planification".

---

[1] Jean-Pierre Nioche, *Pour une nouvelle politique d'entreprise*, PUF, 1985.
[2] Idem.

La planification est un processus formalisé de prise de décision qui « élabore une représentation voulue de l'état futur et spécifie les modalités de mise en œuvre de cette volonté. »[3] Elle aboutit à des choix stratégiques et à des programmes d'action visant à assurer la mise en œuvre de ces choix.

La planification procède par l'examen, de manière anticipée, d'un ensemble d'actions qui a des chances de conduire, plus sûrement et plus efficacement aux résultats recherchés que des décisions prises au coup par coup.

La distinction entre la planification opérationnelle et la planification stratégique est aujourd'hui généralement acceptée, même si la frontière entre les deux semble parfois floue. La planification stratégique a ses domaines privilégiés, ses méthodes propres.

La planification peut avoir trois catégories de fonctions :

- Des fonctions décisionnelles. Elles permettent de formaliser le processus de décision, d'organiser la vigilance pour assurer une surveillance plus systématique de l'environnement et de coordonner les décisions.

- Des fonctions de pilotage et de communication qui comprennent la participation des groupes aux décisions, la constitution d'un instrument de mise en œuvre de la stratégie. Elles vont fournir les supports de communication.

- Des fonctions de pouvoir qui permettent d'exprimer le discours stratégique officiel car les décideurs ont besoin de justifier leurs orientations, tant à l'intérieur qu'à l'extérieur.

L'affichage d'une démarche planificatrice rationnelle et scientifique donne donc à ces choix une légitimité. La planification constitue bien un instrument de l'exercice du pouvoir.

Quel type de stratégie le responsable de la décision veut-il conduire ?

Deux possibilités se présentent à sa réflexion :

- On se place dans un cadre concurrentiel. Dans une économie mondialisée, il faut être concurrentiel. La réflexion stratégique repose sur une bonne connaissance du terrain et une bonne appréciation de ses propres forces.

---

[3] Strategor, *Stratégie, structure, décision, identité*, InterEditions, 1998.

Dans l'étude des crises, Michel Dobry n'hésite pas à examiner « l'activité tactique des protagonistes » dans une « perspective clausewitzienne. »[4]

Or, nous le savons maintenant, « la crise est un moment privilégié pour changer les règles du jeu, inverser les relations de pouvoir et même discréditer définitivement d'éventuels concurrents ou opposants. »[5]

Une stratégie qui présente un caractère concurrentiel marqué peut présenter un risque de crise et doit être considérée comme une vulnérabilité.

- A l'opposé de la stratégie concurrentielle se place la stratégie relationnelle qui se fonde sur des relations privilégiées qu'une organisation établit avec son environnement.

La stratégie relationnelle peut être examinée selon trois dimensions : la valeur d'un domaine d'activité (elle peut être économique ou concerner l'image de marque), la compétence de l'organisation sur ce même domaine d'activité et la sécurité qui doit être comprise comme le contraire de la concurrence. Dans la stratégie relationnelle, l'organisation recherche la maximisation de la sécurité.

Si on a l'habitude de prendre en compte les deux premières dimensions, on a tendance à ignorer la troisième, celle de la sécurité relationnelle. En croisant ces trois dimensions, et en retenant pour chacune d'elles deux positions (forte et faible), on peut dénombrer huit stratégies possibles.[6]

Par exemple, la stratégie de "champion" est celle dans laquelle, pour une activité à forte valeur, on développe la compétence et on recherche des sécurités relationnelles élevées

A l'opposé, la stratégie "suicidaire" sera celle où l'on va chercher à se maintenir dans un domaine d'activité à faible valeur, alors que les compétences déclinent, et sans avoir recours à une sécurité relationnelle forte.

La dimension relationnelle devrait être fortement développée pour assurer un maximum de sécurité et éviter les conflits.

---

[4] Michel Dobry, *Sociologie des crises politique, la dynamique des mobilisations*, Les Presses de Sciences Po, 1992.
[5] Claude Gilbert, *Le pouvoir en situation extrême, catastrophes et politique*, L'Harmattan, 2000.
[6] Strategor, *Politique générale de l'entreprise*, InterEditions, 1994.

« L'absence de relations préalables constitue une base de départ bien négative pour la suite de la crise [...]. La manière dont sera abordée et vécue la crise en interne sera très dépendante de la façon dont ont été vécues les relations sociales avant l'événement. »[7]

La stratégie peut aussi se définir comme la conjugaison de la pensée et de l'action. Pour agir il faut croire en ce que l'on va faire. Il faut mettre en œuvre le levier de la volonté. La pensée fait, quant à elle, appel à l'intelligence et elle conduit à douter.

Croire et douter, deux dispositions contraires difficiles à conjuguer, d'autant plus que le temps décisionnel est souvent compté. La réflexion est en effet consommatrice de temps. La maîtrise du temps est donc une chose importante. Henry Kissinger, prix Nobel de la paix en 1973 et secrétaire d'État du gouvernement de Richard Nixon, puis de Gérald Ford faisait, sur cette notion du temps, cette boutade : « Il ne peut y avoir de crise la semaine prochaine, mon agenda est déjà plein. »

Nous avons vu, avec le modèle de Nioche, que dans la situation anticipée on avait le temps, ou on se donnait le temps, alors que dans la situation de type occurrente il y a urgence.

Le temps qui est donné par notre montre est un temps spatialisé, défini par les mathématiques. Il relève d'une expérience collective puisqu'il est une référence pour un groupe d'individus donnés.

Le temps, comme durée relève d'une approche philosophique. Combien de temps me reste-t-il à vivre ? Pourquoi le temps semble filer plus vite à certains moments de ma vie ? C'est alors une expérience personnelle.

Cette réflexion nous indique l'importance que tient la culture générale dans la capacité des décideurs à faire face aux situations complexes, celles qui peuvent se transformer en crise.

Charles de Gaulle écrivait : « Le jugement, l'attitude, l'autorité des chefs dépendent surtout des réflexes intellectuels et moraux qu'ils ont acquis pendant toute leur carrière [...]. La véritable école du commandement est la culture générale [...]. Au fond des victoires d'Alexandre on retrouve Aristote. »[8]

---

[7] Patrick Lagadec, *La gestion des crises : outils de réflexion à l'usage des décideurs*, Ediscience International, 2003.
[8] Charles de Gaulle, *Vers l'armée de métier*, Berger-Levrault, 1934.

Les réflexes moraux auxquels fait allusion l'auteur de « Vers l'armée de métier », ont souvent été absents dans le comportement de certains acteurs qui ont une part de responsabilité dans la "crise" qui nous frappe ! La culture générale fait parfois défaut à certains décideurs !

Face à une situation complexe, où la décision est urgente, on attend du décideur qu'il prenne en compte les menaces et qu'il saisisse les opportunités.

Nous sommes dans le cas d'une décision occurrente. La vigilance doit être celle du marin. La force de caractère du décideur sera donc un atout majeur pour faire face.

Par contre dans le cas d'une décision anticipée, on a le temps de la réflexion.

L'étude du passé nous permet de dégager des données invariables communes à toutes les situations stratégiques victorieuses. Elle nous indique les grands principes. La lecture de Sun Tzu est redevenue un incontournable de la culture stratégique.

La prospective vise à permettre une maîtrise du futur. La réflexion, la recherche et l'intuition doivent nous donner la possibilité de construire une vision du futur qui ne soit pas une extension du passé. Pour maîtriser le présent il nous faut donc rendre contemporain le passé et l'avenir sans les juxtaposer mais en les faisant fusionner. C'est tout l'art du stratège.

Ensuite il faut mettre en œuvre. Au plan militaire, la stratégie trouve sa traduction sur le terrain par la tactique. Rappelons les propos de Napoléon Ier : « La guerre est un art tout d'exécution. »

La question se pose lorsque des décisions sont prises, sous forme de lois, par les pouvoirs politiques, mais qu'elles ne sont jamais appliquées, faute de traductions réglementaires, et surtout faute de moyens de mise en œuvre. C'est ainsi que huit lois ont été prises depuis 2002 pour encadrer les rémunérations et avantages divers des patrons. Pour quels résultats ?

Et la politique dans tout cela ?

La politique est le cadre général de la pensée stratégique.

Le pouvoir législatif et le pouvoir exécutif (ou ne devrions-nous pas les mettre dans l'ordre inverse ?) ont à définir les politiques publiques qu'ils envisagent de mettre en œuvre en définissant les objectifs à atteindre, les moyens à mettre en œuvre et l'échéancier de réalisation.

Ces trois points correspondent à la réflexion stratégique qui doit s'appuyer sur l'analyse des forces et des faiblesses du pays et sur les menaces et opportunités.

La politique doit donc concevoir le cadre et le choix de société proposés aux citoyens. Dans quel monde veut-on nous faire vivre ? Voilà la question que le citoyen se pose. Derrière la décision stratégique nous devons pouvoir lire la politique que l'on nous propose, ou que l'on nous impose.

Quel peut être le mécanisme de l'élaboration d'une politique publique ?

Je vous en propose une présentation schématique.

Le citoyen se trouve dans un environnement qui présente des menaces mais aussi des opportunités. Placé dans un environnement hostile le citoyen attend des responsables politiques qu'ils assurent sa sécurité, qu'ils le protègent de cet environnement qui présente, pour lui, des risques.

Aujourd'hui, les conséquences de la crise me font craindre pour la pérennité de mon emploi. Aux responsables politiques d'assurer ma défense !

Pour cela le responsable politique va définir une "politique publique" qui devrait être en adéquation avec les attentes du citoyen. C'est du moins ce que ce dernier espère. Cette politique publique va être définie dans le cadre d'une réflexion et d'une discussion qui reposent sur des principes politiques de constitution de la société.

S'opposerons, par exemple, une vision plus libérale de l'action publique ou une vision un peu plus "état providence". Dans un cas on mettra en œuvre des stratégies qui visent à protéger l'emploi existant et à favoriser la création d'emplois supplémentaires. Dans l'autre on mettra l'accent sur le traitement des effets du chômage. De ces deux visions on pourra retenir une politique qui prendra en compte, à des degrés divers, ces deux aspects.

Dans ce cadre, le premier choix politique qui s'impose est la définition de ce qui relève de la sphère privée, et ce qui va dépendre de l'action publique. Là aussi il s'agit d'un choix de société.

Une fois la politique définie, il faut fixer le système qui va être chargé de la mise en œuvre. La réflexion précédente privé/public sera aussi déterminante à ce niveau.

La demande du citoyen n'est pas toujours (pas souvent ?) formulée. C'est "le système politique" qui imagine ce que nous attendons.

En matière d'emploi, par exemple, les systèmes peuvent comprendre, d'une part les services chargés des entreprises et, d'autre part, le pôle emploi qui assure la prise en charge des demandeurs d'emploi. C'est donc à ces services spécialisés que le public va directement s'adresser.

Il attend des actions et il jugera de celles-ci par une perception, les impacts. Ces derniers peuvent être positifs ou négatifs. Dans ce dernier cas, le public peut manifester son insatisfaction auprès du service concerné, ou demander à l'Etat de rappeler le système à l'ordre ou de le modifier. Il peut encore souhaiter une révision de la politique publique.

La transformation de la politique publique en stratégie et en plans d'action est nécessaire, comme il est nécessaire de définir les moyens, et notamment les moyens financiers. Si les moyens ne sont pas dimensionnés de manière adéquate, les plans d'action doivent être revus et éventuellement étalés dans le temps, et les objectifs corrigés.

Il s'agit bien évidemment d'une modélisation qui ne reflète pas la complexité de la prise de décision dans le cadre politique ! Elle est toutefois utile pour décoder les processus et le rôle des acteurs.

On comprend alors aisément que la personnalité du responsable politique sera déterminante.

Chapitre V

Analyse de la crise financière

Nous allons reprendre les séquences de la crise des subprimes présentées précédemment en distinguant le niveau européen puis international.

I. Les banques centrales

Dans un premier temps, ce sont les organismes de régulation, notamment les banques centrales, qui interviennent pour injecter des liquidités dans le système bancaire.
Prenons l'exemple de la Banque centrale européenne (BCE).
Créée en 1999, elle est responsable de la mise en œuvre de la politique monétaire de la zone Euro. A ce titre, les compétences en matière monétaire des banques centrales nationales lui ont été transférées. La BCE est donc placée au centre de l'Eurosystème. Elle l'est également pour le Système européen de banques centrales (SEBC) qui comprend la BCE et les banques centrales de tous les Etats membres, qu'ils aient ou non adopté l'euro.
Les banques centrales nationales et la BCE vont donc intervenir de façon concertée.
Pour la zone Euro, la BCE assument trois missions : la surveillance de la stabilité financière, la formulation d'avis et la promotion de la coopération. Elle suit également les évolutions conjoncturelles et structurelles dans la zone Euro ainsi qu'au sein du secteur bancaire de l'Union européenne, et dans les autres secteurs financiers. Elle travaille en étroite collaboration avec le Comité de la surveillance bancaire du SEBC. La BCE est indépendante. Elle ne peut donc recevoir d'instructions des autorités politiques. Par ailleurs son gouverneur est nommé et il est inamovible.
Le système est un peu compliqué et je n'ai pas parlé de tous les organismes qui figurent également au plan européen dans ce domaine.
La politique conduite depuis plusieurs années par la BCE vise à contenir les risques inflationnistes.
Dans cette lutte contre l'inflation la stratégie consiste à un resserrement des taux d'intérêt et des conditions de crédit de la BCE.

Au début de la crise, la BCE continue à mettre en œuvre cette stratégie. Le président de la BCE indique : « Nous n'avons qu'une aiguille dans notre boussole : la stabilité des prix. »[1]

Ce n'est donc qu'au début du mois d'octobre que la BCE va baisser son principal taux directeur, taux qui avait été relevé en juillet 2008.

Bien sûr, la BCE ne peut pas agir sur les causes de la crise mais seulement en limiter ses effets. C'est ainsi que pour tenter de rétablir la confiance au sein du marché interbancaire, elle engage, entre juillet et octobre 2008, huit opérations d'apport de liquidité et renforcer la coopération internationale, notamment avec la Réserve fédérale américaine (la FED).

Cherchons à repérer les pratiques décisionnelles de la BCE à l'aide du modèle de Nioche. On peut légitimement penser que les pratiques décisionnelles ont été le plus souvent celles de la "planification", avec quelques "procédures d'urgence" quand cela s'est avéré nécessaire. D'autres pratiques comme "l'adaptation administrative" et celles relevant de l'acteur unique sont peut-être également apparues, mais à la marge.

Il y a-t-il eu risque de crise ?

Je ne le pense pas, mais les pressions exercées ont parfois été fortes. L'indépendance de la BCE a certainement évité un glissement dans la crise. Les pressions les plus fortes sont celles effectuées par le président de la République. Nicolas Sarkozy critique la politique de la BCE qui conduit, selon lui, à un Euro trop fort. En juillet 2007, dans la lettre de mission adressée à la ministre de l'Economie et rendue publique, il écrit : « Les pays membres de la zone euro doivent d'abord rechercher une plus grande convergence de leurs politiques économiques. Ils doivent ensuite pouvoir dialoguer réellement avec la Banque centrale européenne afin de doter la zone euro d'une stratégie monétaire. » Le président de la BCE, Jean-Claude Trichet, réplique dans un communiqué : « Toute tentative visant à influencer la BCE dans le cadre de l'exercice de ses fonctions violerait l'article 108 du traité européen et que, par conséquent, ces déclarations ne sont pas acceptables. »

Puis il précise devant les eurodéputés à Strasbourg : « Soyons aussi responsables que possible dans les circonstances actuelles et

---

[1] *lesechos.fr*, 9 octobre 2008.

poursuivons un dialogue avec nos partenaires. » Enfin, en septembre 2007, en marge d'une réunion des ministres européens des Finances à Porto, il déclare : « Monsieur Sarkozy semble critiquer l'action de la Banque centrale européenne, dans la période de tension que nous traversons, alors que le président l'avait auparavant approuvée positivement, au point même de l'avoir attribuée à sa propre influence. »

Pendant ce temps Nicolas Sarkozy, se réjouissant de la baisse des taux de la BCE, laisse entendre que les critiques françaises régulières à l'encontre de la banque centrale ont fini par porter leurs fruits.

Cela n'empêche pas le Financial Times de faire du président de la Banque centrale européenne sa "personnalité de l'année".

On pourrait citer d'autres interventions favorables au président de la BCE. Par exemple, Valéry Giscard d'Estaing exprime « son approbation pour la rapidité et la compétence avec lesquelles la BCE a réussi à limiter l'impact de la crise financière liée aux prêts hypothécaires à risques aux Etats-Unis. »

Les interventions du président français se font encore plus fortes en 2008. « On a fait des facilités pour les spéculateurs, on complique la tâche pour les entrepreneurs »[2] va-t-il déclarer en juin 2008.

Mais Jean-Claude Trichet semble tenir bon devant ces pressions. Dans une interview publiée lundi 10 novembre 2008 il précise : « Nous ne sommes pas en train de modifier notre façon de voir en matière de stratégie de politique monétaire. »

Bernard Kouchner indique que « depuis le début de la crise, on assiste à une entente, une romance renouée entre Nicolas Sarkozy et Jean-Claude Trichet. »[3] Mais il faudra attendre la conférence de presse le 20 mars 2009 pour que Nicolas Sarkozy salue « l'action de Jean-Claude Trichet, patron de la BCE, qui a fait baisser fortement les taux d'intérêt et qui a pris des mesures appropriées pour éviter un effondrement complet de l'ensemble du système bancaire. »

---

[2] *Nouvelobs.com,* 23 juin 2008.
[3] *Nouvelobs.com,* 9 avril 2009.

Il restera toutefois un point de désaccord entre Nicolas Sarkozy et Jean-Claude Trichet sur les mesures monétaires non conventionnelles.

Nicolas Sarkozy met également en cause Jean-Claude Juncker, le premier ministre luxembourgeois, dans son action à la tête de l'Eurogroupe : « Au niveau européen, quelle initiative a-t-il prise? Sur le capitalisme financier, c'est Angela Merkel et moi qui menons le débat. Il n'est pas absurde que le président de l'Eurogroupe s'interroge. »

En résumé :

- Les dysfonctionnements constatés dans les systèmes bancaires et boursiers reçoivent une première réponse par le biais des organismes régulateurs, conformément à leurs procédures et avec une concertation entre ces organismes.
- Chaque organisme met en œuvre une "cellule de décision" interne et fait appel à des experts pour analyser la situation et réduire l'incertitude.
- Des groupes de pression se manifestent : associations d'épargnants, d'actionnaires, etc.
- Des responsables politiques tentent d'intervenir sur ces organismes, nous l'avons mis en lumière avec les interventions de Nicolas Sarkozy vis-à-vis de la Banque centrale européenne.
- Les pratiques décisionnelles restent au niveau du modèle organisationnel : "planification" et "procédures d'urgence".

Quelle est la stratégie mise en œuvre ?

Pour l'essentiel elle comporte des actions de régulation concernant les banques et, indirectement, les marchés boursiers, notamment en injectant des liquidités.

Ces dispositions sont sensées "rétablir la confiance", répondre aux inquiétudes de la population et éviter des éventuels comportements irrationnels.

En effet, une accélération de la chute des marchés boursiers est possible si les petits épargnants se précipitent aux guichets des banques et que les actionnaires se mettent à vendre massivement.

II. L'Union européenne

On a vu que les dispositions prises par les organismes régulateurs ont pour objectifs de limiter les effets des dysfonctionnements. Cela n'évite pas la faillite de certains organismes de crédit ou d'assurance aux USA, en Europe et dans le reste du monde.

Les Etats interviennent directement.

Au plan européen l'intervention se fait à deux niveaux : celui de l'Union européenne et à celui de chaque Etat.

Commençons par l'Union européenne.

Pour comprendre les pratiques décisionnelles à ce niveau, il convient de rappeler les grandes lignes du système "Union européenne" et présenter les principaux acteurs au moment de la crise financière.

- Le Parlement européen, dont les membres sont élus directement par les citoyens des Etats membres, a un rôle co-législatif avec le Conseil de l'union, mais il ne dispose pas de l'initiative législative qui appartient à la Commission européenne. Le parlement vote le budget. Il siège à Strasbourg, mais certaines de ses réunions peuvent se tenir à Bruxelles et son secrétariat général est à Luxembourg. Pour la période qui nous intéresse, le président est l'Allemand Hans-Gert Pöttering. C'est l'ancien premier ministre de la Pologne, Jerzy Buzek, qui préside depuis le 14 juillet 2009.

- La Commission européenne est l'organe exécutif. Elle est composée de 27 commissaires. Depuis novembre 2004, son président est le portugais José Manuel Barroso. Il est réélu à ce poste en septembre 2009.

- Le Conseil de l'union européenne réunit, par spécialité, les ministres représentant les gouvernements des Etats membres.

- Le Conseil Européen est composé des chefs d'Etat et de Gouvernement des pays membres. Il définit les orientations de la politique commune. Il est présidé pendant six mois par le représentant d'un des pays de l'Union européenne. C'est une présidence tournante. Les changements s'effectuent le 1er janvier et le 1er juillet. En 2007, la présidence est allemande, puis portugaise. Pour l'année 2008 elle est slovène puis française. Elle est tchèque depuis le 1er janvier 2009, suédoise ensuite et espagnole pour le premier semestre 2010.

On remarque de suite la difficulté de retenir une seule cellule de décision dans la gestion de ce que l'on appelle la crise financière.

Regardons les actions des différentes composantes de l'UE.
On se reportera à l'exposé précédent pour ce qui concerne la Banque centrale européenne.

En septembre 2008, une majorité de députés européens est favorable à l'utilisation de la Règle 39 qui autorise le parlement à formuler une motion de requête auprès de la Commission européenne. Ce cadre devrait pousser la commission à proposer de nouvelles lois sur la régulation financière.

En octobre, le parlement examine surtout les conséquences de la crise et recherche les responsables. Pour Mme Pervenche Berès, présidente de la Commission des affaires économiques et monétaires : « La situation de l'Europe est liée à celle des Etats-Unis. Les mesures prises jusque maintenant n'abordent que les problèmes de liquidité alors que le problème est bien plus profond que cela et touche les marchés financiers et les économies sous-jacentes. »[4]

La Commission européenne, en novembre 2008, s'efforce de faire adopter les mesures qu'elle a proposées en juin pour aider les petites et moyennes entreprises. Elle demande également au Parlement européen, et aux vingt-sept États membres de l'UE, d'adopter sa proposition de directive sur les exigences de capital des institutions financières, afin de dissuader les banques de prendre des risques excessifs et de renforcer la surveillance des établissements présents dans plusieurs pays européens. Elle élabore des propositions appelant à une régulation plus stricte des agences de notation. Enfin, elle se penche sur la question de la rémunération des chefs d'entreprise et des cadres, « à l'heure où d'aucuns s'étonnent que des banquiers grassement payés ne soient pas tenus responsables de leurs mauvaises décisions d'investissement. »

Soulignons que nous sommes en novembre 2008 !

Le 26 novembre 2008, la commission annonce un vaste plan visant à aider l'Europe à sortir de la crise en combinant des mesures nationales coordonnées et des mesures au niveau de l'Union européenne. Elle propose d'injecter 200 milliards d'euros dans l'économie européenne.

---

[4] *Site Internet du parlement européen,* 7 octobre 2008.

En février 2009, Bruxelles propose d'éliminer l'usage abusif du secret bancaire encore en vigueur en Belgique, en Autriche et au Luxembourg concernant les non-résidents appartenant à l'Union européenne.Le Luxembourg, la Suisse et l'Autriche acceptent finalement d'assouplir leur secret bancaire.

Puis, les dirigeants européens, réunis à Berlin, déclarent vouloir modifier, sans expliquer comment, le système financier international à l'occasion du sommet du G20, le 2 avril, à Londres.

L'Eurogroupe se réunit à Paris le 12 octobre 2008, à l'initiative du président Nicolas Sarkozy. Il adopte un plan de sauvetage des banques. Chaque état doit fixer rapidement le montant consacré à ce plan. Gordon Brown, le premier ministre britannique, qui a présenté une semaine avant un plan d'action face à la crise financière, est aussi convié à cette réunion. « Nous avons adopté une boite à outils à la disposition des Etats membres », a déclaré Jean-Claude Juncker, le président de l'Eurogroupe.

Mi-octobre 2008, les 27 confirment les principes arrêtés par la réunion exceptionnelle de l'Eurogroupe du 12 octobre, et la décision prise par les 15 pays membres de la zone euro d'agir de façon concertée.

Le Conseil européen décide de créer un mécanisme de « réaction rapide et coordonnée en cas d'urgence », dont les modalités concrètes restent à définir, et plus largement une refondation du système financier international et une nouvelle gouvernance mondiale. Les 27 décident également de prendre toutes les « mesures nécessaires pour soutenir la croissance et l'emploi. »

Très volontariste, le président français annonce qu'il prendra, avant la fin de l'année, des « initiatives » pour la coordination de la politique économique des 27 pays de l'UE. « J'ai plusieurs idées en la matière (mais) ce n'est pas le moment, ce n'est pas le lieu de les mettre sur la table », a-t-il déclaré lors de la conférence de presse clôturant le sommet.[5]

A partir de janvier 2009, l'Union européenne, dont la présidence tournante est assurée par la République Tchèque, et dont la zone euro vient d'accueillir la Slovaquie comme seizième membre, tente de trouver des lignes d'actions communes.

Comment le "système européen" a-t-il fonctionné ?

---

[5] *www.touteleurope.fr*, décembre 2008.

Chaque organisme a fonctionné avec ses procédures propres et en recherchant une coordination étroite avec ses partenaires institutionnels.

A partir de juillet 2008, la présidence française crée de fait une sorte de cellule de décision « ad hoc » qui prend l'initiative d'un plan de sauvetage à l'échelle de l'Union européenne.

On l'a vu, le 12 octobre, Nicolas Sarkozy décide de réunir, pour la première fois, les chefs d'Etat et de Gouvernement de la zone euro et y invite le premier ministre britannique, les présidents de la Banque centrale européenne et de la Commission.

Ce « G15 » élargi adopte un plan de sauvetage qui sera validé par les 27 Etats. C'est fort de cette "unité" que le président français souhaite se présenter au G20 de Washington en novembre 2008.

Les pratiques décisionnelles adoptées sont alors celles des "procédures d'urgence" et de la "planification".

La stratégie à adopter n'est pas simple car les grands principes politiques des Etats ne sont pas les mêmes : une vision plutôt libérale voulant une régulation limitée, avec le Royaume-Uni ou la Suède (mais on a vu que le Royaume Uni pouvait prendre la décision de nationaliser des banques), et des pays opposés à toute dérive, comme l'Allemagne, le Luxembourg et les Pays Bas.

Cela conduit à des jeux d'acteurs et au modèle politique. La pratique décisionnelle glisse alors vers le "jeu politique interne". Cette pratique est d'autant plus renforcée que l'attitude du président français est parfois perçue, par certains de ses partenaires européens, comme une tentative d'accaparer le pouvoir en profitant du statut que lui donne la présidence du Conseil européen jusqu'à la fin de l'année 2008.

Donc, derrière des accords affichés, il y a des divergences et des conflits de pouvoir qui se font jour, ce qui est légitime.

Lors du G4 (Allemagne, Grande-Bretagne, Italie et France), qui se réunit à Paris le 4 octobre, la chancelière allemande, Angela Merkel, s'oppose à la création d'un fonds commun d'aide, préférant des plans nationaux d'aide aux banques.

Le ministre des Finances allemand va jusqu'à déclarer : « Nous refusons un parapluie européen dans lequel, en tant qu'allemands, nous devrions verser pour un pot commun sans avoir le contrôle et sans savoir ce que devient l'argent allemand. »

Le président de l'Eurogroupe, Jean-Claude Juncker, rejette l'idée d'un « programme de relance généralisé de l'économie en Europe. »

Peut-on, à l'aide du modèle de Nioche, identifier les risques de crise dans le fonctionnent du système européen ?

Si on regarde les pratiques décisionnelles de chaque organisme européen, on constate que les décisions ont été prises dans le cadre soit de "procédures d'urgence ", soit de la "planification". Il n'y a donc pas eu de "crise" dans le sens de défaillance du processus décisionnel. Chaque institution a pris des décisions, selon ses procédures, avec toutefois une concertation avec les autres. Mais ces institutions n'ont pas de procédures d'urgence préétablies pour faire face aux crises financières. Pour l'institution européenne, on constate qu'il n'y a pas de cellule de décision chargée de gérer ce type de situation. L'Union européenne a donc bien vécu cet épisode comme une crise d'un ordre particulier. Il n'y a pas eu défaillance de la décision consécutive à l'incapacité de la cellule de décision de produire une stratégie pour faire face à la situation financière parce qu'il n'y a pas de cellule de décision. Il n'y a pas de modèle organisationnel préétabli et encore moins de procédures d'urgence. Tout a donc du être "inventé" en même temps que la situation financière évoluait.

On pourrait utiliser la terminologie de "crise blanche", comme le font certains chercheurs lorsqu'ils étudient des situations considérées comme des "presque crises".

Face aux conséquences de la crise des subprimes, l'Union européenne a subi et réagi, courant après l'évènement sans trop pouvoir anticiper.

Les conditions de cette "crise blanche" offrent, comme toute situation de "grand jeu", l'occasion de tenter de modifier la répartition des pouvoirs.

C'est ce que Nicolas Sarkozy a cherché à faire en utilisant son statut de président du Conseil européen. Mais sa manière de faire a provoqué des réactions, parfois fortes, de certains de ses partenaires. Il a toutefois réussi à mettre sur pied une réunion "ad hoc" et à faire adopter un plan de sauvetage.

Dans cette structure décisionnelle originale, créée pour prendre une décision commune et élaborer un plan de sauvetage européen, les pratiques décisionnelles ont glissé de la "planification" au "jeu politique interne".

Il n'y a pas eu "crise" mais le pouvoir a été disputé et la décision stratégique (le plan de sauvetage) est le résultat de domination et /ou de compromis entre les parties prenantes.

C'est donc une période de tensions fortes qui a été vécue par les acteurs. Et cela laissera de traces dans les relations futures.

Nous verrons plus loin que l'animation d'un groupe nécessite le choix d'un leadership approprié. Cela n'a pas été forcément le cas ici.

Les conséquences de la "crise financière" sont loin d'être terminées. On sait qu'elles seront fortes au plan social.

Toutes les conséquences sur les finances internationales ne sont pas pleinement connues. Combien y-t-il de "créances pourries" ?

Ce qui est clair, c'est que la gestion des effets de ces dysfonctionnements financiers, et de leurs conséquences économiques et sociales, va devoir être prise en compte au niveau européen. Par quelle structure décisionnelle ?

L'Union européenne semble continuer à fonctionner avec la même organisation. Chaque structure continue à examiner les décisions à prendre pour répondre aux conséquences de cette situation. Il n'y a toujours pas de gouvernance européenne, c'est-à-dire un modèle organisationnel qui répartit le pouvoir au sein de la structure, de manière négociée par les acteurs, et qui prévoit la place des différents organismes d'experts (FMI, OCDE, BIT, etc.).

Il n'y a donc pas de structure capable d'élaborer une stratégie appropriée, c'est-à-dire de réellement anticiper, en assurant la vigilance nécessaire à l'observation de l'évolution de notre environnement économique et social.

Ce "jeu politique interne" a toutefois permis de proposer une réponse stratégique qui, on le voit à l'étude du plan de sauvetage, relève bien du compromis.

Les Etats membres de l'Eurogroupe vont garantir les crédits interbancaires, pour une durée de cinq ans ? Ils seront payants pour les banques et rémunérées selon les taux du marché. Les Etats membres de la zone euro qui le souhaitent pourront entrer au capital des banques. Il s'agit bien d'aider les banques et d'éviter que certaines ne fassent faillite.

Cette stratégie doit avoir des effets indirects pour les entreprises et les particuliers. On espère en effet que la garantie accordée aux banques par les Etats va permettre de débloquer le crédit.

Autre axe stratégique, les managers défaillants des banques seront sanctionnés.

Comme nous l'avons indiqué dans la dynamique de la crise, la complexité conduit à rechercher des responsables voire des coupables.

Or si certains dirigeants de banques ont failli, les dysfonctionnements sont avant tout systémiques.

Qui avait la charge de contrôler le système ? Mieux qui a laissé un système vulnérable s'installer et se développer ?

Parmi les déclarations faites à l'issue du G4 de Paris, en octobre 2008, on peut relever deux propositions : « la mise en œuvre immédiate des collèges de superviseurs des grands groupes financiers européens » et « la mise sur pied d'une cellule de crise comprenant les superviseurs, les banques centrales et les ministres des Finances. »

Réelles décisions ou simples déclarations d'intention ?

Rappelons-nous : « La guerre est un art tout d'exécution. »

Le 14 octobre 2008, José Manuel Barroso a bien indiqué la possibilité de créer un superviseur européen unique pour les institutions financières. Mais les réticences sont bien là aussi : d'un côté, les nouveaux Etats membres d'Europe de l'Est craignent de perdre leur pouvoir national, et de l'autre, les grands pays s'opposent aussi à l'idée d'un superviseur européen.

Le Conseil de l'union européenne a repris ces "orientations générales", dans sa séance du 2 décembre 2008. Quelles seront les suites ?

Mais quelle est la stratégie pour les banques et indirectement pour les entreprises et les particuliers ? Et pour limiter les conséquences sociales ? Peut-on parler d'anticipation ?

Une décision du 6 mars 2003 du Conseil européen a créé un « sommet social tripartite pour la croissance et l'emploi » qui a pour mission « d'assurer de façon permanente, dans le respect du traité et des compétences des institutions et organes de la Communauté, la concertation entre le Conseil, la Commission et les partenaires sociaux. » Les représentants des partenaires sociaux y sont « répartis en deux délégations égales comprenant dix représentants des travailleurs et dix représentants des employeurs. »

Le sommet se réunit au moins une fois par an, avant le Conseil européen de printemps. Il est présidé conjointement par le président du Conseil et par le président de la Commission.

Lors du sommet, qui s'est réuni à Bruxelles le 15 octobre 2008, une partie des deux heures est consacré à la « crise financière et au ralentissement économique. » Que peut-on tirer de ce sommet ?

Le diagnostic suivant : « L'Europe traverse une période de ralentissement économique prononcé, aggravé par une crise financière sans précédent. Ce contexte pèse fortement sur les entreprises et les salariés. Dans ces moments difficiles, l'Union européenne est prête à apporter les réponses collectives qui s'imposent pour renforcer la stabilité du système financier, aider les entreprises, en particulier les PME, à trouver les financements dont elles ont besoin et faciliter l'accompagnement social des restructurations. »[6]

Alors le sommet social tripartite de 2009 a-t-il été plus engagé face à la crise ? Il s'est tenu à Bruxelles le 19 mars 2009 pour préparer le sommet de l'emploi du 7 mai à Prague. Les participants se sont entendus sur la nécessité de « moderniser le modèle européen », de « préserver ses valeurs et de maintenir le niveau de prospérité, de cohésion sociale, de protection de l'environnement et de la qualité de vie. »

On relève que, de novembre 2007 à juin 2008, la Cour de justice des communautés européennes (CJCE) a rendu quatre jugements affirmant la primauté des droits des entreprises sur ceux des salariés. De quoi émouvoir le Parlement européen dans un contexte de crise économique !

Le 22 octobre 2008, le Parlement européen adopte donc, sur la base d'un "rapport d'initiative" d'un député socialiste suédois, une résolution législative contredisant ouvertement la jurisprudence de la CJCE. Mais, dans le cadre de la procédure de codécision, le parlement doit négocier le vote final des textes avec le Conseil de l'union, et les ministres font savoir, dès le 18 décembre 2008, qu'une modification de la législation ne leur paraît pas « appropriée. »[7]

---

[6] *www.eu2008.fr,* Octobre 2008.
[7] Anne-Cécile Robert, *Le monde diplomatique,* mars 2009.

Alors, les conséquences sociales de la "crise financière" devenant plus importantes au début de 2009, la stratégie européenne a-t-elle été orientée différemment ?

En mars 2009, le Parlement européen, après avoir constaté les conséquences considérables pour l'emploi et la situation sociale de la crise financière mondiale, souligne « l'importance cruciale des marchés financiers » et en conséquence, estime que « l'une des priorités en matière de croissance et d'emploi est de débloquer la circulation du capital, de proposer des crédits et des financements pour les investissements. » Mais, les députés estiment que « la priorité absolue de l'Union européenne doit être de protéger ses citoyens contre les effets de la crise financière et qu'il est essentiel d'endiguer l'augmentation du chômage au sein de l'UE. Ils soulignent la nécessité de renforcer la dimension sociale des plans européens et nationaux de relance. »[8] Déclaration d'intention ou véritable stratégie ? Attendons les plans d'action qui, en toute logique, devraient suivre !

III. Le G8 et le G20

Le G8 est un groupe de discussion et de partenariat économique comprenant les Etats suivants : Etats-Unis, Royaume-Uni, France, Japon, Allemagne, Italie, Canada et Russie. Ces 8 pays représentent 61% de l'économie mondiale mais seulement 13% de la population mondiale. Toutefois, le G8 n'est ni une institution (les rencontres sont informelles), ni un organe de décision. Il existe aussi les réunions des ministres des Affaires étrangères et les réunions des ministres des Finances.

Le 33e sommet du G8 s'est déroulé en Allemagne en juin 2007. Le thème de ce sommet est « croissance et responsabilité. »

Le suivant se déroule au Japon, en juillet 2008, avec les leaders de sept pays africains en voie de développement (Afrique du Sud, Algérie, Ethiopie, Ghana, Nigéria, Sénégal, Tanzanie), et l'Union Africaine. Plus préoccupé par les problèmes liés au changement climatique, il s'achève en abordant la crise économique et alimentaire.

---

[8] Site du Parlement européen, *www.europarl.europa.eu*.

Après son discours, à l'Assemblée générale des Nations Unies, en septembre 2008, Nicolas Sarkozy, lors d'une conférence de presse, appelle à un élargissement du G8 : « Le format, c'est à partir du G8 mais avec une possibilité d'ouverture sur les pays émergents. La logique, c'est quand même le G8, puisqu'il s'agit des huit plus grandes économies du monde mais je ne voudrais pas fermer le débat. »

De son côté, en octobre 2008, l'Espagne, qui ne fait pas partie du G8, réclame sa place aux futurs sommets mondiaux sur la refonte du système, le chef de gouvernement espagnol insistant lors d'une conférence de presse sur le fait que l'Espagne est « la huitième puissance économique mondiale. »

C'est tout à fait normalement que le G20 prend en compte la situation financière. En effet le G20 est un forum économique créé en 1999, suite aux crises financières des années 1990. Il représente les deux tiers du commerce et de la population mondiale et plus de 90% du produit mondial brut. Ce sont les ministres des Finances qui se réunissent en G20.

Le 15 novembre 2008, pour la première fois, les chefs d'État ou de Gouvernement se réunissent sous ce format à 20. Ce sommet de Washington, se déroule dans un contexte très particulier. En effet aux Etats-Unis, le président en exercice est toujours Georges W. Bush, alors que Barack Obama vient juste d'être élu.

« Ce sont donc les autres pays qui fixeront l'ordre du jour de la réunion de samedi » annonce The Washington Post et Simon Johnson, ancien économiste en chef au Fonds monétaire international, déclare : « Les autres pays devraient en profiter pour essayer de jouer un rôle central. »[9] C'est effectivement ce que l'Union européenne va chercher à faire sous la présidence de Nicolas Sarkozy.

Les pays du G20 se réunissent pendant deux jours à Washington pour s'entendre sur une plus grande supervision de la finance mondiale et une meilleure coordination des politiques économiques mais aussi pour éviter une nouvelle crise financière et relancer la croissance.

Au cours de ce sommet, cinq champs d'action sont définis.

Le G20 recommande une intensification de la « coopération internationale entre régulateurs » et un renforcement des « normes

---

[9] *www.courrierinternational.com*, 14 novembre 2008.

internationales où cela est nécessaire. » Mais il souligne que « la régulation relève avant tout de la responsabilité des régulateurs nationaux », ceci à la satisfaction des Américains, très attachés à leur souveraineté.

A l'issue du sommet de Washington, Gordon Brown, chargé de préparer le G20 qui doit se tenir à Londres le 2 avril, propose trois axes: la mise en place d'un système d'alerte (confié au Forum de stabilité financière), la rédaction d'une charte des principes pour l'ensemble des régulateurs financiers et enfin un système commun pour les banques du monde entier fondé sur des critères de transparence et de bonne gouvernance.

Ce sommet de Washington est un nouveau tournant.

La situation financière au niveau mondial, la "crise", conduit à une redistribution des pouvoirs. Le président du Brésil le souligne d'ailleurs clairement à l'issue du sommet : « Je quitte Washington très heureux car la structure mondiale a acquis une nouvelle dimension géopolitique. » Il ajoute : « Il ne serait pas logique de prendre des décisions politiques et économiques sans les membres du G20 […]. Les pays en développement doivent être totalement associés à la solution de la crise financière mondiale. » Alain Juppé déclare dans une interview, publiée dans Le Figaro, mi novembre : « L'Occident n'est plus le centre du monde. Pour preuve, c'est le G20 qui se réunit et plus le G7. »

Cela veut-il dire que le G8 a vécu ?

Non, il va continuer à se réunir. C'est ainsi que fin mars 2009, les ministres du Travail du G8 se réunissent à Rome pour un sommet de trois jours consacré aux « conséquences humaines » de la crise financière et à la montée en flèche du chômage. Mais le G8 élargit la moitié de ses sessions aux ministres du Travail de Chine, d'Inde, du Brésil, du Mexique, d'Afrique du sud et d'Egypte. Participent également l'OCDE, le FMI et le Bureau international du Travail (BIT).[10]

De plus un autre G20 se tient à Londres début avril 2009. Préparé, comme toutes les rencontres internationales par les "sherpas" des chefs d'Etat ou de Gouvernement, ce sommet fait l'objet de jeux d'acteurs très forts, avant et pendant.

---

[10] *Lemonde.fr,* 30 mars, 20 avril 2009.

Il est vrai que des divergences fortes existent de part et d'autre de l'Atlantique : Les Etats-Unis veulent plus de relance économique et moins de régulation financière pour faire face à la crise et l'Europe veut moins de relance et plus de régulation.

Nicolas Sarkozy affirme sur Europe 1, quelques heures avant l'ouverture du G20 de Londres : « Aucun accord, sur lequel travaillent les sherpas économiques des dirigeants du G20, n'est stabilisé. »

Et d'ajouter que les projets de textes préparés pour le sommet « en l'état actuel ne conviennent ni à la France ni à l'Allemagne », « le compte n'y est pas. » Il va plus loin encore en menaçant de quitter le sommet déclarant qu'il ne « s'associerait pas à un sommet du G20 conclu par des faux compromis […]. La politique de la chaise vide marquerait un échec qui serait celui du sommet, je ne veux pas croire qu'on arriverait à ça. »

Barack Obama réagit à cette forme de chantage du président français, lors d'une conférence de presse avec Gordon Brown. Il indique : « Nous avons la responsabilité de coordonner nos actions et de nous concentrer sur les points communs et non (sur) des divergences épisodiques », et d'ajouter : « Les divergences entre les différentes parties ont été très exagérées. Il n'y pas de conflit quant au besoin d'agir contre la crise. » De son côté, Gordon Brown déclare : « Je suis persuadé que le président Sarkozy assistera au début du dîner et qu'il restera jusqu'à la fin. »

Côté outre-rhin, selon le porte-parole d'Angela Merkel, la politique de la chaise vide « n'est pas, pour la chancelière, la meilleure idée. Seul celui qui participe au débat peut influer sur les résultats. » Est-ce pour répondre à ses partenaires ou pour occuper le devant de la scène que Nicolas Sarkozy, contrairement aux usages diplomatiques qui veulent que ce soit le représentant du pays hôte qui présente les conclusions d'un sommet, fait sa conférence de presse avant Gordon Brown ?

Cet épisode de préparation du sommet de Londres montre bien que nous sommes dans des jeux de pouvoir.

Si, avec le G20 comme avec le G8, on ne peut pas parler de véritables cellules de décision, car ces deux instances n'ont pas de réels pouvoirs décisionnaires, on comprend aisément que la pratique décisionnelle de ces sommets relève du "jeu politique interne".

Pour le sommet de Londres les déclarations préliminaires montrent bien que nous sommes dans ce type de pratique, sans pouvoir prédire s'il y a risque de glissement dans la crise.

Dans la réalité on a pu constater qu'il n'y a pas eu de crise à Londres.

Le G20 de Londres s'est tenu avec pour objectif de renforcer la coordination dans quatre domaines. Pour cela il préconise des plans de relance économique, l'assainissement du système bancaire, le renforcement des dispositifs et des règles de surveillance du secteur financier et l'aide aux pays émergents les plus touchés par la crise.

Quels sont les grands principes stratégiques arrêtés ? Si on reprend la déclaration finale, on peut prendre connaissance de l'axe principal de la politique qui se veut commune : « Nous partons du principe que la prospérité est indivisible et que la croissance pour être durable doit être partagée [...]. Nous pensons que la seule fondation sûre d'une mondialisation soutenable et l'augmentation de la prospérité pour tous est une économie ouverte fondée sur le principe de marché, une régulation efficace et des institutions mondiales solides. »

Comment y parvenir ?

Le G20 s'engage sur 6 axes stratégiques : « rétablir la confiance, la croissance et l'emploi ; réparer le système financier pour restaurer les flux normaux de crédit ; renforcer les réglementations financières pour rétablir la confiance ; financer et réformer nos institutions financières internationales afin de juguler cette crise et en empêcher de nouvelles ; promouvoir le commerce international et l'investissement et rejeter le protectionnisme pour servir de socle à l'établissement de la prospérité ; bâtir une croissance universelle, verte et soutenable. » Cela se traduit par des plans d'action.

A court terme, le G20 prend la décision de « tripler les ressources du Fonds monétaire international à 750 milliards de dollars, d'autoriser le FMI à émettre des Droits de tirage spéciaux pour 250 milliards de dollars et à vendre de l'or, de créer un nouveau Conseil de stabilité financière et de réformer les systèmes de contrôle. »

D'autres plans sont décidés pour le long terme, « une fois la reprise assurée. » Cela concerne les systèmes de contrôle, les paradis fiscaux, les normes comptables et les agences de notation.

Les décisions du sommet de Londres ont fait l'objet de déclarations saluant les avancées, mais aussi d'attaques.

Prenons un sujet aussi sensible que la lutte contre les paradis fiscaux. Je dis sensible car on peut rappeler l'incident qui s'est produit avec le Luxembourg le 21 octobre 2008.

Ce soir là, le premier ministre luxembourgeois, qui rappelons-le est aussi le président de l'Eurogroupe, est l'invité du 20 heures de France 2. Au cours de ce journal, un reportage dénonçant le secret bancaire au Grand Duché est diffusé. Jean-Claude Juncker réagit immédiatement en qualifiant ce reportage de « strictement ridicule » et résultant d'un « journalisme primaire. » Dans son intervention Jean-Claude Juncker déclare : « La France n'est pas plus exemplaire en matière de moralité financière que le Luxembourg. » Cet épisode amènera Arlette Chabot à présenter des excuses dès le lendemain : « Je vous demande de ne pas considérer ce reportage comme une nouvelle manifestation de l'arrogance franco-française mais plutôt comme une insuffisance professionnelle. »

On comprend donc quel a pu être le climat des négociations du G20. La décision permettant de rendre publique, par l'OCDE (Organisation pour la coopération et le développement économiques), une liste noire de pays qui ne se sont jamais engagés à respecter les standards internationaux, et une liste grise qui recense les États qui se sont engagés à respecter les règles de l'OCDE mais ne les ont pas pour l'instant entièrement appliquées, paraît une bonne chose en soi. Mais on sait bien aussi que ces listes sont, de fait, le fruit d'un compromis diplomatique.

Comment cette décision sera-t-elle appliquée et suivie ? Je n'ai pas l'intention de porter un jugement sur les décisions (ou non décisions pour certains) de ce G20. Des experts, des politiques et de commentateurs avisés ont eu l'occasion, par médias interposés ou par internet, de faire part de leurs avis respectifs. Je m'intéresse davantage au mécanisme concernant la crise et sur les moyens de prévenir et d'éviter la suivante. C'est sur les pratiques décisionnelles que se porte mon regard. On a constaté qu'il n'y a pas de véritable institution chargée de traiter, au niveau international, la crise financière. Si on regarde les pratiques décisionnelles, la "bonne solution" consisterait à bâtir un "modèle organisationnel" dans lequel le pouvoir serait réparti selon des règles acceptées par la majorité des acteurs susceptibles d'être concernés.

Nous serions alors devant une pratique décisionnelle de type "planification" et le dispositif prévu pourrait utilement prévoir des "procédures d'urgence" sous forme de plans préétablis.

La crise actuelle semble avoir montré, par sa dimension planétaire, que des régulations internationales étaient nécessaires.

En 2003 déjà, l'ancien Premier ministre, Edouard Balladur, interrogé sur le G8, à l'occasion du sommet d'Evian, avait fait le constat suivant : « Il n'est plus possible de se satisfaire d'un système qui n'associe pas aux grandes décisions les pays émergents et les pays les moins développés. »

Jacques Delors, président de la Commission européenne de 1985 à 1995, donnant son point de vue sur la crise financière, rappelait : « Dès 1993, j'avais proposé la création d'un conseil de sécurité économique sous l'égide de l'ONU. Non pas un gouvernement mondial mais un forum dans lequel tous les pays du monde, représentés directement ou par leurs organisations régionales, auraient pu confronter leurs analyses, auditionner les grandes organisations internationales. Parce que les habitudes de réfléchir et d'échanger en commun sont très importantes. »[11]

On voit donc que l'une des pistes pour l'avenir repose sur la capacité qu'auront les politiques de définir un modèle organisationnel de décision. A défaut, les prochains dysfonctionnements seront traités, au coup par coup, et sans grande possibilité d'anticipation, au travers des jeux de pouvoir susceptibles de générer une crise de la décision. Une fois de plus on subira et on cherchera à colmater les brèches au fur et à mesure qu'elles apparaîtront.

Dans un système international de plus en plus complexe, car les pays émergents pèsent naturellement de plus en plus, la dynamique de la crise sera peut être plus rapide encore. Y faire face dans de bonnes conditions impose que le dispositif soit prêt avant.

Nous reviendrons, plus loin, sur l'étude des décisions du G20 de Londres.

Le lecteur pourra constater toute la pertinence de l'outil proposé en reprenant le sommet qui s'est tenu à Pittsburg (Pennsylvanie) fin septembre 2009.

En dehors des décisions annoncées, ce sommet montre bien qu'une nouvelle répartition du pouvoir a bien lieu !

---

[11] *www.mediapart.fr.*

IV. Les Etats

Nous allons terminer ce chapitre en regardant les grandes lignes des stratégies adoptées par les USA d'une part, et par l'Allemagne d'autre part.

Cela nous donnera un aperçu des approches différentes que peuvent avoir les pays et comprendre toute la difficulté qu'il y a à parler de "gouvernance mondiale".

Dans ce domaine nous restons dans le "jeu politique interne".

Des compromis sont recherchés, notamment par l'Union européenne, avec les USA qui vont continuer à chercher à garder la position dominante que leur donne le dollar. Jusqu'au jour où cette suprématie sera contestée par des pays, qui, émergents aujourd'hui, deviendront réellement incontournables dans l'avenir.

Aux USA, Barack Obama, installé depuis le 20 janvier 2009 à la Maison Blanche, va prendre une série de mesures.

Début février il annonce de nouvelles règles du jeu en réaction aux bonus reçus en 2008 par les dirigeants de Wall Street : limitation à 500 000 dollars du salaire annuel des dirigeants ; possibilité de compensation supplémentaire mais uniquement sous la forme d'actions qui ne pourront être cédées qu'une fois réalisé le remboursement de l'aide publique ; parachutes dorés réduits à l'équivalent d'un an de compensation salariale pour les 10 premiers dirigeants.

Son plan de relance privilégiant le fer et l'acier nationaux ayant suscité des réactions, aux Etats-Unis comme à l'international, le président américain reconnaît que la clause "buy american" est une erreur. Ce changement est salué favorablement par l'Union européenne qui s'inquiète néanmoins du protectionnisme qui apparaît en Inde, Chine, Russie, Argentine ou Equateur.

Le 10 février le secrétaire au Trésor américain dévoile son plan de stabilité financière comprenant quatre mesures principales : la réinjection de capital dans les établissements bancaires ; le rachat d'actifs toxiques des banques via un fonds d'investissement public/privé doté de 500 milliards à 1 000 milliards de dollars ; la relance du crédit aux consommateurs et aux entreprises (1 000 milliards de dollars) ; la relance d'un programme d'aide aux propriétaires immobiliers, qui sera détaillé ultérieurement.

La réaction des marchés est sans ambiguïté. Le plan suscite une vive déception, faute de précisions.

Barack Obama va toutefois remporter, le 13 février, sa première grande victoire politique, avec l'adoption, par la Chambre des représentants et par le Sénat, du plan de relance de 787 milliards de dollars,

Fin février, le président américain dévoile ses prévisions de budget pour les dix années à venir : augmentation graduelle dès 2009 des impôts pour les classes les plus aisées, diminution de certaines déductions d'impôt prévues pour les foyers disposant de plus de 250 000 dollars annuels et réduction du budget fédéral. La publication de ces prévisions fait l'effet d'une douche froide.

La politique du président américain s'appuie sur une stratégie qui repose sur trois axes : sauver le système bancaire et le « moraliser », faciliter l'accès au crédit pour les entreprises et les particuliers afin de relancer l'économie, augmenter de manière ciblée les impôts. Elle se concrétise par un "plan de relance".

En Allemagne, fin janvier 2009, le premier plan de sauvetage de l'automne 2008 (400 milliards d'euros de garanties et 80 milliards de capitaux) ne suffit pas à restaurer la confiance. Un nouveau plan est à l'étude mais l'hypothèse "bad bank" fédérale, pour débarrasser les banques de leurs actifs toxiques aux frais du contribuable, est écartée. Angela Merkel déjà accusée d'interventionnisme excessif doit prendre aussi en compte les prochaines élections législatives qui doivent se tenir dans huit mois. A la mi-janvier, les députés de la majorité au Bundestag votent le plan de relance de 50 milliards d'euros (2% du PIB) sur deux ans. Ce plan comprend 18 milliards d'euros de réductions d'impôts pour les particuliers et les entreprises, une enveloppe de 17 milliards d'euros pour des infrastructures, une prime à la casse de 2 500 euros, un chèque de 100 euros par enfant. La stratégie passe, dans un premier temps, par un plan de sauvetage du système bancaire, puis dans un second temps par un « plan de relance » qui conjugue la relance de l'économie par la consommation (réductions d'impôts, prime à la casse) et par l'investissement (infrastructures).

Chapitre VI

Comment éviter la crise ?

On a bien compris qu'en situation de "crise" on subit les évènements. Notre propos n'a donc de sens que si, gérant une situation complexe, je cherche à éviter qu'elle ne bascule ou ne glisse dans la crise.

Il s'agit bien de prendre des mesures d'accompagnement pendant la gestion d'un évènement que beaucoup, les médias les premiers, considéreront comme une "crise".

La crise est une défaillance du processus décisionnel.

Le modèle générique des pratiques décisionnelles nous indique qu'il y a risque de dérive vers la crise si l'instabilité de l'environnement, réel et/ou perçu s'accroît et/ou si le pouvoir devient un enjeu disputé.

Nous pouvons donc, en théorie, envisager les moyens d'éviter la crise en jouant sur l'axe de l'environnement et sur celui du pouvoir. Il s'agit de chercher à ramener l'environnement vécu par les décideurs vers une situation la moins perturbée possible afin d'être en mesure d'anticiper et, dans le même temps, d'éviter un glissement vers un pouvoir disputé.

La crise se produit lorsqu'une situation devenue complexe, échappe à la maîtrise des acteurs qui ont la charge de la gérer.

L'enjeu est donc bien de "manager" des situations complexes en évitant une crise. Le management des situations complexes doit être réalisé en prenant en compte l'ensemble des problèmes.

La cellule de décision est soumise à des pressions venant de son environnement. Des acteurs sont susceptibles de participer, ou de vouloir participer, à la décision.

Les principes d'évitement de crise à mettre en œuvre doivent permettre de diminuer les pressions exercées sur la cellule de décision. Dans le même temps, le pilotage doit être réalisé afin de "réguler" le jeu des acteurs.

Ne risque-t-on pas d'entraîner une perturbation dans la répartition du pouvoir en introduisant des acteurs supplémentaires dans la cellule ?

Le risque existe, mais la mise à l'écart d'un acteur n'est-elle pas un signe de fermeture de la cellule, l'un des symptômes qui peut laisser présager une pathologie de crise ?

Il faut donc être vigilant au climat de la cellule de décision.

Nous allons examiner: les composants de l'environnement qui peuvent faire "pression" sur la cellule de décision, les acteurs susceptibles d'être partie prenante dans le processus décisionnel, le pilotage de la cellule de décision.

I. Les composants de l'environnement décisionnel

I.1 Le problème de l'urgence

« L'urgence est à la fois une menace et une ressource. »[1]

En situation d'urgence on ne peut pas tout faire. La capacité d'action du décideur est réduite et, en cela, l'urgence est perçue comme une contrainte, une menace. Elle est source de stress.

Dans le même temps le décideur ne doit se concentrer que sur l'essentiel. Il peut donc "écarter" les préoccupations ainsi que les « petits intérêts et les petits états d'âme des autres acteurs. »

En situation d'urgence il y a « une espèce d'exacerbation de la figure du décideur. »[2]

Nous avons vu l'importance du temps et nous savons maintenant que les situations de décision, où l'environnement des décideurs se trouve "turbulent", sont celles où le temps est compté.

I.2 La réduction des incertitudes

Pour la "crise des subprimes" il est difficile de déterminer les actifs à risques qui restent dans le système financier.

Comment déterminer les conséquences pour les marchés boursiers, pour les entreprises, les collectivités territoriales?

Et les conséquences sur le chômage et sur l'économie nationale ?

---

[1] Hervé Laroche, *Risques, crises et problématiques de la décision*, CNRS, novembre 1995.
[2] Idem.

Et je ne parle pas de ce qui risque de se passer dans le reste du monde, et en particulier pour les pays les plus pauvres !

Pour réduire l'incertitude il est nécessaire de produire de la connaissance pour comprendre et simplifier la situation complexe. « La complexité ne s'éponge pas par une pensée complexe, elle s'éponge par des instruments standardisés qui la simplifient. »[3]

La production de connaissances ne peut être que collective. Elle nécessite donc une collaboration partenariale. Mais on se heurte souvent à la difficulté de mettre en œuvre un processus collectif de production des connaissances. Il est souvent nécessaire de faire appel à l'expertise et, dans le domaine économique, on sait qu'il est difficile d'harmoniser les points de vue des divers experts, même en dehors des périodes de crise. De plus, devant des situations extrêmes, comme c'est le cas avec une crise financière mondiale, on peut sortir du cadre de la connaissance à produire. On ne se trouve plus dans le monde connu.

Enfin, produire de la connaissance dans un système composé d'acteurs de disciplines et de cultures diverses prend du temps.

Eviter la crise c'est ramener le "curseur environnement" du "turbulent" au "prévisible". Il faut donc savoir se donner le temps pour la réflexion, produire de la connaissance pour réduire les incertitudes, élaborer une stratégie et des plans d'action.

I.3 Le comportement de la population

La première partie, consacrée au mécanisme de la crise, nous a montré que certaines situations, compte tenu des incertitudes sur l'événement ou sur ses effets dans le temps, peuvent susciter des inquiétudes parmi la population.

C'est souvent par une approche relevant de domaines spécialisés que l'on peut réduire les incertitudes sur l'événement et ses effets.

Mais réduire les incertitudes sur les réactions de la population relève, cette fois-ci, d'une dimension sociologique ou psychosociologique plus difficile à appréhender.

---

[3]Bruno Latour, *Sociologie des sciences, analyse des risques collectifs et des situations de crise,* CNRS, novembre 1994.

« Aux sciences dures l'identification des risques selon les méthodes scientifiques, aux sciences humaines et sociales la compréhension de l'irrationalité du public et plus encore des moyens de l'atténuer, de la gérer au mieux. »[4]

Gustave Le Bon a été l'un des premiers à tenter de comprendre les mécanismes qui président à la constitution d'une foule et les conditions dans lesquelles celle-ci peut être maîtrisée. Pour cela, il a considéré la foule comme « la fusion des individus dans un esprit et un sentiment communs, qui estompe les différences de personnalité et abaisse les facultés intellectuelles. »[5]

La foule ne se réduit pas à la somme des individus qui la composent, et le seul fait d'être assemblés en nombre dote une foule d'une unité mentale particulière, « d'une sorte d'âme collective. » Selon Gustave Lebon, la foule devient impulsive, crédule, intolérante et elle est soumise à la suggestibilité c'est-à-dire un état particulier, proche de la « fascination de l'hypnotisé entre les mains de son hypnotiseur. »

La foule pense par images, est sensible aux mots, aux formules. « Les opinions et les croyances d'une foule sont prises en charge par des "meneurs de foules". La foule a donc besoin de se placer sous l'autorité d'un chef qui obtient sa docilité et qui la guide grâce à l'intensité de son pouvoir de "suggestion". Quand ce meneur disparaît, elle perd de sa cohésion et redevient une simple collectivité sans âme. »[6]

Mais comment la population peut-elle se comporter lorsqu'elle est confrontée à des inquiétudes fortes ?

Comment les petits épargnants, les détenteurs de portefeuilles d'actions, comment les salariés menacés par la fermeture de leur entreprise vont-ils réagir ? Et pourquoi ?

Pour répondre à ces questions nous allons faire référence aux travaux des spécialistes des sciences du danger, et plus particulièrement à ceux de Georges-Yves Kerven.

---

[4] Claude Gilbert, *Risques collectifs et situations de crise*, L'Harmattan, 2004.
[5] Gustave Lebon, *Psychologie des foules*, PUF, 1981.
[6] Rémy Rieffel, *Sociologie des médias*, Ellipses-Marketing, 2005.

Il nous propose de distinguer dans l'histoire du danger trois grands âges : l'âge du sang, celui des larmes, enfin l'âge des neurones.[7]

- L'âge du sang

« La première réponse instinctive au malheur est de frapper à son tour. »[8]

L'homme, angoissé par divers fléaux (inondations, séismes, famines, épidémies ou guerres), avait mis au point des techniques de sacrifices d'animaux ou d'êtres humains. Le sang versé était réputé réduire les possibilités de retour de ces grandes catastrophes. Le premier but à atteindre est donc la fin des souffrances engendrées par la catastrophe. Nous retrouvons là le concept de "bouc émissaire", développé par René Girard, et selon lui, conséquence de la "crise mimétique".[9]

- L'âge des larmes

Au lieu de procéder à des sacrifices humains ou d'animaux et de rechercher un bouc émissaire on verse des larmes en implorant la Providence. « Nombreux vraisemblablement sont ceux qui pensent que les calamités constituent autant de fléaux envoyés par Dieu pour châtier les péchés des hommes, les conduire à s'amender, éventuellement à purifier la société de ses éléments corrompus. On s'adresse à Dieu et plus encore à ses saints par la prière, la vénération des reliques, les processions ou les pèlerinages pour obtenir la grâce d'un miracle ou, en l'autre monde, ultime recours, celle du Purgatoire. »[10]

- L'âge des neurones

Avec le siècle des Lumières, l'homme veut comprendre.

L'homme "éclairé" rejette le mythe de la fatalité des accidents et des catastrophes pour admettre sa part de responsabilité et sa capacité à maîtriser les conséquences des catastrophes qui ne sont pas que naturelles.

---

[7] Georges-Yves Kerven, *Eléments fondamentaux des cyndiniques,* Economica, 1995.
[8] Jean Delumeau, *Histoire des fléaux et des calamités en France -Les malheurs des temps,* Larousse, 1991.
[9] René Girard, *Le bouc émissaire*, Grasset, 1982.
[10] Idem 8.

L'histoire nous montre que cette évolution en trois phases, bien sûr schématiques et réductrices, peut s'accompagner de retours en arrière.

C'est comme si, devant des phénomènes complexes, difficiles à comprendre, et dont les conséquences sont dramatiques, immédiatement ou de manière différée, une "régression" vers un comportement irrationnel s'effectue par un retour à l'âge des larmes ou du sang.

On peut retenir quelques exemples de « l'Histoire des fléaux et des calamités en France » de Jean Delumeau[11] :

- Lors de la peste de Marseille, en 1720, l'évêque du lieu, invite tous les fidèles à faire pénitence « pour arrêter le bras de Dieu irrité. »

- « Le passage de la comète de Halley ressuscite dans toute l'Europe et en Amérique des terreurs oubliées ; au village comme dans les grandes villes, la pluie n'empêche pas de passer la nuit du 18 au 19 mai 1910 dans les églises ; au matin, quand l'astre s'est éloigné, on s'embrasse et on danse dans les rues. »

- Plus près de nous « le SIDA prend de plus en plus la dimension d'un tribunal des mœurs qui punit de mort vice et corruption. »

Nous retiendrons donc l'hypothèse que, face à des incertitudes fortes, une partie de la population peut subir une " régression", un glissement vers l'irrationnel. Ce glissement conduit souvent à une recherche d'un "bouc émissaire".

« Il paraît difficile de faire un groupe de travail sur la crise sans prendre en compte la notion de crise mimétique telle qu'elle est développée par René Girard. Ce qu'il développe est utilisé par les acteurs eux-mêmes dans toutes les situations de crise: je suis le bouc émissaire, accusé injustement, mais ce n'est pas moi. Cette notion de bouc émissaire est utilisée par les acteurs pour s'innocenter, pour révéler derrière leur accusation un processus d'accusation victimaire. »[12]

---

[11] Jean Delumeau, *Histoire des fléaux et des calamités en France -Les malheurs des temps*, Larousse, 1991.
[12] Bruno Latour, *Sociologie des sciences, analyse des risques collectifs et des situations de crise,* CNRS, novembre 1994.

C'est ainsi que pour le SIDA, on a pu constater un retour vers les mouvements religieux et vers "la morale religieuse" mais également une présence plus forte des sectes. Cette "régression" s'est poursuivie avec la recherche de "boucs émissaires", de responsables et de coupables jusqu'au plus haut niveau de l'Etat; coupables qui devaient être "sacrifiés" sur l'autel de la justice. Ce mécanisme de glissement vers l'irrationnel ne signifie pas pour autant qu'il n'y ait pas de recherche de responsabilité à entreprendre et de jugements à rendre !

Plus récemment encore, des propos similaires ont été prononcés à la suite de la catastrophe en Haïti. Un télévangéliste américain n'a pas hésité à déclarer que le séisme était la conséquence d'un « pacte que le pays aurait noué avec le diable », ajoutant : « Nous devons prier pour qu'ils [les Haïtiens] se tournent vers Dieu. »

La compréhension du phénomène de "régression" permet de concevoir quelques pistes de réponses, en particulier en matière de communication.

La communication de crise fait l'objet d'un effet de mode. On ne compte plus les "officines" qui proposent des séminaires ou des formations dans ce domaine. Souvent on s'attache à la forme. Il s'agit d'apprendre à bien répondre devant une caméra et surtout à éviter de se faire " piéger" par les médias !

Pour répondre aux inquiétudes de la population et éviter des comportements irrationnels qui, par exemple, peuvent conduire des salariés à séquestrer le patron, il faut une véritable stratégie de communication. Sans communication élaborée en tenant compte de l'état d'esprit de la population, on peut obtenir l'effet inverse : inquiéter davantage au lieu de rassurer !

« Le développement des crises apparaît fonction des capacités de défense des collectivités concernées et, plus particulièrement des capacités de gestion de telles situations par les autorités politiques, administratives auxquelles il apparaît revenir de faire face aux crises. Cette gestion se situe ainsi sur un double plan : celui de l'événement, de ses effets dévastateurs et celui des collectivités elles-mêmes dont les réactions peuvent amplifier l'état de crise tout comme d'ailleurs l'action des médias. »[13]

---

[13] Claude Gilbert, *Risques collectifs et situations de crise*, L'Harmattan, 2004.

On comprend, à la lecture de ce passage, que le responsable de la stratégie doit prendre en compte l'état d'esprit de l'opinion publique et le rôle des médias.

Si la population ne présente pas de comportements irrationnels, elle est accessible aux explications rationnelles, aux exposés techniques. Bref on peut faire appel à sa raison. Ce n'est plus du tout le cas lorsqu'un glissement dans l'irrationnel se produit, lorsqu'il y a une "régression". Bien au contraire, plus on veut expliquer, plus on fait une communication d'expert, plus la population voit ses inquiétudes et ses peurs croître.

Alors comment procéder ? La régression nous ramène à des périodes où la dimension sacrée, symbolique, était le moyen adapté pour libérer un groupe de ses peurs. On faisait appel au "grand sorcier", revêtu des parures de sa fonction et effectuant des cercles autour "du grand totem".

Face à la crise financière et sociale, on imagine mal Nicolas Sarkozy procéder ainsi pour rassurer les épargnants, les actionnaires ou les salariés !

Pourtant, c'est là que l'image du responsable politique prend toute son importance. C'est ce que le Général De Gaulle avait parfaitement compris en utilisant la stature, que son rôle pendant la seconde guerre mondiale lui avait conférée, celle de "sauveur de la France".

Le responsable politique devenait l'incarnation de l'autorité suprême de l'Etat.

Bruno Latour met l'accent sur « l'obscurité croissante de nos sociétés » qui réintroduit une scène à l'antique « théâtralité » et du « traitement symbolique. »[14]

La "mise en scène" de la communication a donc une importance pour ramener la population, qui éprouve des peurs et des angoisses, vers la raison, pour la rendre à nouveau accessible aux explications.

Dans un monde fortement médiatisé, la difficulté du responsable politique est de savoir préserver cette capacité de symboliser l'autorité de l'Etat.

---

[14] Claude Gilbert, *Réflexions à partir d'une analyse sociologique des crises politiques*, CNRS, juin 1995.

Communiquer en situation de crise impose donc de prendre en compte la manière dont l'opinion publique perçoit la situation, mais plus encore la manière dont les médias la présentent et la mettent en scène.

Il convient donc de donner quelques éléments de connaissance des mécanismes que l'on peut observer dans le comportement de la population et dans lesquels les médias jouent un rôle.

Il s'agit de la rumeur, de la propagande et de la désinformation.

- Commençons par la rumeur. Au XIIIe siècle, le terme de rumeur avait le sens de "bruit qui court", et deviendra rapidement « nouvelles qui se répandent dans le public ou l'opinion. »

Ce qui caractérise le contenu d'une rumeur c'est sa source non officielle. La rumeur sera dès lors définie comme « l'émergence et la circulation dans le corps social d'informations soit non encore confirmées publiquement par les sources officielles, soit démenties par celles-ci. »[15]

Sur le plan narratif, la rumeur est plutôt brève. Sur le plan de la véracité, l'énoncé est soit vrai, soit faux. La rumeur a tendance à prendre comme sujet une personnalité ou un produit connu et identifié. Elle se transmet de manière localisée dans une population fortement impliquée et se propage à grande vitesse. Enfin sa durée de vie est généralement éphémère.

« La rumeur est la cristallisation de certaines envies ou de certaines peurs, elle touche les replis les plus primitifs de l'imaginaire social et favorise une sorte de libération cathartique de nos angoisses. En ce sens, elle est un phénomène à la fois archaïque et moderne. »[16]

La rumeur peut donc intervenir comme réaction des populations inquiètes qui glissent vers des comportements irrationnels.

Les médias peuvent dans certains cas, contribuer à faire naître les rumeurs ou à leur donner de l'ampleur.

« Non seulement les médias signent parfois l'acte de naissance des rumeurs, mais ils contribuent aussi à les accréditer, c'est-à-dire à leur donner une crédibilité supplémentaire puisque ce qui est annoncé dans la presse ou à la télévision acquiert rapidement un

---

[15] Rémy Rieffel, *Sociologie des médias,*-Ellipses-Marketing, 2001.
[16] Edgar Morin, *La rumeur d'Orléans*, Le Seuil, 1982.

statut de vérité. Les médias servent simultanément d'accélérateurs puisqu'ils accroissent la vitesse de propagation des rumeurs. »[17]

Mais les médias peuvent aussi agir en sens inverse. « Un simple démenti par communiqué est une information trop froide et inefficace. Seule une intervention à chaud, utilisant les grands moyens, est capable de modifier éventuellement les croyances du public. »[18]

Dans la crise actuelle, on peut examiner le rôle joué par les rumeurs dans la faillite de certaines banques.

Pour les marchés boursiers, on peut considérer que la rumeur est un mécanisme quasi "normal" de leur quotidien !

- Second mécanisme, la propagande. Elle est perçue comme une argumentation manipulée. Pour qu'une propagande soit efficace, « il faut connaître le terrain psychologique, que l'objet de la propagande ait un rapport direct avec l'actualité et qu'il apparaisse comme la vérité au niveau des faits. »[19]

Le propagandiste simplifie en se servant de slogans, de mots d'ordre, qui expriment une idée avec la force de l'évidence. Il oublie volontairement certains détails et on en grossit au contraire d'autres. La propagande conduit à une répétition inlassable des idées principales. Il s'agit de créer l'illusion d'une unanimité, sans heurter de front les convictions préalables du public auquel on s'adresse.[20]

- Troisième mécanisme, la désinformation. « L'information diffusée est totalement travestie et délibérément inexacte. Les principaux intéressés dissimulent la réalité des faits, cherchent à étouffer l'affaire, tentent de manipuler les journalistes et les médias en leur livrant des informations tronquées ou falsifiées. »[21] Les objets de la désinformation portent donc sur des faits, sur des intentions, sur des valeurs, sur des opinions et des croyances ou des idéologies.

C'est ainsi que pour justifier le « contrat première embauche » on a utilisé le taux de chômage des jeunes en France. Une information de mars 2006 indique : « Le taux de chômage en France des

---

[17] Rémy Rieffel, *Sociologie des médias,*-Ellipses-Marketing, 2001.
[18] Idem.
[19] Idem.
[20] Jean-Marie Domenach, *La propagande politique*, Que sais-je ? PUF, 1979.
[21] Idem 17.

moins de 25 ans atteint 23%. Il est le plus élevé d'Europe. » On est en présence d'une information statistique, donc objective et indiscutable. Les médias vont reprendre cette information (Le Monde, Paris Match, etc.) : « Il y a un problème spécifiquement français du chômage des jeunes. »

Pour le journal télévisé de 13 heures, sur TF1, le 5 avril : « Le pays d'Europe où le chômage des jeunes est le plus grave, c'est la France avec 25%, un sur quatre. » On ne va pas dire qu'il y a une désinformation parce que l'on a augmenté ce taux de 2%. Non la désinformation vient que, dans la réalité, il y a aussi des jeunes qui poursuivent leurs études. C'est donc 23% des jeunes qui ne sont pas scolarisés, et qui cherchent un emploi, que l'on doit considérer comme chômeurs. Si on rapporte le nombre de jeunes chômeurs à la totalité de leur classe d'âge, le taux est, en France, de 7,8%, pour une moyenne européenne de 8,2%.

On peut donc penser que l'on a bien essayé de justifier la pertinence du CPE en procédant par une désinformation.[22]

« La question que l'on peut dès lors légitimement se poser est de savoir si la surabondance des informations dont nous sommes les destinataires ne favorise pas d'une certaine manière, la désinformation ». Telle est, en tout cas, la thèse soutenue par un écrivain journaliste, Jean-François Revel. Nous souffririons à l'heure actuelle « d'une surinformation dans les sociétés démocratiques, mais aussi et surtout d'une rareté inquiétante des informations exactes et vérifiées. »[23]

« Le fait de donner beaucoup d'informations et de respecter scrupuleusement les règles administratives de transparence ne signifie pas pour autant que l'on donne des informations utilisables pour des polémiques publiques car ce sont deux choses bien différentes que de publier une information et que de la rendre disponible et utilisable. C'est un peu une stratégie de noyade de l'information compromettante au sein de l'information technique et rébarbative. »[24]

---

[22] www.acrimed.org.
[23] Rémy Rieffel, *Sociologie des médias*, Ellipses-Marketing, 2001.
[24] Cyril Lemieux, *Alertes, affaires et catastrophes. Logique de l'accusation et pragmatique de la vigilance*, CNRS, février 1996.

Il convient d'ajouter que rumeur, propagande et désinformation disposent d'un vecteur d'une efficacité redoutable : Internet.

On comprend le rôle important que peuvent jouer les médias dans ces trois mécanismes, mais, « il ne faut pas attribuer aux seuls journalistes et à leur appétit de scoop ou de sensationnel, la responsabilité du basculement vers la polémique. Les journalistes ne sont jamais les seuls à trouver un intérêt pratique à ces transformations : ils rencontrent le plus souvent en face d'eux certains acteurs (experts, scientifiques, avocats, etc.) également intéressés à l'élargissement de la controverse scientifique ou du procès judiciaire en une polémique publique et prêts par conséquent à apporter un concours actif à ce changement de régime. »[25]

I.4 Les "groupes de pression"

Au départ nous avons des "groupes d'intérêt". « L'expression groupes de pression revêt un aspect plutôt négatif contrairement à la notion de groupe d'intérêts. »[26]

C'est aux environs de 1830, que le terme de lobby désigne le groupe de pression qui influence les deux chambres britanniques. « Le lobbying a pour but d'influencer directement ou indirectement les processus d'élaboration, d'application ou d'interprétation des mesures législatives, normes, règlements et plus généralement, de toute intervention ou décision des pouvoirs publics. »[27]

Les groupes d'intérêt mettraient en œuvre deux types de stratégies : la pression sur l'opinion publique et les techniques empruntées à la communication (campagnes de presse, sondages d'opinion, collecte de signatures).

Ils agissent également selon deux mécanismes la mobilisation des acteurs et les mises en causes.

« Toute mobilisation est difficile, et à des coûts » et « les possibilités de mobilisation varient selon la nature des dangers, selon la possibilité d'identifier des autorités pouvant en répondre, selon la

---

[25] Cyril Lemieux, *Alertes, affaires et catastrophes. Logique de l'accusation et pragmatique de la vigilance*, CNRS, février 1996.
[26] Eric Neveu, *Sociologie des mouvements sociaux*, La Découverte, 2000.
[27] Idem.

capacité à s'organiser de personnes ou acteurs se sentant concernés. »[28]

D'une part, elle suppose un minimum de solidarité, sinon les acteurs recherchent des solutions individuelles à leurs problèmes, même si ces problèmes sont collectifs ; mais d'autre part, il existe aussi un « marché de la protestation » dans lequel les organisations sont en concurrence, s'affrontent, passent des alliances.

La mobilisation nécessite certaines ressources[29] : le nombre de personnes mobilisables, les moyens matériels et financiers, des ressources relevant de la culture et de l'expertise enfin la capacité d'un groupe à s'organiser.

Un groupe est-il capable de mettre avec lui des représentations sociales positives ? Est-il capable de s'appuyer sur le discours de la science, celui de l'autorité, du savoir ?

« Les individus se mobilisent pour reconstruire cognitivement une situation : c'est à dire qu'à partir du moment où le flou s'installe, ils vont essayer de redonner sens à une situation. » « La mobilisation, lorsqu'elle existe, est toujours une réaction à une désorganisation du système de représentations sociales. »[30]

« La mobilisation, dans sa dimension conflictuelle, est le plus souvent la conséquence d'échecs de régulation […]. Les victimes les plus touchées par les crises et les plus vulnérables aux risques ne sont pas celles qui disposent de plus de ressources pour prendre la parole. Vu sous cet angle, ce n'est pas la mobilisation qui peut poser problème, mais "l'exit". L'exit serait moins coûteux pour les individus, et par conséquent, la non mobilisation pourrait s'expliquer par ces formes d'exit. Un exit massif pourrait par contre accélérer les défaillances d'une organisation. »[31]

Lorsque Nicolas Sarkozy déclare le 24 mars 2009 à Saint Quentin qu'il a « le devoir d'entendre ceux qui manifestent » mais aussi « d'écouter ceux qui ne défilent pas », s'agit-il, pour lui, de relativiser l'importance des manifestations contre sa politique et le traitement de la crise, ou s'inquiète-t-il du risque que pourrait avoir cet "exit", cette "non mobilisation"?

---

[28] Patrice Mann, *Théories de la mobilisation, risques et crises,* CNRS, 1996.
[29] Eric Neveu, *Obstacles et atouts à l'émergence d'un pôle senior influent dans la vie politique française*, Notre Temps, 2006
[30] Idem 28.
[31] Idem.

C'est lorsque la situation devient plus complexe que les groupes d'intérêt deviennent des groupes de pression. Ils interviennent dans les jeux d'acteurs et donc dans la sphère de la configuration du pouvoir.

L'intervention des groupes de pression est légitime en situation d'incertitude. Les inquiétudes de la population sont aussi celles de ces acteurs. En règle générale ils pourront relayer, voire amplifier, des inquiétudes de la population, mettre en cause les politiques et les décisions prises, faire un retour sur le passé en rappelant les précédents. Cela peut conduire à des dénonciations, à des accusations, à la recherche de responsables ou de coupables, voire de boucs émissaires.

Lorsqu'un groupe d'intérêt intervient comme groupe de pression les rapports qu'il entretient habituellement avec les médias, sa structure et les moyens dont il dispose (avocat, site Internet) vont renforcer son poids et son pouvoir. Cela nous conduit inévitablement à aborder le rôle de la presse.

La presse « contribue à renforcer les liens d'appartenance aux différents groupes sociaux; c'est en cela que l'on peut considérer l'ensemble des médias comme un groupe de pression. »[32]

I.5 Les médias

On confond souvent communication et gestion de crise. Or « la communication de crise n'est que la façade de la crise. »[33]

Les médias sont souvent considérés comme des facteurs de crise : Ils sont la cause de la crise ! Au mieux s'ils n'en sont pas à l'origine, ils l'accélèrent !

L'évitement de la crise passe par une gestion adéquate de ces acteurs.

On a l'habitude d'entendre dire que les médias ont une influence nocive sur l'opinion publique. On met plus particulièrement

---

[32] Eric Neveu, *Sociologie du journalisme*, La Découverte, 2004.
[33] Hervé Renaudin, *Gestion de crise et réaction de l'organisation*, *Observatoire International des crises*, www.communicatio-sensible.com, 2004.

en cause la télévision. L'opinion publique dépend du niveau de connaissance des citoyens sur les différents sujets.

Cette connaissance dépend de sources d'informations fiables et diversifiées, ce que les médias peuvent ou doivent fournir au citoyen, mais que ce dernier peut aussi trouver sur Internet.

Si l'information est présentée d'une manière fortement orientée, l'opinion publique pourra alors être manipulée, subir la propagande ou la désinformation et être traversée par des rumeurs.

On comprend que, dans un contexte d'incertitudes fortes, et c'est le cas des situations pouvant conduire à une crise, l'opinion publique sera particulièrement sensible et réceptive aux médias. En particulier la télévision détient un fort pouvoir de suggestion avec la diffusion d'images spectaculaires ou à forte charge émotionnelle. De plus elle touche alors un large public.

C'est donc le concept plus large "d'opinion publique" qui intervient comme "toile de fond".

La multiplication des instituts de sondage a influencé la représentation que les milieux politiques et journalistiques pouvaient se faire de l'opinion publique. La question de la place des médias dans la formation et dans l'expression des opinions publiques se pose.

« L'opinion publique est d'abord le produit d'un auditoire particulier ; elle est ensuite une opinion partagée par un grand nombre d'individus, une opinion commune ; elle est enfin une opinion portée à la connaissance de tous et soumise au jugement de tous ; elle est rendue publique. »[34]

Les médias ont modifié les modalités d'expression de l'opinion publique. Dans le passé, les manifestations avaient pour objectif essentiel de se faire entendre dans la rue, « l'idéal étant d'intervenir en direct au journal de 20 h pour faire pression sur les pouvoirs publics. »[35]

Internet a un rôle de plus en plus important auprès de la population en cas de crise.

---

[34] Rémy Rieffel, *Sociologie des médias,* - Ellipses-Marketing, 2001.
[35] Patrick Champagne, *Faire l'opinion. Le nouveau jeu politique*, Les Editions de Minuit, 1990.

C'est ainsi que, lors des attentats du 11 septembre 2001, le jour même et les jours suivants, « 64% des américains ont utilisé internet pour rechercher de l'information sur les attaques. » [36]

On a vu précédemment l'importance de la communication pour répondre aux inquiétudes et aux éventuels comportements irrationnels de la population. Nous examinerons, dans la deuxième partie, comment les médias peuvent intervenir dans "la mise en scène" de la décision et donc du décideur.

Les médias sont des acteurs qui "font pression" sur la cellule de décision parce qu'ils sont à la recherche de matière pour couvrir les évènements, pour faire leur travail tout simplement. Mais ils peuvent aussi relayer les pressions des autres groupes en les médiatisant.

A l'inverse, ils peuvent contribuer à construire une certaine perception de l'action des groupes de pression. Pour cela ils utilisent un langage particulier. C'est ainsi que, pour certains journalistes, les syndicats réunissent des "troupes", ils prennent en "otages" le public et les usagers vivent une "véritable galère". Les manifestations et les grèves sont placées sous le signe du désordre. On minore la mobilisation et on souligne les menaces à l'ordre public en stigmatisant les fauteurs de troubles. Des études conduites sur la manière dont la télévision rend compte des évènements sociaux sont, sur ce plan, éloquentes.

Un exemple ? Lors de la manifestation contre la réforme des retraites, le 1er février 2003, plusieurs milliers de manifestants défilent dans plus de cent villes. Quel est le traitement de cette journée lors du journal télévisé de TF1 ? Le journal s'ouvre sur une avalanche en montagne et les problèmes liés à la météo (difficultés de circulation, aéroports bloqués par les précipitations). Il faut attendre 25 minutes pour que Claire Chazal signale « un autre fait marquant de ce samedi », les manifestations. Une minute après intervient la déclaration de François Fillon ministre en charge de cette réforme.

Si les médias s'intéressent à l'évènement, à ses effets, aux réactions de la population et aux réponses qui sont apportées, ils veu-

---

[36] Didier Heiderich, *Le rôle d'internet dans le partage des savoirs en situation de crise*, Colloque International Partage des savoirs, Lyon mars 2003.

lent aussi savoir et rapporter la manière dont les décisions sont prises. Pourquoi le décideur a-t-il fait tel choix plutôt qu'un autre ?

Les médias vont donc chercher à être au plus près des centres de décision pour rendre compte. Décider sous l'œil des caméras, c'est une source de stress supplémentaire pour les décideurs.

Par ailleurs on constate une modification du comportement des acteurs lorsqu'ils se savent observés.

Ainsi, mal gérés, les médias peuvent donc être un facteur de vulnérabilité supplémentaire.

I.6 Les responsables politiques

Il est légitime que les hommes politiques soient à l'écoute des inquiétudes de la population. C'est également leur rôle de relayer ces inquiétudes. Pour cela ils vont "faire pression" directement sur les décideurs ou, indirectement, en faisant des déclarations publiques. Selon leur positionnement politique par rapport au responsable de la décision, les uns justifient les décisions prises ; les autres au contraire rappellent les antécédents, mettent en cause les choix du décideur dans la gestion de la situation et vont jusqu'à critiquer l'ensemble de la politique.

Si on se rappelle que les situations complexes, qui peuvent entraîner une crise, sont celles où le pouvoir va être disputé entre les acteurs, alors on accepte de regarder ces comportements comme un élément de la réalité décisionnelle et du jeu démocratique. Il est en quelque sorte "de bonne guerre" que les diverses composantes de l'opposition cherchent à utiliser, dans des jeux d'acteurs, les situations complexes et la déstabilisation que peut générer une crise.

Certains voient dans la crise l'occasion de définir une nouvelle répartition du pouvoir. De là à souhaiter la crise !

Faire appel a une quelconque "unité nationale face à la crise", c'est refuser de reconnaître la légitimité de ces jeux d'acteurs.

Oui, diront certains, quand on est en guerre, comme c'est le cas face à une crise mondiale, il faut "se serrer les coudes "!

L'histoire nous montre que même en cas de guerre l'unité nationale est souvent une façade, parfois même une erreur. On peut rappeler que Pétain, en juin 1940, a justifié ses choix aussi par l'unité nationale, allant jusqu'à déclarer, le 24 octobre 1940 à Montoire : « C'est dans l'honneur et pour maintenir l'unité française que j'entre aujourd'hui dans la voie de la collaboration. »

D'ailleurs les situations de crise sont aussi des occasions pour remettre en cause la politique conduite, voire l'autorité même du décideur, au sein même de la majorité. Là aussi les jeux de pouvoir s'exercent, chacun cherchant à saisir les opportunités que la situation peut offrir pour ses projets ou son ambition personnelle.

II. Les acteurs de la cellule de décision

Nous retrouvons dans la cellule de décision certains des acteurs que nous venons d'étudier. Il ne nous reste donc plus qu'à porter le regard sur un groupe d'acteurs : les experts. Nous nous limitons dans cette présentation aux acteurs qui sont susceptibles de se retrouver dans une "cellule de crise" lors de la situation qui fait l'objet de notre ouvrage, à savoir la crise financière, économique et sociale.

Dans d'autres types de situation, d'autres acteurs pourraient être présents et justifieraient une étude. C'est le cas, lors d'une catastrophe, où l'on rencontre des représentants des associations de victimes, de la justice, ou encore des responsables de l'entreprise concernée.

Venons-en aux experts. La complexité de la situation conduit à rechercher de la connaissance auprès d'experts extérieurs qui n'ont pas toujours l'habitude de fonctionner dans l'urgence. Les experts peuvent provenir d'origines diverses. Leur rôle est de fournir au décideur les éléments d'appréciation, non de se substituer à lui. « L'expertise est l'expression d'une connaissance formulée en réponse à la demande de ceux qui ont une décision à prendre et en sachant que cette réponse est destinée à être intégrée dans un processus de décision. »[37]

Les relations experts-décideurs sont à priori fixées : « Les experts s'efforcent, de manière indépendante et selon des logiques qui leur sont propres, de produire une connaissance utile à la décision ; les décideurs prennent en compte les avis des experts et, en

---

[37] Philippe Roqueplo, *Entre savoir et décision, l'expertise scientifique*, INRA, 1997.

fonction des contraintes qui leur sont propres, procèdent à des arbitrages. »[38]

Il s'agit alors de « trouver des points d'équilibre. »

« La question principale (et récurrente) étant alors de savoir jusqu'où l'expert peut aller, dans le processus décisionnel, sans perdre son indépendance, jusqu'à quel point le décideur peut intégrer les recommandations sans perdre son autonomie. »[39]

« La notion d'expert, c'est la notion dressée entre le domaine scientifique et le domaine politique. Ce qui nous intéresse dans l'expert, c'est le réseau associé à l'expert. »[40]

L'importance donnée à ce réseau est fonction de la notoriété de l'institution à laquelle l'expert appartient. Cette appartenance est un facteur non négligeable dans les relations entre les experts, leurs positionnements les uns par rapport aux autres et par rapport au décideur. La notoriété de l'expert, ou de son institution, va donc avoir une influence sur la répartition des pouvoirs.

Les experts ont aussi "appris" à gérer la dimension médiatique de leurs interventions. Il s'agit pour eux de « gérer le paradoxe d'apparaître à la fois comme indispensables puisque l'on a recours à eux et, en même temps, suspects si trop de voies (et de voix), discordantes se font entendre […]. L'objectif des experts est bien finalement d'apparaître comme les porte-paroles incontestables des êtres et des choses qui ont provoqué la situation problématique au nom de laquelle ils ont été convoqués. »[41]

Pour compléter ce tableau, il faut aussi signaler la limite de l'expertise : « L'expert est rapidement hors du champ de validité de ses modèles. »[42] Mais « l'expertise n'a-t-elle pas d'ailleurs comme vocation moins à dire ce qui est vrai qu'à définir ce qui est justifié et donc justifiable ? »[43] « Non seulement la science ne peut apporter des certitudes, mais elle apporte des éléments de diagnostic directement générateurs de crise. »[44]

---

[38] Claude Gilbert, *Risques collectifs et situations de crise,* L'Harmattan, 2004.
[39] Claude Gilbert, *Risques collectifs et situations de crise,* L'Harmattan, 2004.
[40] Bruno Latour, *Sociologie des sciences, analyse des risques collectifs et des situations de crise*, CNRS, novembre 1994.
[41] Idem.
[42] Patrick Lagadec, *n° 79 de la revue Préventique Sécurité*, 2005.
[43] Geneviève Decrop, *Risques collectifs et situations de crise,* L'Harmattan, 2004.
[44] Patrick Lagadec, *Risques collectifs et situations de crise,* L'Harmattan, 2004.

Dans le domaine de l'économie le rôle des experts est important et il fait l'objet de controverses.

C'est ainsi que l'américain Paul Krugman, nouveau prix Nobel d'économie, n'est pas convaincu des décisions prises par le gouvernement américain. Il considère que le fait de confier la mise en œuvre des solutions aux acteurs qui sont responsables de la crise, c'est-à-dire les banquiers, n'est pas un bon choix. Le gouvernement devrait prendre le contrôle de toutes les banques du pays. L'un des conseillers économiques de Barack Obama, Larry Summers, conteste cette proposition et lui oppose le fait qu'il y aurait dans ce cas 8 000 banques à nationaliser !

Avec ce rapide exposé, on comprend un peu mieux comment fonctionnent certains acteurs, ou groupes d'acteurs, qu'ils soient agents de pression sur les décideurs, ou désireux de participer à la prise de décision, ou encore les deux à la fois.

Dans ces conditions, comment les prendre en compte pour éviter qu'ils ne soient des facteurs de crise ?

Lorsque ce ne sont pas des acteurs prévus dans le modèle organisationnel il y a trois solutions possibles en ce qui concerne la prise de décision : les accueillir dans la cellule de décision en définissant ce que l'on attend d'eux et les limites de leur rôle, les écarter de la décision, négocier avec eux un déplacement dans le temps ou dans l'espace.

Concrètement les déplacer dans l'espace consiste à leur proposer un rôle, mais dans un autre cadre décisionnel. Pour le déplacement dans le temps, c'est repousser à un meilleur moment leur participation.

Ce n'est pas un choix facile mais bien une décision qui doit être prise dans un souci d'évitement de la crise, c'est-à-dire en cherchant à ne pas perturber le climat de la cellule de décision.

III. Le pilotage de la cellule de décision

La crise n'est pas la conséquence de l'existence de pressions exercées sur les décideurs ou de la présence d'acteurs nouveaux qui risquent de modifier la répartition des pouvoirs.

Elle est due à l'incapacité de mettre en œuvre les principes d'évitement de la crise, bref de piloter la cellule.

Comment constituer une cellule décisionnelle pour qu'elle soit efficace et qu'elle présente le moins de vulnérabilités possibles à la crise ? Voilà la première question que l'on peut se poser.

Pour y répondre nous allons examiner successivement la structure, l'identité, le fonctionnement de la cellule, le décideur et enfin le leadership.

III.1 La structure

Quelle organisation mettre en place ?

La structure conditionne les perceptions que peuvent avoir les décideurs des évolutions de l'environnement. « Une structure est l'ensemble des fonctions et des relations déterminant formellement les missions que chaque unité de l'organisation doit accomplir, et les modes de collaboration entre ces unités. Des mécanismes de coordination assurent la cohérence et la convergence des actions des différentes unités. »[45]

La structure intervient comme régulateur des jeux politiques et organisationnels qui se déroulent en son sein. Intégrer des cellules différenciées et utiliser au mieux les qualités de prospective et de créativité des cadres sont les défis à relever, en particulier dans des situations complexes.

On peut mettre en évidence trois caractéristiques principales des structures : le mode et la division du travail, c'est-à-dire le degré de spécialisation ; les procédures utilisées, la dimension liée à la formalisation ; le mode de coordination des différentes parties de la structure.

Si la spécialisation est élevée, la formalisation forte et que la coordination se fait de manière étroite, par le recours à la hiérarchie (quand un problème apparaît on fait appel au supérieur hiérarchique), alors on est en présence d'une structure que l'on qualifiera de "bureaucratique". Ce type d'organisation est celle qui présente la plus grande efficacité lorsqu'il faut faire face à de faibles incertitudes.

---

[45] Strategor, *Politique générale de l'entreprise,* InterEditions, 1994.

Mais, on le comprend aisément, cette structure présente une rigidité qui ne lui permet pas de s'adapter aux situations de plus grande incertitude.

Or, nous l'avons vu, la complexité de certaines situations est due à des incertitudes importantes qui s'avèrent difficiles à réduire. Leur réduction passe par la production de connaissance qui s'accommode mal d'un système trop rigide. Plus l'incertitude est grande, plus la prise de décision requiert des informations nombreuses et difficiles à obtenir simplement.

L'inertie issue de la centralisation entraîne une multiplication des recours à la hiérarchie, qui n'a plus alors le recul nécessaire pour étudier les questions et apprécier les conséquences des décisions retenues.

Si une structure de base est nécessaire, son adaptabilité doit être également un impératif. Comment, dans ces conditions, apporter flexibilité et capacité d'adaptation et de changement ?

Face à des incertitudes qui touchent des domaines complexes où l'expertise trouve parfois ses limites, la spécialisation est importante. Il est souvent nécessaire de faire appel à des spécialistes de domaines très diversifiés.

Si le traitement de l'information nécessite un traitement formalisé, l'absence de formalisme est nécessaire à la réalisation de synthèses.

A ce niveau, ce n'est pas forcément le supérieur hiérarchique qui détient l'information, la connaissance nécessaire. L'efficacité du décideur repose, dans un premier temps, sur son style de management, pour permettre une production collective de connaissance et, dans un deuxième temps, sur sa capacité conceptuelle, qui doit lui permettre de prendre en compte des approches pluridisciplinaires, parfois divergentes, pour formuler une vision claire et capable d'éclairer les choix décisionnels.

Mettre en place une structure décisionnelle adaptée, c'est concevoir une organisation "à géométrie variable", dont les acteurs ne sont pas toujours les mêmes, mais sont choisis en fonction de la nature de la situation. On se trouve en présence d'un système de " management éphémère".

La structure mise en place pour gérer la situation complexe doit donc s'adapter à son environnement.

Pour être en relation avec cet environnement il est nécessaire de disposer d'un réseau.

C'est ce réseau qui est activé en cas de "crise" permettant de capter l'environnement décisionnel et d'accéder à une expertise supplémentaire.

Il s'agira donc de mettre en place, en plus du réseau interne, un réseau externe.

Ce qui est important, c'est la manière dont le pouvoir d'activation du réseau est distribué. Quelle est la liberté d'initiative ? Si le réseau reconnaît une certaine hiérarchie, il est "dirigé". Le sommet stratégique y est prépondérant. Le réseau peut aussi être distribué si les pôles détiennent la possibilité de créer de nouvelles connexions à l'intérieur ou à l'extérieur du réseau. Il y a là un degré d'initiative, même si le sommet stratégique peut stopper les initiatives qu'il juge hasardeuses.

Le réseau interne doit être contrôlé ou, s'il est dirigé, il doit l'être souplement car la production de connaissances « nécessite un traitement politique, elle implique la négociation, le compromis, la collaboration partenariale, qui s'accommode mal de normes intangibles. »[46]

Pour effectuer la collecte et l'échange de l'information sur l'environnement, le réseau externe peut être formalisé par des procédures. Les échanges entre les cabinets ministériels, ou entre ces derniers et l'Elysée font l'objet de formalisme, mais une capacité des acteurs à avoir des liaisons moins formelles doit pouvoir exister.

« De l'ajustement mutuel s'opère entre des opérateurs situés à divers niveaux hiérarchiques dans des institutions concurrentes. Car les acteurs partagent des intérêts communs du fait que des interdépendances multiples et partielles les lient entre eux. La coopération systémique s'avère une cause puissante de fiabilité dans l'action. »[47]

---

[46] Patrick Lagadec, *Cellules de crise : les conditions d'une conduite efficace,* Les Editions d'Organisations, 1995.
[47] Jean-Claude Thoenig, *L'action collective organisée face aux risques*, CNRS, février 1995.

Pour produire de la connaissance sur la situation, le réseau externe ne doit pas être activé de manière dirigée, mais plutôt de manière contrôlée.

Pour Patrick Lagadec : « A l'extérieur de sa propre organisation, on peut rarement donner des ordres. Plus on cherchera à imposer un mode de fonctionnement fait d'obéissance stricte, plus on lèvera de résistances. Chaque acteur répondra bientôt par une liste d'impossibilités techniques sur lesquelles le responsable n'aura aucune prise. »[48]

Un réseau trop dirigé ne permet pas une réaction adaptée à l'urgence des situations, mais la coordination doit être réalisée pour permettre une efficacité du système. Donc, face à une situation qui devient complexe, « ouvrir très à l'avance des canaux d'échange doit être une préoccupation forte. »[49]

III.2 L'identité

Il est important que les membres de la cellule soient solidaires, car les situations complexes génèrent des pressions externes, des tensions entre les individus et du stress personnel.

Rappelons les propos introductifs de Jean-Pierre Nioche à son modèle générique : « Nous introduirons de nouveaux acteurs faits de chair et de sang, soumis à l'influence des pressions extérieures comme de leurs propres pulsions profondes. »[50]

Cela concerne la dimension identitaire.

Les hommes et les femmes qui vont être appelés dans une cellule de décision, lors qu'une situation complexe, peuvent venir d'horizons différents. Ils vont constituer un "réseau interne".

Mais, même dans une cellule déjà bien entraînée on risque de rencontrer « une capacité trop faible à faire vivre un système de relations efficace entre les acteurs de la crise. »[51]

Les spécialistes de la crise parlent de la nécessité d'une "culture de la crise", c'est-à-dire d'une approche partagée.

---

[48] Patrick Lagadec, *Cellules de crise : les conditions d'une conduite efficace,* Les Editions d'Organisations, 1995.
[49] Patrick Lagadec, *Gestion des crises,* Ediscience International, 1991.
[50] Jean-Pierre Nioche, *Pour une nouvelle politique d'entreprise,* PUF, 1985.
[51] Idem 49.

C'est à travers l'identité, c'est à dire l'imaginaire organisationnel, que les acteurs de la décision stratégique interprètent les informations issues de l'environnement et les messages implicites ou explicites émanant des pôles de pouvoir.

En fonction de la nature de son identité, l'organisation aura tendance, face aux événements, à privilégier les réactions de type monorationnel, organisationnel ou politique.

L'identité va jouer aussi le rôle de filtre entre l'environnement réel et celui perçu et interprété par les acteurs.

On comprend donc facilement que l'identité et la culture de la structure vont être importantes dans la détermination des pratiques décisionnelles.

Quels sont les éléments qui orientent cette dimension identitaire d'une organisation ?

D'abord nous avons un certain nombre de croyances.

« La culture de crise se rattache à ces valeurs qui, avec beaucoup d'autres, fondent l'action administrative. On peut citer le dévouement à la collectivité, la loyauté du responsable à l'égard tant de sa hiérarchie que de ses administrés, la responsabilité et enfin la vigilance qui paraît être plus qu'à toute autre, la valeur à laquelle se rattache la culture de crise. »[52]

Ensuite l'organisation se fixe des normes de fonctionnement.

Le passé du groupe a aussi son importance. On se souvient des "combats" précédents menés ensemble.

Nous nous construisons ainsi des mythes qui vont être le gage d'un consensus entre les membres du groupe. De là vont naître des rites spécifiques, mais aussi les tabous qui renvoient en général aux peurs de l'organisation.

III.3 Le fonctionnement de la cellule

Dans quel univers la cellule chargée de la prise de décision fonctionne-t-elle ? Il est utile de se poser cette question car cet univers est fonction des relations de la cellule avec son environnement externe et du climat interne.

---

[52] Ministère de l'Intérieur, *Le préfet et la gestion de crise, tome 1*, 1994.

La notion de système fait apparaître la présence de frontières et de flux qui traversent ces frontières permettant les échanges, dans les deux sens, avec l'environnement.

Une frontière est « une distinction constitutionnelle, psychologique ou spatiale entre des membres et des non-membres d'un groupe. »[53]

On distingue les frontières externes constituées par la dimension spatiale ou encore le statut, et les frontières internes qui soulignent la différence entre le leadership et les membres, ou entre les différentes classes du groupe. Les frontières peuvent être ouvertes (poreuses) ou fermées (non poreuses). [54]

On peut considérer qu'une équipe, constamment interrompue au cours de son travail par des éléments extérieurs (appels téléphoniques, entrées de personnes étrangères à la cellule, sorties de membres de la cellule), présente des frontières poreuses.

Ces frontières permettent plus ou moins la circulation de flux d'énergie. Le flux d'énergie peut être dirigé vers l'extérieur ou bien dirigé vers l'intérieur.

Une équipe qui se ferme sur elle-même, qui considère son environnement extérieur comme menaçant, a des frontières fermées.

On peut donc identifier 4 catégories d'équipes :

- Les équipes "fermées" qui suivent l'ordre du jour prévu des réunions et accordent peu d'intérêt à l'environnement. La décision est prise par le chef, elle n'est pas remise en question, et peu de temps est consacré à la négociation. Ces cellules présentent une forte identité.

- Les équipes "ouvertes sur la défensive" qui sont fortement influencées par leur environnement qui est perçu comme potentiellement hostile ou concurrentiel. Elles sont centrées sur les tâches, l'efficacité, l'organisation et la méthode. Les réunions sont planifiées, le recours à la négociation est faible. Devant un problème important, elles ont tendance à se protéger en désignant "un bouc émissaire".

- Les équipes "ouvertes et communicantes " qui sont préoccupées par leur image auprès du public. Elles sont orientées vers

---

[53] A. Cardon, *Profils d'équipes et cultures d'entreprises*, Editions d'Organisation, 1992 et 2006
[54] Idem.

les relations et pratiquent la délégation. Les tâches sont définies de manière collective et les réunions sont ouvertes et peu formalisées. Les négociations sont conduites dans un climat franc en prenant le temps nécessaire.

- Les équipes "ouvertes et réactives" qui s'adaptent aux variations de leur environnement et aux situations d'urgence. Elles développent une capacité d'apprentissage et de créativité et conduisent leurs réunions, souvent dans l'urgence, sans ordre du jour précis.

Face à une situation complexe, il faut échapper à la tendance naturelle de voir chacun participer à une agitation générale.

Mais il faut aussi se prémunir contre « le phénomène de groupthink qui garantit un esprit de corps car de plus en plus coupés du monde, de plus en plus sûrs de leur capacité, les membres de la cellule développent une illusion d'invulnérabilité qui génère un optimisme excessif et encourage à des décisions extrêmement risquées. »[55]

Devant la complexité, il faut donc adapter en permanence le fonctionnement de la cellule en jouant sur la porosité de ses frontières et en régulant les flux, tant entrants que sortants.

Il faut ensuite prendre en compte le mode de fonctionnement de la cellule.

Pour cela on observera comment s'effectue la focalisation des membres.

La focalisation peut être définie comme « un processus dynamique par lequel les aspirations et les actions des membres d'une même entité convergent vers un même élément. »[56]

Un groupe peut se focaliser : sur le leader, sur l'activité ou encore sur un mode de comportement.

- La focalisation sur le leader peut amener une vulnérabilité. L'absence du leader, même momentanée, ouvrira des jeux de pouvoir, et donc des risques de crise au sein de la cellule.

- La focalisation sur l'activité correspond au professionnalisme, à la conception que l'on a du "métier". Elle présente le risque de faire apparaître des phénomènes "d'unanimisme de groupe".

---

[55] Patrick Lagadec, *Gestion des crises*, Ediscience International, 1991.
[56] Strategor, *Stratégie, structure, décision, identité,* InterEditions, 1994.

« Plus un groupe est marqué par un esprit de corps, plus grand est le danger de voir ses facultés de pensée critique et indépendante laisser place à la pensée du groupe. »[57]

Prendre la culture professionnelle comme seul élément fédérateur de la cellule de décision sera une source de vulnérabilité car elle fait obstacle à l'intégration des acteurs qui n'ont pas la même culture.

- La focalisation sur le mode de comportement repose sur un état d'esprit formé par les règles, souvent implicites, qui vont influer sur le comportement des individus.

Il faut donc, pour amener les membres de la cellule à se focaliser sur le mode de comportement, tempérer la tendance " naturelle" à une focalisation trop forte sur le métier, développer progressivement des méthodes communes de prise de décision et ainsi construire une "culture de la crise".

III.4 Le décideur

On a signalé le mythe du "stratège", pour montrer que la réalité décisionnelle était bien plus complexe.

On peut identifier le décideur lorsque ce dernier agit comme acteur unique, et on gardera à l'esprit que, dans cette situation, il est l'objet de biais cognitifs, qu'il est donc moins rationnel qu'il prétend l'être rétrospectivement.

Dans un modèle organisationnel, le pouvoir de décision est réparti dans la structure. Cela ne veut pas dire qu'il n'y a pas un responsable identifiable de la décision. C'est celui qui est au sommet de l'organigramme qui fait figure de décideur. Quel est son poids réel dans les choix définitifs ?

Dans le modèle politique, le pouvoir de décision est disputé entre les acteurs de l'organisation. Le pouvoir peut être remis en cause par l'apparition d'acteurs extérieurs, ce qui est souvent le cas dans les situations considérées comme des crises. Dans les deux cas, les choix relèvent de consensus et de compromis, de rapport de force entre les acteurs.

Mais, pour l'opinion publique, il semble qu'il soit toujours possible d'identifier un "responsable de la décision".

---

[57] Strategor, *Stratégie, structure, décision, identité,* InterEditions, 1994.

C'est donc cette image forte du décideur qui est mise en avant par celui qui est porteur du "privilège de la décision". « La réalité essentielle de la décision est que les gens se vivent comme des décideurs, prennent des décisions et vivent ce qui se passe autour d'eux à travers des idées de décision. »[58] Pour le public aussi, ce qui est important c'est la "figure du décideur". Ces propos montrent bien la pression psychologique exercée sur le décideur et l'importance de son statut.

Si le charisme du décideur est important, aux yeux de certains, que se passe-t-il quand on ne lui en reconnaît aucun, ou si peu, ou encore quand le décideur est absent ?

Le parcours professionnel du décideur, son mode de management dans sa gestion au quotidien et son comportement lors d'une situation difficile vont aussi intervenir dans la perception que les acteurs auront du responsable de la décision. La force de caractère du décideur et son "profil psychologique" vont jouer un rôle important pour résister aux pressions, pour prendre en charge les autres membres de la cellule de décision et réguler le jeu des acteurs.

« La situation de crise, de perte de référence, conduit quasi automatiquement à amener au premier plan la dimension psychologique, tant pour les groupes que pour les individus. »[59]

En France l'opinion publique se représente souvent le décideur comme un "grand stratège". Comme on donne de l'importance aux diplômes, il faut avoir fait de longues études. C'est mieux encore si on sort d'une "grande école". Est-ce une garantie pour faire de bons décideurs ?

Ce n'est pas le point de vue de Michel Crozier dans son « essai sur l'impuissance des élites à se réformer. »[60] Dans une intervention à l'Académie des sciences morales et politiques, il déclare : « Le modèle intellectuel est fondé sur la priorité de l'idée et un certain mépris pour la mise en œuvre. La rénovation du système des grandes écoles et surtout des deux majeures, l'école Polytechnique et l'ENA, est la condition et le moyen de ce changement de raisonnement indispensable. La formation, elle-même, doit avoir

---

[58] Hervé Laroche, *Risques, crises et problématique de la décision*, CNRS, novembre 1995.
[59] Patrick Lagadec, *Revue Préventique – Sécurité*, 2005.
[60] M. Crozier et B.Tilliette, *La crise de l'intelligence, essai sur l'impuissance des élites à se réformer,* Points, 1998.

pour objectif : l'apprentissage de l'écoute - les responsables français sont encore formés à tout savoir, donc à ne pas écouter-, la gymnastique de l'analyse et de la stratégie. Les élèves devraient, d'autre part, apprendre sur le terrain les techniques d'évaluation et les modes de réflexion stratégique pour la préparation des décisions. »[61]

Sortir d'une grande école n'est donc pas une garantie d'avoir été bien formé pour un rôle de décideur. Ne pas en sortir ne signifie pas pour autant qu'on en a les capacités !

III.5 Le leadership

Le climat de la cellule de décision joue un rôle important car il est l'un des déterminants de la pratique décisionnelle. Il dépend de la manière dont la cellule de décision est structurée et de la dimension identitaire. Le décideur va aussi conditionner le climat à l'intérieur de la cellule, son degré d'ouverture et le type de focalisation. Comme on l'a vu, les pressions qui s'exercent sur la cellule et le climat interne peuvent conduire à des comportements susceptibles de générer une crise : fermeture de la cellule, repli sur soi des acteurs, peurs, comportement irrationnel et conflits de pouvoir.

Les conflits de pouvoir ne signifient pas forcément que certains acteurs cherchent à "prendre le pouvoir". Souvent, ce sont des erreurs de positionnement qui sont la cause des conflits. Lorsqu'un acteur ne connaît pas bien ce que l'on attend de lui, il peut empiéter sur ce qui est considéré, par un autre acteur, comme l'une de ses prérogatives. On constate plus facilement que, face à la prise de responsabilité, certains acteurs n'hésitent pas à préférer "l'éloge de la fuite". « Ce qui m'a frappé c'est que les gens cooptés pour former, de fait, le groupe ou le "collectif" de gestion de la crise, font tout pour s'isoler du reste des acteurs, et souvent avec une relative efficacité [...]. Souvent, lorsque, à tort ou à raison, les gens croient identifier dans leur environnement la possibilité de sortir du jeu, ils sortent du jeu. »[62]

---

[61] Michel Crozier, *Le changement de raisonnement, clé du changement de la réforme de l'Etat*, Académie des sciences morales et politiques, Janvier 2000.
[62] Michel Dobry, *Réflexions à partir d'une analyse sociologique des crises politiques*, CNRS, juin 1995.

Il est donc nécessaire de procéder à un "recadrage" des acteurs lorsque le climat de la cellule présente les symptômes qui peuvent conduire à la crise. Il s'agit en règle générale de pratiquer, comme pour une équipe sportive, à un "temps mort" et de regrouper les acteurs pour une mise au point rapide, afin de rappeler certaines consignes et de remotiver les membres de la cellule.

Piloter c'est aussi adopter un style de pilotage de la cellule de décision adapté au niveau de développement de celle-ci.

On attend d'une cellule de décision qu'elle produise des décisions sous forme de stratégie et de plans d'action et, compte tenu du climat de stress, que les membres qui la constituent fassent preuve de solidarité et d'engagement.

Une étude des groupes de travail montre que, dans la durée, le fonctionnement passe par quatre étapes successives : [63]

- Dans un premier temps, les membres sont motivés, car ils ont été choisis pour faire partie du groupe, mais la production est faible. En effet le groupe démarre et les participants s'observent. C'est le round d'observation, la phase d'orientation.

- Ensuite, des ajustements se produisent au sein de la cellule, chacun cherche sa place, ce qui peut entraîner des "frictions" entre certains membres. Cela se manifeste parfois aussi par une opposition au leader désigné. La production reste encore faible et l'engagement diminue. C'est la phase d'insatisfaction, en quelque sorte la "crise d'adolescence" du groupe. C'est souvent à cause de cette phase conflictuelle que bien des groupes cessent de fonctionner. Le constat qui est alors fait est que le travail en groupe est impossible et qu'il vaut mieux revenir à une centralisation du pouvoir décisionnel. A la satisfaction d'ailleurs de certains décideurs !

- Si le groupe poursuit son chemin, alors nous arrivons à une phase où la production progresse ainsi que l'engagement des personnes, le groupe est dans la phase de résolution.

- Enfin, le groupe fonctionne de manière quasi autonome. C'est la phase de production avec une bonne motivation.

Cette étude nous indique qu'il convient d'adapter la manière de piloter le groupe en fonction des quatre phases d'évolution que nous venons de lister.

---

[63] K.Blanchard, D.Carew, E.Parisi-Carex, *Le manager minute anime des équipes performantes*, Les Editions d'organisation, 1992.

Il s'agit de pratiquer un "leadership situationnel" :

- A la première phase, celle de l'observation, le leader doit adopter un style "directif". Il indique comment procéder, structure, contrôle et supervise.

- Dans la phase d'insatisfaction il faut se monter " persuasif" et, pour cela, diriger et favoriser la participation.

- Dans la troisième phase il convient d'appliquer un leadership axé sur la "concertation" en faisant preuve d'une grande capacité d'écoute et en encourageant la participation.

- Dans la dernière phase on adoptera le style basé sur la délégation. On va transmettre la responsabilité de la prise de décision et donc limiter son ingérence.

Nous avons cherché avec ce chapitre à montrer que l'évitement de crise repose sur des principes simples.

Aux décideurs, à partir de cette réflexion, de concevoir, organiser et faire fonctionner leurs systèmes décisionnels.

Cette présentation va nous permettre maintenant de porter un regard plus méthodologique sur la manière dont la crise actuelle est gérée.

Ce travail d'analyse est délicat et ses résultats en seront certainement incomplets et imparfaits. Il est en effet difficile de savoir ce qui se passe au sein des dispositifs qui sont mis en place pour "gérer la crise".

Tout d'abord nous n'en avons pas l'accès, ensuite les rares témoignages que nous avons pu rassembler sont ceux d'acteurs qui ont certainement reconstruit leur récit.

DEUXIEME PARTIE

Comment Nicolas Sarkozy a "géré la crise"

Introduction

La France a été touchée par les effets de la crise des subprimes de deux manières : indirectement par les conséquences financières et économiques qui concernent les USA et les autres pays ; directement parce que des organismes financiers français sont détenteurs "d'actifs pourris".

Les français ont donc le sentiment de vivre une "crise", et ses effets qui se manifestent rendent l'avenir de plus en plus incertain.

« Les crises sont habituellement associées à l'idée de désordre, de chaos mettant en cause, voire en péril, ce qui est établi dans l'ordre des choses, des hommes, des institutions. »[1]

Dans cette perspective, la situation que nous vivons s'apparente à une crise.

Ceci étant dit, nous allons chercher à comprendre comment cela s'est manifesté dans notre pays, et regarder comment le système politique français a réagi à cette situation complexe.

Nous allons donc analyser la situation et chercher à comprendre comment notre système politique a "géré la crise". Nous tenterons aussi de répondre à la question : Y-a-t-il eu gestion de crise ?

Un rappel s'impose pour bien comprendre notre démarche.

Il ne s'agit pas de porter un jugement sur la nature des décisions prises. Notre objet et d'analyser les mécanismes afin de déterminer si les décideurs ont été en mesure d'anticiper et de prendre de véritables décisions à priori ou s'ils n'ont pu que réagir, au coup par coup, à l'évolution de la situation.

Nous allons donc examiner successivement :

1. La dynamique de la "crise" en France, ce qui nous permettra de déterminer les pressions qui s'exercent sur les décideurs.

2. Les réponses apportées par le système politique en cherchant à comprendre les pratiques décisionnelles. Y-a-t-il risque de glissement ou de basculement dans la crise ? Quelle stratégie a été adoptée, si stratégie il y a ?

3. Le fonctionnement du système de décision français. Qui décide ? Comment ? Y-a-t-il une cellule de décision ?

4. La mise en scène de la décision.

5. La gestion médiatique de la crise par Nicolas Sarkozy.

---

[1] Claude Gilbert, *Risques collectifs et situations de crise*, L'Harmattan, 2004.

On voit tout de suite les réactions que nous allons susciter avec notre démarche.

Le président de la République n'a-t-il pas affirmé, le 24 mars 2009 à Saint-Quentin : « Le Gouvernement n'a pas commis d'erreurs depuis septembre » ?

Ces propos sont repris et développés dans les médias et par les politiques de la majorité, chargés de relayer les positions du chef de l'Etat.

Chapitre I

Comment la France a vécu la crise

Regardons, dans un premier temps, les effets de la crise et les réactions des acteurs touchés pour comprendre les "pressions" qui vont s'exercer sur le système de décision politique.

Essayons de décrire la dynamique de l'évènement.

Plusieurs secteurs, en interaction, sont, par effet domino, en difficulté. En réaction ils exercent des pressions sur le système politique français, c'est-à-dire sur la cellule de décision, ou le décideur, en charge de la gestion de l'évènement.

Rappelons que nous recherchons à nous représenter une réalité complexe. Si la représentation est réductrice elle doit toutefois être suffisamment explicite. On peut de suite imaginer que le système politique va apporter des réponses pour tenter de régler le problème, et dans le cas présent pour en limiter les effets et pour "alléger" les pressions qui pèsent sur lui.

La crise, telle que nous la définissons, est une défaillance de la décision. Dans le modèle de Nioche, la crise correspond à un pouvoir disputé dans un environnement perçu comme turbulent par les acteurs de la décision. Pour éviter de glisser ou de basculer dans la crise, on cherche donc à limiter les pressions qui s'exercent sur la cellule de décision.

Dernière remarque, nous ne cherchons pas à relater la crise de manière exhaustive mais à en comprendre les mécanismes. Les éléments concernant les réactions, actions ou déclarations des différents acteurs, ou groupes d'acteurs, sont donc présentés à titre d'illustrations.

Les effets de la crise immobilière se manifestent au départ sur le système bancaire puis ensuite sur les marchés boursiers.

Le 9 Août 2007, BNP Paribas suspend trois fonds adossés à des créances hypothécaires. Le 17, son PDG est convoqué par la ministre de l'Économie pour s'expliquer et le 29, les trois fonds sont rouverts. Dans le même temps la Banque de France affirme que la crise américaine des subprimes n'entraîne aucun « risque global » concernant les banques européennes. Pourtant, la Banque centrale européenne injecte des liquidités dans le marché interbancaire.

C'est donc à partir du mois d'août 2007 que les effets de la crise immobilière américaine, qui se poursuit par une crise bancaire, se font ressentir en Europe et en France.

Fin janvier 2008, la Société Générale annonce une perte de 2 milliards d'euros due aux subprimes, ainsi que de 4,9 milliards d'euros avec la fraude de Jérôme Kerviel. En mars 2008, la situation des banques françaises est la suivante : 11 milliards d'euros de dépréciations reconnues, dont 4,1 pour le Crédit Agricole, 2,9 pour la Société générale, 1,4 pour Natixis et 1,2 pour la BNP.

Ces perturbations du système bancaire entraînent des effets sur les marchés boursiers. La bourse vit des "journées noires", du fait de la crise de l'immobilier et des subprimes, mais aussi parce que les banques deviennent réticentes à se prêter de l'argent.

Le 16 septembre 2008, le CAC 40 est en baisse de près de 2%, ce qui le ramène à la situation la plus basse de l'année. Un mois après il perd 7,7%, soit plus de 22% en une semaine. En février 2009, le CAC 40 décroche de 2,9%, approchant l'un de ses plus bas niveaux depuis six ans.

Au début de la crise, l'inquiétude des particuliers reste limitée. Dans une enquête réalisée par TNS Sofres, en novembre 2008, sur les effets de la crise financière, les français semblent peu inquiets des conséquences de la crise sur leur situation personnelle.

Tout d'abord, ils se sentent en crise déjà depuis longtemps, notamment en ce qui concerne leur pouvoir d'achat. Ensuite, ils ont des difficultés à appréhender les conséquences concrètes de cette crise financière, si ce n'est sur l'économie réelle, en tout cas sur leur situation économique personnelle. Le montant des pertes et des engagements pris par les organismes de régulation et les Etats est tel que le français moyen a du mal à percevoir les choses. Il a toutefois des difficultés pour comprendre que l'on puisse dégager de telles sommes pour les banques alors qu'on lui a indiqué que « les caisses de l'Etat étaient vides. »

On n'observera pas d'inquiétudes, comme celles qui ont provoqué des ruées de déposants aux guichets de l'institution britannique de crédit hypothécaire Northern Rock en septembre 2007, ou encore à ceux de la banque IndyMac (Californie) en juillet 2008.

Mais, certains actionnaires vont se mettre à vendre des actions, arrivées à leur plus bas niveau, au lieu de patienter et d'attendre une période plus faste.

Si « les Français gardent malgré le contexte une bonne image de leur banque, celle-ci restant solide à leurs yeux », dans la durée, le comportement des ménages évolue. L'effet est double : d'une part les petits épargnants se ruent sur le Livret A, d'autre part ils multiplient les achats en or. On observe également une progression des ventes de coffres forts. Par ailleurs certains clients n'hésitent pas à changer de banque.

L'image des banques auprès du public se modifie donc avec la crise. Les grands organismes financiers semblent faire les frais de cette dégradation de l'image. En octobre 2008, le "baromètre Ipsos d'image des grandes entreprises françaises" montre que les banques testées présentent des baisses conséquentes. Les révélations concernant les rémunérations, bonus et stocks options majorent cette perception négative.

Cette crise de confiance se retrouve vis-à-vis des marchés boursiers et pour les mêmes raisons. Vient s'y ajouter le fait que pour une grande partie du public, la bourse est une affaire d'initiés. La complexité des produits financiers proposés, et des mécanismes jugés responsables de la crise, renforce cette image.

Les groupes de pression vont se faire entendre.

Dans le domaine de l'assurance vie et de l'épargne retraite, on dénombre une douzaine d'associations d'épargnants, de type loi de 1901, qui représentent près de 1,4 million d'adhérents,.

L'association française des usagers des banques, après la réunion des banques à l'Elysée fin septembre 2008, a appelé à un « geste fort de la présidence de la République pour convaincre les établissements de crédits à une compétitivité réelle. » En mars 2009 dans un communiqué de presse, à la suite de la réunion à Bercy sur la réforme du crédit, cette association indiquera : « Rien pour la protection de ces emprunteurs confrontés au chômage et aux difficultés de paiement ! Madame Lagarde limite son projet à un appel incantatoire à la responsabilité des prêteurs et au contrôle de la solvabilité des emprunteurs, ceci sans aucune réelle mesure concrète. »

En octobre 2008, l'association SOS Petits porteurs intervient dans les médias pour alerter l'opinion publique sur « le sort des centaines de milliers d'épargnants qui ont investi leurs économies sur les marchés financiers actuellement en crise. »

Elle réagira, aussi plus tard, lors de la baisse du taux du livret A en déclarant : « L'Etat est-il généreux avec les banquiers qui nous précipitent dans la crise et rigoureux avec les petits épargnants ? »

La présidente de l'Association des actionnaires minoritaires (Adam), Colette Neuville, qui revendique 3 000 adhérents, intervient de plus en plus souvent dans les médias pour réagir aux conséquences de la crise. En mars 2009, elle déclare : « Les actionnaires de Natixis vont être scandalisés par les millions d'euros de bonus distribués par la banque française à ses salariés. » Elle dénonce aussi la rémunération du patron de la société Valeo qui « reçoit un salaire de 62% supérieur à la moyenne de celui des dirigeants du CAC. »

Le Medef, la Confédération générale des petites et moyennes entreprises, les fédérations syndicales (CFDT, CFTC, CGT, FO et SNB-CFE/CGC) des banques et des sociétés financières ne peuvent pas rester indifférents à ce qui se passe dans les secteurs bancaire et boursier.

L'économie est aussi touchée par les difficultés de ces deux secteurs.

Début septembre 2008, le gouvernement français reconsidère, à la baisse, ses prévisions de croissance pour l'année 2008 (un peu plus de 1% au lieu des 2% prévus initialement).

En début d'année 2009, la France s'installe comme ses principaux partenaires dans une récession.

L'inflation, qui a atteint son plus bas niveau en mars 2009 dans la zone euro, conduit certains analystes à parler du spectre de la déflation, c'est-à-dire d'une « baisse des prix généralisée et durable, qui entraîne dans sa chute les profits, les investissements, les salaires, l'emploi, la consommation et la croissance, en une indéfectible spirale négative. »[1]

La consommation des ménages en produits manufacturés a chuté de 2% en février 2009. Le moral des ménages est tombé plus bas que durant la récession de 1992-1993 et durant la crise sociale de décembre 1995. On comprend que, dans ce contexte, le comportement de la population va avoir des effets sur l'économie.

---

[1] Hugo Lattard, *L'Expansion.com*, 14 janvier 2009.

Selon un sondage IFOP-Le Figaro Economie, de 2009, 85% des français se déclarent inquiets des effets de la crise sur l'économie, 65% déclarent ressentir, beaucoup ou assez, ces effets sur leur vie personnelle et sur celle de leur entourage. En conséquence, 47% (+ 13 points par rapport à décembre) ont l'intention de réduire leur budget téléphonie et 47% également leur budget habillement (+ 10 points), alors qu'en revanche 77% vont maintenir leur budget alimentaire. De plus, on considère qu'un chômeur diminue sa consommation d'un quart en moyenne.

Les difficultés économiques provoquent également la baisse de la production et donc une dégradation de l'emploi. La production sera, de plus, pénalisée par la baisse de la demande extérieure et de la demande privée. L'investissement privé va aussi se ralentir.

Les entreprises éprouvent de plus en plus de difficultés pour obtenir des banques de quoi faire face à leur besoin de trésorerie.

Selon une étude de la Banque de France, le taux de croissance des crédits accordés au secteur privé est en baisse depuis avril 2008 et passe, pour la première depuis 2001, sous la barre des 10% en septembre 2008.

En mars 2009, l'Institut national de la statistique et des études économiques (Insee) constate une forte dégradation de la trésorerie des entreprises.

Si les banques licencient, elles ne seront pas les seules. Le bâtiment, l'automobile, les nouvelles technologies sont aussi touchées. Cela n'empêche pas certains grands groupes de battre des records de profit. C'est le cas pour Total avec 14 milliards d'euros en 2008.

Le moral des industriels atteint, en février 2009, un nouveau plus bas historique selon l'enquête publiée par l'Insee. L'aggravation touche les biens d'équipement et de consommation. Le climat des affaires n'a jamais été aussi dégradé. L'inquiétude de certains patrons provoque une attitude de précaution notamment en matière de développement, de recrutement et d'investissement.

En matière d'emploi, l'année 2008 a vu une reprise de la hausse du chômage dans notre pays. A la fin du mois de janvier 2008, la France comptait, selon les chiffres du ministère de l'Économie, un peu moins de deux millions de chômeurs. En juillet 2008, le nombre de chômeurs inscrits à l'ANPE enregistre une hausse mensuelle de 2 100 demandeurs d'emplois. Il s'agit de la cinquième hausse mensuelle des inscriptions à l'ANPE depuis le début de l'année, et la troisième hausse consécutive depuis mai.

Les crises boursière et financière, qui touchent les entreprises, ne sont pas les seules responsables du chômage en France mais elles amplifient de manière importante le phénomène et cela dès le début de l'année 2009. Le nombre de demandeurs d'emploi en catégorie 1 (personnes à la recherche d'un emploi à temps plein et à durée indéterminée) a explosé en janvier avec une progression de 15,4% par rapport à janvier 2008. Le nombre de chômeurs atteint le nombre de 2,204 millions. Les premiers touchés sont les emplois "occasionnels", d'une durée de moins d'un mois, dont le recul en février est de 19%.

Compte tenu des nombreux plans sociaux annoncés, la situation se dégrade.

La multiplication des licenciements partiels, puis la fermeture de certaines entreprises génèrent des inquiétudes légitimes chez les salariés concernés. Les médias se font l'écho de ces plans sociaux et de leurs conséquences. Ils font aussi la une de leurs journaux avec les distributions de participations, bonus, stocks options, parachutes dorés dans certaines banques ou entreprises qui, par ailleurs, reçoivent des fonds publics.

La perception de l'opinion publique vis-à-vis des entreprises est aussi modifiée par la crise. Un sentiment de colère monte vis-à-vis des patrons qui touchent des bonus, stock options et parachutes dorés. L'opinion publique va donc réagir à ce qu'elle considère comme des injustices criantes dans cette période de crise.

Pour les salariés la peur du chômage devient de plus en plus forte. Elle ne concerne pas seulement le court terme. L'avenir paraît sombre. Cette peur entraîne des comportements irrationnels. C'est ainsi, qu'en mars et avril 2009, on assiste à des agressions de patrons. Certains d'entre-eux, ou des cadres de direction, se retrouvent pris en otage par des salariés.

Mais l'opinion publique semble comprendre ces actions de violence : selon un sondage de Paris Match/IFOP, 63% des sondés les comprennent, 30% les approuvent même, tandis que seuls 7% les condamnent.

La population prend donc de plus en plus conscience des conséquences sur l'emploi et des menaces qui pèsent sur l'avenir, en particulier en matière de pouvoir d'achat qui, les français s'en souviennent, a été placé au cœur de débats politiques.

La crise des banques aggrave la situation pour certaines des 40 000 collectivités territoriales (régions, départements, communes et structures intercommunales). Les difficultés de la banque Dexia, principal bailleur de fonds des collectivités, ne facilite pas l'accès aux prêts pour financer les investissements décidés et pour assurer la trésorerie. Certaines collectivités surendettées se retrouvent en difficulté, en particulier celles qui ont contracté des emprunts à taux variables. Ces difficultés sont susceptibles de concerner aussi des organismes HLM ou des hôpitaux. Il faut aussi prendre en compte la baisse, liée à la crise immobilière, des droits de mutation qui alimentent communes et départements.

L'investissement public est réalisé à 70% par les collectivités territoriales. Les difficultés que certaines d'entre elles rencontrent à la suite de la crise risquent donc de diminuer l'investissement avec des conséquences pour l'économie en général.

Les élus locaux réagissent auprès de leurs associations représentatives : association des maires de France, association des maires des grandes villes, association des départements, association des régions.

L'approche de la réforme de la fiscalité locale va être conditionnée par les effets de la crise, ce sera notamment les cas pour ce qui concerne la proposition de Nicolas Sarkozy relative à la taxe professionnelle.

Les associations des maires, des présidents de départements et de régions de France demandent en février 2009 l'ouverture rapide d'une concertation sur la suppression de la taxe professionnelle. Ils demandent une réunion « exceptionnelle et urgente » de la conférence nationale des exécutifs.

Il y a aussi des conséquences indirectes pour la population. Si les collectivités territoriales peuvent amortir les effets de la crise pour les populations et accompagner les mutations économiques en cours, elles peuvent aussi être contraintes de limiter les dépenses, agir sur la masse salariale ou encore augmenter les impôts locaux.

Les inquiétudes de la population sont relayées et parfois amplifiées par des groupes de pression qui n'ont pas forcément les mêmes enjeux et les mêmes stratégies : Medef, Confédération générale des petites et moyennes entreprises, syndicats, responsables politiques (opposition mais aussi membres de la majorité et du Parlement). Ces acteurs sont légitimes et leurs stratégies correspondent aux règles du jeu habituelles des partenaires sociaux et de la politique.

Les groupes de pression doivent comprendre et analyser les inquiétudes et comportements éventuellement irrationnels. Il est légitime que les syndicats, par exemple, prennent le relais de ces inquiétudes, mais ils ne veulent pas non plus être débordés par des actions irrationnelles.

La menace des perturbations graves de l'ordre social et la radicalisation de certains mouvements sont à analyser par le système politique. Les responsables politiques vont réagir.

L'opposition est dans son rôle lorsqu'elle critique les propositions du gouvernement et qu'elle joue la carte des propositions. Selon que l'on prend une vision plus ou moins libérale de l'action publique, les choix seront approuvés ou contestés. On a vu que la décision du gouvernement britannique de nationaliser la banque Northern Rock avait provoqué une vague de protestations et que l'opposition conservatrice avait demandé la démission du gouvernement. Il n'y a pas lieu de s'étonner qu'une opposition s'oppose !

La crise offre aux acteurs des opportunités de développer leur stratégie. « Les crises créent en effet les conditions favorables à l'expression d'intérêts divers, au développement de jeux d'acteurs (y compris des autorités) trouvant là des opportunités pour agir, pour mettre le changement sur l'agenda des organisations […]. Elles deviennent elles-mêmes des enjeux et tant leur arrêt que leur relance apparaissent fonction des relations dynamiques entre les différents acteurs et organisations concernées. Ainsi appréhendée, la crise tend donc essentiellement à apparaître comme un état particulier à travers lequel les transformations peuvent s'opérer. » [2]

Si on nie ce phénomène on ne peut pas comprendre le mécanisme de la crise et on est dans l'incapacité d'en tirer les enseignements pour éviter la prochaine.

Il est donc normal que des opportunités soient aussi saisies par le chef de l'Etat lui-même, le Gouvernement et des membres de la majorité présidentielle qui ont à développer une stratégie de groupe ou individuelle en vue de prochaines échéances électorales.

---

[2] Claude Gilbert, *Risques collectifs et situations de crise,* L'Harmattan, 2004.

Citons quelques interventions des " politiques" : le 11 octobre, Martine Aubry suggère d'interdire les stock-options pour les dirigeants d'entreprises. Le 12 octobre Ségolène Royal réclame la fin des paradis fiscaux et prône également la mise en place d'un « gouvernement économique, social, écologique européen », dont la « première étape » serait un ministère commun franco-allemand. En janvier 2009 le Parti socialiste dépose une motion de censure, qui est rejetée, sur la politique économique du gouvernement et, en février 2009, il se réunit pour élaborer un "contre plan" de relance.

En réaction à l'intervention de Nicolas Sarkozy à Saint Quentin le 24 mars, Martine Aubry expliqué qu'elle attendait plus que de « l'indignation sur les hautes rémunérations, les bonus et les parachutes dorés, mais des décisions. » Pour la première secrétaire du PS, Nicolas Sarkozy « fait diversion. »

Du côté de la majorité, Valéry Giscard d'Estaing critique, le 10 octobre 2008, le président Nicolas Sarkozy et le Premier ministre François Fillon et lance un appel au calme dans la crise financière mondiale. Même le nouveau secrétaire général de l'UMP, Xavier Bertrand, appelle en février 2009, à un rééquilibrage des salaires, en jugeant « intolérables » et « extravagants » les écarts dans les entreprises.

En mars 2009, les députés de la majorité doivent s'opposer à des amendements, issus de leur propre camp, visant à modifier le bouclier fiscal. Le président, UMP, de la commission des Affaires sociales, Pierre Méhaignerie, propose de créer une contribution exceptionnelle de 5% sur les revenus les plus élevés.

Les relations entre le Medef et le président Sarkozy se sont tendues tout au long de cette crise. C'est ainsi que lors de l'assemblée générale annuelle du Medef, en février 2009, "la patronne des patrons " entend répondre, avant l'intervention télévisée de Nicolas Sarkozy prévue le soir même, à tous ceux qui s'étonnent du silence patronal de ces dernières semaines. Alors que le président de la République donne un ultimatum au Medef pour encadrer la rétribution des patrons, Laurence Parisot répond qu'elle n'a « ni le pouvoir ni le désir » d'intervenir sur les émoluments excessifs de ses mandants. Le Medef s'arcboute alors sur " son code de gouvernement d'entreprise des sociétés cotées" qu'il a adopté avec l'AFEP (Association française des entreprises privées) en décembre 2008.

Les syndicats font également pression sur le système politique et les réactions à la crise viennent s'inscrire dans un climat social déjà tendu depuis plusieurs mois.

Des grèves et des manifestations apparaissent dans les sites industriels touchés par des licenciements ou par des fermetures. Ces actions sont un moyen de pression de la part de certains groupes et en particulier pour les syndicats. Elles amplifient aussi des mouvements sociaux déjà en cours (manifestations contre les réformes ou la politique du gouvernement) et des manifestations plus spécifiques comme celles à la Guadeloupe, à la Martinique et à la Réunion. Le projet de réforme du statut des enseignants-chercheurs et les réformes proposées par la ministre de l'Enseignement supérieur conduisent à des manifestations en février puis en mars 2009.

Des manifestations syndicales unitaires massives sur l'emploi et le pouvoir d'achat rassemblent plusieurs millions de personnes à l'initiative d'une intersyndicale au grand complet (CGT, CFDT, FO, CFTC, CGC, FSU, UNSA, Solidaires), en février et mars 2009. Sept Français sur dix soutiennent ces mouvements.

A l'issue des journées de mobilisation du 29 janvier et du 19 mars 2009 les organisations syndicales s'entendent, pour faire du 1er mai une journée de manifestation unitaire, afin de peser sur le gouvernement et le patronat. Cette unité nationale n'avait pas été possible lors de la présence de Jean-Marie Le Pen au deuxième, tour de l'élection présidentielle de 2002. C'est bien une « union sacrée rendue possible par la crise »[3] et la preuve que tous les acteurs tentent de saisir les opportunités que peut offrir une crise en termes de pouvoir.

Tous ces groupes de pression ont un impact sur l'opinion publique. Les déclarations, les "petites phrases" et les manifestations ou grèves sont perçues de diverses manières par la population.

Pour les syndicats, la prise en compte des conséquences de la crise se fait dans le cadre des négociations entre partenaires sociaux. C'est ainsi qu'au mois de février 2009, Laurence Parisot écarte l'idée de François Chérèque de créer un fonds pour aider les salariés victimes de la crise.

---

[3] Stéphane Sirot, *Le JDD.fr,* 31 Mars 2009.

Le rôle des syndicats prend de l'importance au fur et à mesure que la crise financière se transforme en crise de l'emploi et en crise sociale.

Cela s'exerce dans le monde des entreprises touchées par des fermetures et des licenciements mais aussi dans celui de la banque. En mars 2009 les fédérations syndicales CFDT, CFTC, CGT, FO et SNB-CFE/CGC des banques et des sociétés financières et de Bourse appellent à la grève pour la protection de l'emploi et du pouvoir d'achat. Les représentants des salariés ne veulent pas que leur profession « paye la note de la crise financière. »

La population porte un regard sur ces mouvements sociaux. Si les manifestations et les grèves sont parfois mal perçues, surtout lorsqu'elles présentent un caractère catégoriel ou corporatiste, ou encore quand elles perturbent de manière significative la vie quotidienne des français, elles sont plutôt bien comprises, voire approuvées par l'opinion publique, lorsqu'elles sont liées à la crise.

C'est ainsi que selon l'IFOP : « Le soutien au mouvement social du 19 mars s'avère particulièrement élevé. Ce mouvement est considéré comme justifié par 78% des Français, et 31% le jugent même tout à fait justifié. » La mobilisation « se présente donc comme le mouvement le plus approuvé par l'opinion publique depuis plus de dix ans. »

C'est aussi l'occasion de rappeler tous les griefs, passés ou présents, qu'ils soient ou non liés à la crise actuelle.

Les groupes de pression se doivent d'être à l'écoute de cette opinion publique.

Doivent-ils relayer, amplifier ou, au contraire, atténuer les jugements portés par le public ?

C'est bien évidemment sur le système politique que la pression de l'opinion publique s'exerce.

Les sondages sont des révélateurs de la perception du public, et c'est essentiellement sur le président Nicolas Sarkozy que se focalise l'opinion publique. Si on retrace la popularité de Nicolas Sarkozy, depuis son élection, on constate qu'après après avoir connu un état de grâce, sa cote s'est ensuite dégradée assez vite entre décembre 2007 et février 2008. Elle remonte ensuite à l'occasion de la présidence française de l'Union européenne et de sa gestion des débuts de la crise financière. En mars 2009, dans un climat social tendu, les différents instituts de sondage indiquent une nouvelle phase de baisse marquée.

C'est ainsi qu'une enquête ViaVoice, réalisée les 6 et 7 février 2009, après une intervention radiotélévisée de Nicolas Sarkozy, met en évidence une progression de 5 points des opinions négatives qui passent de 48% à 53% en un mois. Pour ce qui est de ses actions contre la crise économique, le président réunit 31% de satisfaits, contre 41% un mois plus tôt. Les insatisfaits passent de 56 à 66%.

Le système politique doit aussi prendre en compte les actions des organismes "supranationaux" qui représentent parfois des contraintes, ou pressions, supplémentaires.

Ces organismes interviennent comme experts et recherchent des stratégies pour tenter de juguler les effets de cette crise. Ce sont eux qui portent aussi des jugements sur les errements qui ont provoqué la crise et qui proposent des pistes pour éviter la prochaine.

L'enjeu est donc de taille et les avis risquent d'être partagés.

Seront-ils suivis dans ce constat et dans leurs propositions par les Etats qui ont des visions politiques différentes et des échéances électorales qui contraignent leur champ d'action ?

Fin décembre 2008, le FMI appelle les Etats à une « hausse des dépenses budgétaires et à des réductions fiscales temporaires de l'ordre de 120 000 milliards de dollars, ou 2% du PIB mondial, pour pallier la chute de la demande consécutive au resserrement du crédit. » « Les Etats doivent agir d'urgence pour relancer la demande et les banques doivent cesser de restreindre leur offre de crédit. » Pour le FMI, la principale composante de cette crise est un effondrement de la demande.

Il faut « juguler la perte de confiance des consommateurs et des entreprises », et relancer la demande privée. Si les banques « continuent à réduire leurs crédits aux particuliers comme aux entreprises ou aux pays émergents il n'y aura pas de redémarrage de la croissance », prédit toujours le FMI.

Enfin, les médias, en relatant, en commentant et parfois en amplifiant les divers actions et réactions, représentent aussi des pressions pour le système de décision national mais aussi pour l'ensemble du dispositif, des acteurs ou groupes d'acteurs.

Les banques, la bourse et les entreprises sont sensibles au traitement médiatique notamment en matière d'image de marque.

Les médias font l'information des français sur les décisions arrêtées dans les autres pays, les USA d'une part et les autres Etats de l'Union européenne d'autre part, et plus particulièrement chez nos proches voisins. Ils diffusent et commentent aussi les prises de position des "organismes supranationaux" (G20, FMI, Union européenne) ; ainsi que des groupes de pression (Medef, syndicats, responsables politiques, associations d'actionnaires, etc.) Enfin, ils relaient ou amplifient les inquiétudes et médiatisent les comportements irrationnels d'une partie de la population, surtout lorsqu'ils présentent des aspects spectaculaires.

Les déclarations et décisions prises par le chef de l'Etat, et par le gouvernement, font l'objet d'une forte médiatisation. La manière dont les médias rapportent et commentent cette dimension politique n'est pas sans avoir d'impact sur nos dirigeants.

Si on ne gouverne pas en fonction des sondages et de sa côte de popularité, quel est l'homme politique qui est complètement détaché de ces contingences ?

Quelles conclusions tirer du récit que nous venons de faire ?

- Les conséquences de la "crise bancaire et boursière", qui s'est généralisée à l'ensemble de la planète, ont touché notre pays.

- Chaque pays ayant des points forts spécifiques, mais aussi des vulnérabilités, les conséquences de la crise ne se manifestent pas de la même manière. En France, la crise des subprimes a eu, par "effet domino", des effets sur les banques et les marchés boursiers. Cet épisode n'a été que faiblement perçu par le grand public.

- Touchant les collectivités territoriales, les difficultés dues à la crise préoccupent les élus. Si cela doit conduire à des augmentations d'impôts locaux, ce ne sera qu'à court ou moyen terme, pas dans l'immédiat.

- La perception pour le grand public apparaît réellement quand les effets sur les entreprises et surtout sur l'emploi se font ressentir. L'augmentation du nombre de demandeurs d'emploi et les perspectives sombres pour l'avenir inquiètent de plus en plus les français. Ces incertitudes entraînent une baisse du moral. On critique le système financier et on recherche des coupables.

- Une partie de la population glisse dans l'irrationnel, expliquant, sans les justifier, les séquestrations de patrons et les actions violentes.

- Chaque groupe d'acteurs voit ses comportements modifiés. Il subit et tente de réagir aux conséquences. Il cherche aussi à bâtir une stratégie qui pourrait le favoriser, le faire sortir de la crise le moins mal possible. Et pourquoi pas en "sortir par le haut" ? Pour cela chaque acteur, ou groupe d'acteurs, saisit les opportunités et cherche à constituer des alliances, souvent de circonstance et limitées dans le temps ; et ceci dans le but de peser sur la décision, d'être partie prenante. Pour cela il exerce une "pression" sur le décideur.

- Le système politique, qui a la responsabilité des décisions, subit de multiples pressions, ce qui est tout à fait normal d'ailleurs. Tous les acteurs ont une légitimité ! Reprocher à certains acteurs d'intervenir, voire de profiter du contexte pour servir ses propres intérêts, c'est d'une part méconnaître les rouages de la crise, c'est d'autre part improductif.

- Il appartient au décideur de gérer l'environnement décisionnel et les différents acteurs pour éviter les risques de crise. Il lui appartient également de définir une stratégie de sortie de crise.

Chapitre II

La gestion de la crise par Nicolas Sarkozy

« Que de choses il faut ignorer pour agir. »[1]

Rappelons que la crise, défaillance du processus décisionnel, ne peut pas être gérée, elle est subie.

Les décisions prises ont pour but de limiter les effets et de mettre fin à l'évènement déclencheur ou d'éviter qu'il ne se reproduise à l'avenir.

Les actions conduites doivent s'inscrire dans une vision stratégique, donc correspondre à des décisions anticipées, prises à priori et non à de simples réactions aux évolutions de la situation.

Le système politique va-t-il répondre en fonction de l'apparition de nouveaux problèmes, des diverses sollicitations, ou va-t-il être en mesure de définir une véritable stratégie ?

Va-t-il réellement agir ou se contenter de réponses sous forme d'annonces médiatiques ?

Nous allons examiner les réponses en direction des différents acteurs ou groupes d'acteurs, sans rechercher l'exhaustivité. Ces réponses doivent diminuer les pressions sur les décideurs.

Grâce à ces mesures, une certaine "liberté d'action" doit être préservée et permettre ainsi de définir une véritable stratégie. Agir et non pas seulement réagir !

Nous allons examiner les réponses apportées par le système politique français.

Rappelons-le, notre souci est de mettre en évidence les mécanismes.

Les pressions sur le système politique français concernent plusieurs catégories d'acteurs, ou groupes d'acteurs. Mais les réponses qui peuvent être apportées sont rarement ciblées sur un seul groupe d'acteurs.

Elles se concrétisent parfois dans un ensemble plus général, comme par exemple par des mesures qui touchent l'économie nationale.

---

[1] Paul Valéry, *Choses tues*, Gallimard, 1932.

Les décideurs politiques ont deux axes d'actions possibles :
- Agir sur les décideurs supranationaux. Il s'agit de "faire pression" pour que des décisions soient prises à un autre niveau et dans le sens que l'on juge favorable à la France, ou à ses représentants.
- Agir directement sur notre système, soit par le biais de l'économie nationale, soit de manière plus ciblée.

I. Nicolas Sarkozy sur la scène internationale

Certaines actions sont dirigées vers les organismes supranationaux : l'Union européenne, le G8, le G20 et le FMI.

Il s'agit de peser sur ces organismes, et sur les décisions qui seront prises afin d'atteindre les objectifs suivants :
- Coordination des actions des systèmes de réponse, notamment des banques centrales pour limiter les effets de la crise sur les banques, les marchés financiers et les pays les plus fragilisés.
- Agir sur l'évènement déclencheur. Il s'agit de réguler dans un premier temps, puis de tenter de réformer le système financier international dans un second temps.
- Ramener, en particulier par une communication forte, la confiance de la population.

La France ne sera pas le seul pays à rechercher ces résultats, mais elle va défendre sa vision des choses et ses propres intérêts.

I.1 Nicolas Sarkozy et l'Union européenne

Envers l'Union européenne il faut isoler la période de la présidence française (à partir du 1e juillet 2008) où la France va avoir un rôle plus important en matière de leadership pour les initiatives et les décisions.

En 2007, Nicolas Sarkozy, dans une lettre à Angela Merkel, dénonce l'explosion de la spéculation boursière. Il demande à ce que le G7 se saisisse de la question et s'interroge sur le « rôle exact que doivent jouer les agences de notation. »

C'est dans le contexte du début de la crise que l'Assemblée Nationale et le Sénat, réunis en Congrès à Versailles votent, en février 2008, la réforme constitutionnelle, préalable obligé à la ratification du "Traité européen de Lisbonne". Des milliers de manifestants protestent contre cette réforme constitutionnelle.

Le mois suivant, le président Nicolas Sarkozy est en visite officielle à Londres. Il déclare devant le Parlement : « Vous êtes devenus pour nous un modèle, une référence, et nous devons nous inspirer de ce que vous avez su faire ces vingt ou trente dernières années. »

Au second semestre de l'année 2008, Nicolas Sarkozy prend la présidence tournante de l'Union européenne pour 6 mois, donc pendant la période la plus intense de la crise financière.

Il va donc prendre des initiatives :

- Le 4 octobre, il réunit à Paris les quatre pays européens du G8 (Allemagne, Italie, Royaume-Uni, France) auxquels se sont joints le président de la Commission européenne, le président de l'Eurogroupe et le gouverneur de la Banque centrale. Il annonce l'initiative d'une proposition aux 27 chefs d'Etat et de Gouvernement de l'Union européenne pour « assurer la stabilité du système financier. » Il déclare également : « Face à la crise, l'unité de l'Europe est une nécessité. Cette unité de l'Europe est aujourd'hui réalisée. »

Pourtant l'Espagne n'a pas caché son agacement de ne pas avoir été invitée à ce mini-sommet. Une polémique naît entre l'Italie, l'Allemagne et la France sur l'éventualité de la création d'un fonds européen de sauvetage des banques.

- Il réunit à Paris les chefs d'Etat et de Gouvernement de la zone euro le 12 octobre.

- Lors d'une conférence de presse il affirme : « On ne peut pas travailler comme ça en changeant tous les six mois sur des sujets aussi importants […]. L'Europe, ce n'est pas seulement le plus petit dénominateur commun où on se repasse les trucs difficiles de présidence en présidence. » Pour Nicolas Sarkozy, les crises que traverse l'Europe peuvent être « une opportunité » pour la renforcer et « pour réconcilier les européens avec l'Europe. » José Manuel Barroso, le président de la Commission, reconnaissant la nécessité d'un « leadership pour les États européens », suggère au président français, de manière humoristique, de devenir le premier président permanent du Conseil européen.

- Lors de son intervention devant le Parlement européen, le 21 octobre, le président français évoque une nouvelle fois la nécessité de mettre en place un gouvernement économique européen. Il déclare, lors de sa conférence de presse : « Qui peut penser que les ministres des Finances auraient pu débloquer 1 800 milliards d'euros ? »

- Fin octobre une rumeur circule dans la salle de presse du parlement de Strasbourg sur la velléité du président français de prendre le leadership de l'Eurogroupe. Le cabinet de la chancelière allemande précise qu'Angela Merkel aura « une discussion à ce sujet avec le président Sarkozy à l'occasion de discussions informelles lors du Sommet Asie Europe à Pékin », et ajoute : « Le chef naturel de l'Eurogroupe est le premier ministre luxembourgeois. »

Si Nicolas Sarkozy cède la présidence tournante de l'Union européenne à la fin de l'année il semble vouloir profiter de la dynamique des six derniers mois pour continuer à peser à l'international, notamment en se rendant au Proche-Orient pour, selon lui, « chercher les chemins de la paix », tout en précisant que cela se fait en « parfaite coordination » avec la nouvelle présidence de l'Union européenne.

A partir du 1er janvier 2009, c'est le président tchèque qui préside l'Union européenne. Le 11 février, il confie que, Nicolas Sarkozy souhaitait « rester un président permanent » de l'Union européenne et ajoute : « c'est humain. »

Le président Sarkozy va donc maintenant "peser" sur la nouvelle présidence de l'Union européenne.

- En février, le premier ministre tchèque juge protectionniste le plan d'aide au secteur automobile du président français, qui avait remis en cause les délocalisations des constructeurs automobiles en visant nommément celles réalisées en République tchèque. Après les garanties apportées par la France, Bruxelles donnera son feu vert au plan automobile français,

- En mars 2009, la France obtient un accord entre les ministres des Finances européens qui va lui permettre de fixer librement son taux de TVA dans des secteurs tels que la restauration.

- Dans une lettre adressée, le mardi 17 mars, au président en exercice de l'Union européenne, Nicolas Sarkozy et Angela Merkel appellent les pays de l'Union à « s'engager à appliquer le pacte de stabilité et de croissance », estimant que « l'endettement public excessif menace sur le long terme la stabilité globale. Des finances publiques saines demeurent ainsi cruciales pour la crédibilité et la stabilité de l'Union Européenne. »

I.2 Nicolas Sarkozy, le G8 et le G20

Là encore Nicolas Sarkozy va utiliser, dans un premier temps, les six mois de la présidence française de l'Union européenne pour peser davantage :

- Début juillet 2008, le G8 au Japon doit étudier le difficile dossier du réchauffement climatique. Les dirigeants de cinq pays émergents (Brésil, Chine, Inde, Mexique, Afrique du Sud) et ceux de la Corée du Sud, de l'Australie et de l'Indonésie sont associés à la fin des travaux du sommet. A cette occasion, Nicolas Sarkozy plaide pour la transformation du G8 en G13, incluant les pays émergents qui assistent aux sommets depuis celui d'Evian en 2003.

- Le 22 septembre 2008, lors d'un discours prononcé devant l'Assemblée générale des Nations Unies, Nicolas Sarkozy propose de se réunir avant la fin de l'année pour « réfléchir ensemble aux leçons à tirer de la plus grave crise financière depuis les années 1930 […]. Le temps presse, le monde ne peut plus attendre […]. Reconstruisons ensemble un capitalisme régulé. » Après son discours, répondant aux questions des journalistes le chef de l'État s'en est pris aux « responsables de ce désastre » et réclamant qu'ils soient « sanctionnés et rendent des comptes. »

- En mars 2009, les membres de l'Union européenne réunis pour préparer le G20 de Londres, se mettent d'accord pour une supervision européenne de l'économie. Lors d'une conférence de presse, le président français déclare : « Je crois pouvoir dire que c'est historique. Cela fait des années qu'on n'arrive pas à s'en sortir, avec une régulation molle. »

- Avant le G20 de Londres Nicolas Sarkozy déclare : « Il faut qu'on obtienne des résultats, il n'y a pas de choix. La crise est trop grave pour qu'on se permette de faire un sommet pour rien. » Interrogé sur la volonté, que lui prête le quotidien britannique The Times, de claquer la porte du G20 si ses résultats sont insuffisants, le président répond : « La question, c'est que tous ensemble on prenne des décisions et qu'on arrive à sortir de cette crise en rétablissant la confiance. »

I.3 Nicolas Sarkozy et le FMI

Il faut rappeler que le directeur général du Fonds monétaire international (FMI), depuis le 27 Septembre 2007, est le socialiste Dominique Strauss-Kahn, dont la candidature à ce poste a été soutenue par le président de la République Nicolas Sarkozy.

Regardons ce qui concerne le président de la République et le FMI à l'occasion de cette crise.

- Nicolas Sarkozy lors de sa campagne pour l'élection présidentielle avait déclaré que la zone Euro ne devrait plus n'avoir qu'un seul siège au FMI alors que chaque pays de la zone euro dispose d'un siège et de droits de vote au conseil d'administration au prorata de sa richesse et de ses contributions financières. Le 15 mai 2007, lors d'une conférence à Bruxelles, le président de l'Eurogroupe rappelle cette position de Nicolas Sarkozy : « Le président Sarkozy pendant sa campagne électorale avait dit qu'il faudrait une représentation unique au FMI. Je l'encourage vivement à le faire rapidement. »

- Début octobre 2008, juste avant la réunion à l'Elysée du G4, Nicolas Sarkozy reçoit le directeur général du Fonds monétaire international afin d'évoquer la crise financière internationale et la réponse de l'Union européenne.

- En mars 2009, lors d'une conférence de presse commune avec la chancelière Angela Merkel, à la veille du G20 de Londres, Nicolas Sarkozy se déclare favorable à la vente du stock d'or du Fonds monétaire international pour lui permettre d'accroître son aide aux pays les plus pauvres touchés par la crise.

I.4 Les jeux de pouvoir

Le rapide aperçu des relations entre la France et les organismes supranationaux met en évidence une forte dimension de pouvoir entre les acteurs dans un système relativement compliqué. Or nous avons indiqué que le jeu des acteurs peut entraîner des vulnérabilités susceptibles de conduire à la crise.

Dans la première partie, nous avons montré que les pratiques décisionnelles de l'Union européenne se sont concentrées sur trois possibilités du modèle générique de Nioche : les "procédures d'urgence", la "planification" et le "jeu politique interne".

Nicolas Sarkozy a été sans nul doute un acteur actif dans "ce jeu politique".

Cherchant des alliances, n'hésitant pas d'en changer quand il le juge nécessaire, il a cherché à obtenir des compromis. Ceux-ci correspondaient-ils à sa propre vision, aux intérêts de la France, ou à ceux de l'Union européenne ?

Le couple franco-allemand apparaît fréquemment comme un élément moteur de l'Union européenne. Pourtant, le président français n'hésite à s'appuyer sur le premier ministre britannique puisque que Berlin s'oppose à l'idée d'un fonds européen de sauvetage des banques.

L'ex-ministre des Affaires européennes Alain Lamassoure, juge le rapprochement franco-britannique de circonstance : « On avait les mêmes intérêts sur la crise financière. Mais une fois ça réglé, on vérifiera dans les autres domaines qu'on a plus facilement des positions communes franco-allemandes que franco-britanniques. » [2]

Mais en dehors des prises de position sur le fond, et des déclarations qui sont faites lors des phases de négociation, il y a l'attitude même de Nicolas Sarkozy qui rend le climat plus "pesant".

Ainsi, lorsqu'à l'issue de l'Eurogroupe, le 12 octobre 2008, le premier ministre belge indique que plusieurs dirigeants ont toutefois plaidé pour que soit fixé un montant global au plan, Nicolas Sarkozy fait savoir que « la déception du premier ministre belge sera de courte durée. Mercredi, au Conseil européen, nous ferons des propositions précises sur le sujet. »

« Son désir, pour l'instant au point mort, de mener la présidence de l'Eurogroupe jusqu'en 2010 »[3] fait réagir le président en poste et certains des partenaires européens.

Comme le rappelle le quotidien irlandais, l'Irish Times, « le volontarisme du président français a un pendant qui lui est proportionnel : son appétit de pouvoir. »

---

[2] *Le point.fr*, 10 décembre 2008.
[3] Mathilde Gérard, *lemonde.fr*, Décembre 2008.

Les propos de Nicolas Sarkozy vis-à-vis de la République Tchèque, qui succède à la présidence française, sont jugés comme une mise en cause de la capacité de ce pays à assurer cette fonction.

Mais les attaques du président français portent aussi sur le système européen. En juillet 2008, dans un article publié par The Sunday Telegraph, il reproche au Commissaire européen au Commerce sa manière de négocier au nom de l'Union européenne avec l'Organisation mondiale du commerce (OMC).

L'intéressé réagit à ces critiques en déclarant : « Les désaccords publics à des moments critiques dans les négociations sur la globalisation du commerce risquent de nuire à notre capacité à défendre nos intérêts. »

On pourrait citer d'autres déclarations de Nicolas Sarkozy allant dans le même sens lors de la présidence française.

Alors, question de caractère, d'ego, ou volonté délibérée de faire bouger les choses ?

Pour Jean-Pierre Jouyet secrétaire d'Etat aux Affaires européennes pendant la présidence française : « L'Union européenne a su, pendant ces six mois, innover ses méthodes de travail dans le traitement de la crise économique et financière. » [4]

Versons un élément supplémentaire à ce dossier.

L'Institut Thomas More a réalisé le baromètre de la présidence française de l'Union européenne qui passe en revue les 12 dossiers-clés que la présidence a du traiter au cours de ces six mois.

Au final, la France recueille la note honorable de 13,2/20, avec ce commentaire : « Malgré les deux crises (Géorgie et crise financière) qui sont venues perturber une présidence qui s'annonçait déjà difficile, les résultats sont globalement bons […]. La gestion des 2 crises a été l'occasion de l'affichage d'une certaine unité diplomatique des 27. » Mais le commentaire précise aussi que la méthode « volontariste » et « accrocheuse » de Nicolas Sarkozy, sa « volonté d'aborder tous les sujets et de rechercher des compromis dans l'urgence amène parfois à la confusion et à la révision des ambitions à la baisse. »

Les actions de Nicolas Sarkozy lors du G20 de Londres illustrent bien le rôle qu'il a tenu dans le "jeu politique interne".

---

[4] *www.touteleurope.fr*, décembre 2008.

Mais il a dû composer avec de nombreux acteurs, avec la présence imposante du président américain, Barack Obama, et avec le poids des pays émergents.

II. La "gestion de la crise" française

II.1 Les réponses nationales

Le système politique a des réactions, actions et prises de position vis-à-vis des acteurs ou groupes d'acteurs nationaux.

Le chef de l'Etat et le Gouvernement prennent ou annoncent, surtout à partir du second semestre 2008, un certain nombre de mesures destinées à limiter les effets de la crise. Certaines de ces mesures sont prises dans le cadre de l'économie française et d'autres directement pour des acteurs ou groupes d'acteurs.

On peut ainsi dégager plusieurs "cibles" de ces décisions :
1- Les banques.
2- Les entreprises.
3- Les partenaires sociaux et les salariés victimes de la crise.
4- Les collectivités territoriales.
5- Les responsables politiques.
6- La population.
7- Les médias.

II.1.1 Les banques et les grands patrons

Des décisions sont prises vis-à-vis des banques pour limiter les effets de la crise, les inciter et leur permettre d'accorder des prêts aux entreprises en difficulté et au public en général, soit pour la création de nouvelles petites ou moyennes entreprises, soit pour stimuler la consommation.

Il s'agit aussi de prendre des dispositions concernant le fonctionnement des banques, ce que l'on a pris l'habitude d'appeler la "gouvernance". Cela concerne les rémunérations, les stocks options, les parachutes dorés, notamment pour les banques qui ont bénéficié d'aides publiques.

Et pourquoi ne pas aller plus loin dans la gouvernance des banques qui ont été de fait partiellement nationalisées par des participations importantes de l'Etat ?

1. Sauver les banques en difficulté

Fin septembre 2008, à l'issue d'une réunion à l'Elysée des dirigeants des principales banques et assurances de France, on annonce des mesures "prioritaires".

C'est le 13 octobre 2008 que Nicolas Sarkozy détaille, dans une conférence de presse, le plan de sauvetage du secteur bancaire adopté lors d'un Conseil des ministres extraordinaire. Ce plan doté de 360 milliards d'euros est la traduction française de celui mis au point par les quinze pays de la zone euro. Le mécanisme est le suivant : l'Etat, au travers de la "caisse de refinancement des établissements de crédit" va lever de l'argent sur les marchés financiers. Ces fonds seront prêtés aux banques, en échange d'une commission. Chaque fois que les banques auront besoin de se refinancer, cette solution sera appliquée. Nicolas Sarkozy déclare à cette occasion : « En offrant la garantie de l'Etat, nous pouvons espérer mettre un terme à la crise de confiance et ainsi à ne pas avoir à faire supporter aux Français le coût exorbitant qu'aurait une défaillance de tout le système bancaire. » L'Etat « ne laissera aucun établissement bancaire faire faillite » répète aussi le président qui confirme son intention d'aller vite en réaffirmant que le projet de loi du gouvernement sera proposé, dès mardi, au Parlement et « voté avant la fin de la semaine. »

2. Moraliser le système

« Quand la morale fout le camp, la crise cavale derrière. »[5]

Dès le 3 octobre 2008, Nicolas Sarkozy exige que les organisations patronales lui présentent leurs propositions pour encadrer les rémunérations des patrons. Le patron de Dexia renonce à ses indemnités de départ à la demande du ministère français de l'Economie qui a conditionné la recapitalisation de la banque franco-belge à l'abandon de ce parachuté doré.

Le 13 janvier 2009 Nicolas Sarkozy fixe de nouvelles directives aux banques, qui disposeront d'une nouvelle tranche de recapitalisation de 10,5 milliards d'euros.

Le chef de l'Etat demande trois contreparties : les banques doivent s'engager à accroître, de manière ciblée les crédits accordés

---

[5] Jacques Prévert.

aux entreprises ; elles doivent renoncer à verser des bonus à leurs principaux dirigeants, au titre des résultats 2008 ; enfin il est interdit de procéder au rachat d'actions incompatible avec le renforcement des fonds propres, et les dividendes versés aux actionnaires au titre des résultats 2008 doivent être modérés.

C'est ainsi que le 19 janvier 2009, le président et le directeur général de BNP Paribas renoncent à leur rémunération variable au titre de 2008. Le 22 mars 2009, ce sont les dirigeants de la Société Générale qui annoncent qu'ils renoncent à leurs stocks options.

Le 5 février 2009, à la télévision, Nicolas Sarkozy s'en prend violemment aux traders et déclare qu'il va demander à la Cour de comptes de vérifier que l'argent avancé aux banques a été bien utilisé.

Pourtant, fin mars, le Crédit agricole Cheuvreux, une filiale du groupe bancaire français, qui a reçu 3 milliards d'euros de l'Etat sous forme de fonds propres et qui prépare un plan de licenciement visant à économiser 32 millions d'euros, envisage de distribuer 51 millions de bonus à ses cadres. Le secrétaire général de l'UMP, Xavier Bertrand, juge sur Europe1, que ces cadres n'ont « pas intérêt à toucher leurs bonus. Rémunérer l'échec, il n'en est pas question. L'argent public ne doit pas servir à des bonus privés. » Dans un communiqué, le Crédit agricole confirme pourtant le versement de « rémunérations variables », sans en préciser le montant ni la répartition, insistant seulement sur le fait qu'elles vont bénéficier à « l'ensemble des 800 collaborateurs. »

Pour finir le gouvernement encadrera par décret la rémunération des dirigeants des six banques ayant fait l'objet d'apports de fonds propres de la part de l'Etat, ainsi que les constructeurs automobiles ayant bénéficié de prêts directs du gouvernement. D'autres sociétés sont aussi visées par le décret, mais sans obligation de rendre des comptes. Le ministère de l'Economie est chargé de veiller à ce que les entreprises publiques cotées en Bourse respectent « des règles et principes de gouvernance d'un haut niveau d'exigence éthique. »

Le 10 avril 2009 Nicolas Sarkozy demande aux dirigeants des banques françaises, qu'il a réuni à l'Elysée, d'être « en pointe » dans l'application des conclusions du G20 et de se montrer « particulièrement exemplaires » dans leurs relations avec les fonds spéculatifs et les paradis fiscaux.

Comment identifier les pratiques décisionnelles dans cet épisode concernant les banques ?

Nous allons rappeler quelques éléments et faire des hypothèses sur les pratiques décisionnelles.

On peut prendre en compte les points suivants :

- Les réunions entre les responsables des banques ont eu lieu à l'Elysée sous la présidence directe du chef de l'Etat.

- Elles sont vraisemblablement préparées au plus haut niveau. Par exemple : « C'est lors d'une réunion de crise à 5h du matin en présence de Messieurs Fillon, Noyer et Musca et de Madame Lagarde, que Nicolas Sarkozy a décidé de donner son feu vert au plan de sauvetage de Dexia. » [6] L'heure matinale de la réunion de crise montre bien une implication personnelle et forte du président Sarkozy.

- C'est l'Etat qui fixe les directives aux banques lorsqu'elles font appel aux fonds publics, y compris pour certains points relatifs à la « gouvernance. »

Cela nous permet de formuler des hypothèses concernant les pratiques décisionnelles :

- Lorsque les décisions sont prises par le président de la République, assisté des ministres concernés et de ses conseillers, on se trouve alors placé dans le cas du modèle de *l'acteur unique*, concentrant le pouvoir. La pratique décisionnelle est du type "analyse stratégique".

- Quand une cellule a été mise en place, et que les décisions prises sont le fruit d'un compromis et/ou d'une domination entre les parties prenantes, c'est le "jeu politique interne".

II.1.2 Les entreprises

Les choix du gouvernement portent sur quatre points :

1. Favoriser l'accès aux crédits pour les entreprises

Le 2 octobre, le gouvernement dévoile un plan de soutien au financement des petites et moyennes entreprises. Il s'élève à 22 milliards d'euros afin de prévenir les risques d'assèchement du crédit.

---

[6] *AFP*, 29 Septembre 2008.

François Fillon annonce également la mise en place d'un système de contrôle : « Nous avons demandé aux banques un engagement que la totalité de ces crédits serait intégralement consacrée au financement des PME. » Un "observatoire mensuel du concours des banques aux PME", remplacera l'actuel suivi trimestriel, et des contrôles sont également prévus.

Mi-octobre 2008 le président de la République crée un poste de "médiateur du crédit", destiné à être à la disposition des entreprises françaises qui auront des difficultés pour accéder au crédit.

2. Une relance par l'investissement

Pour cela, dès le 30 septembre 2008, le président français annonce une série de mesures pour soutenir la construction de logements, dont le rachat par l'Etat de plus de 30 000 logements privés. Début février 2009, François Fillon assure que les premiers coups de pioche seront immédiats, dans toutes les régions : routes, chemins de fer, fleuves, logements, universités, monuments historiques, etc. Au total, ce sont plus de 12 milliards d'euros qui sont mobilisés sur deux ans.

3. Aider les entreprises en difficulté

Le 23 octobre 2008, Nicolas Sarkozy annonce des mesures exceptionnelles de soutien à l'économie, dont la création d'un fonds d'investissement souverain à la française pour les entreprises en difficulté. Le lendemain, la ministre Christine Lagarde, démentant des déclarations du secrétaire d'Etat à l'Emploi, Laurent Wauquiez, qui avait parlé de 100 milliards d'euros, indique qu'aucun chiffre précis n'a encore été établi quant à la dotation du fonds d'investissement stratégique.

Le 5 décembre 2008, Patrick Devedjian est nommé ministre, auprès du Premier ministre, chargé de la mise en œuvre du plan de relance.

Le 20 janvier 2009, à l'occasion de l'ouverture des Etats généraux de l'automobile, le gouvernement promet 5 à 6 milliards d'euros aux deux constructeurs français, PSA et Renault.

Quelques jours plus tard, c'est AIRBUS, par le truchement de la "Société de financement de l'économie française", qui doit recevoir une aide de 5 milliards d'euros.

Le 29 janvier 2009 le parlement adopte définitivement le projet de loi de finances rectificatif pour 2009 qui constitue le volet budgétaire du plan de relance de 26 milliards d'euros.

Le 5 février 2009, à la télévision, le chef de l'Etat se déclare favorable à la suppression de la taxe professionnelle en 2010 afin de lutter contre les délocalisations, notamment dans le secteur automobile. Elle doit être compensée par la taxe carbone.

4. Encadrer les rémunérations des dirigeants

Lors de son discours de Toulon le 25 septembre 2008, le chef de l'Etat déclare : « Ou bien les professionnels se mettent d'accord sur des pratiques acceptables, ou bien nous réglerons le problème par la loi. » En octobre 2008, le gouvernement demande que les recommandations du Medef sur l'encadrement des rémunérations des dirigeants d'entreprises soient formellement acceptées par ces entreprises avant la fin 2008, sinon il les reprendra dans un texte de loi.

En début d'année 2009 l'Etat, encore détenteur de 15% de Renault, pousse le constructeur à renoncer à verser un coupon annuel à ses actionnaires. Début février des mesures, destinées à venir au secours de l'industrie automobile, sont annoncées, notamment avec un prêt de 6 milliards d'euros sur cinq ans à répartir entre Renault et PSA. Si les deux constructeurs acceptent de ne pas fermer d'usine en France pendant plusieurs années, ils se montrent plus vagues quant à la possibilité de reporter les licenciements au-delà de 2009.

Alors que le climat social se durcit et que l'opinion publique réagit à l'annonce des bonus ou parachutes dorés qui pourraient être octroyés à certains patrons d'entreprises, le président Nicolas Sarkozy, devant les députés UMP, à l'occasion d'une réception à l'Elysée en mars 2009, déclare : « Si le Medef n'y va pas, on ira par la loi. »

Mais le Medef ne semble pas vouloir répondre à l'ultimatum du président de la République en dehors d'un "code de bonne conduite". Auditionnée par la commission des Lois de l'Assemblée Nationale, la présidente du Medef déclare : « Nos adhérents doivent garder toute leur liberté dans leur management. Ils doivent pouvoir faire des choix, des compromis qui sont difficiles à faire en ce moment. »

Christine Lagarde et Brice Hortefeux adressent une lettre de mise en demeure datée du 17 mars à Laurence Parisot. Cette dernière rappelle que depuis 2002 « il y a eu pas moins de huit lois sur ce genre de sujet » et déclare : « Le Medef n'est pas un ordre professionnel. Le Medef, ce n'est pas Vichy. »

A la demande du Premier ministre de mettre en place un comité des sages pour surveiller la rémunération des patrons, le Medef répond : « Nous avons jusqu'à fin avril pour installer un comité de sages et aucune piste n'est écartée ni privilégiée pour l'heure. » La "patronne des patrons" sait bien qu'elle pourrait être sanctionnée par ses mandants aux prochaines élections.

Mais, pour le mouvement Ethic : « Le Medef ne met pas suffisamment au cœur de ses préoccupations les enjeux de société qui se jouent actuellement en particulier sur les écarts de rémunérations. »[7] Sa présidente, Sophie de Menthon, s'estimant en « désaccord fondamental » donne sa démission de la commission éthique de l'organisation patronale.

Si l'on cherche à identifier les pratiques décisionnelles on peut conclure que :

- Lorsque l'Etat dispose du pouvoir, la décision se situe plutôt dans le cadre de l'acteur unique. C'est le cas pour les entreprises qui reçoivent des fonds publics.

- Les décisions prises dans le cadre de la politique économique relèvent du modèle organisationnel, et les réunions du Conseil des ministres correspondent à la pratique décisionnelle dénommée "planification ", même si l'on sait que le président Sarkozy pèse fortement dans les choix, certains allant jusqu'à penser que le Conseil des ministres entérine les décisions déjà arrêtées par le président !

On peut y voir un trait de caractère du chef de l'Etat, souvent considéré comme "omni président", ou plus simplement des pratiques normales dans un système qui, avec la réduction du mandat à cinq ans, donne une dimension plus présidentielle au fonctionnement de nos institutions.

- Avec le Medef, il n'existe pas de système décisionnel arrêté à priori. On se trouve dans le jeu normal du pouvoir dans le cadre de négociations et de rapports de force.

---

[7] *La-Croix.com*, Avril 2009.

Chaque acteur développe une stratégie pour que le rapport de force lui soit favorable, tout en prenant en compte ses propres contraintes. Quand l'Etat décide de trancher, il ne le fait que pour les entreprises ayant reçu des fonds publics, même si l'amendement Arthuis va un peu plus loin, envisageant d'interdire les bonus, retraites chapeau et autres indemnités de départ pour les dirigeants qui sont concernés par le décret, jusqu'à fin 2010. Cette interdiction s'applique aussi aux sociétés ayant fait appel à la Société de prise de participation de l'État (SPPE), aux constructeurs automobiles et aux bénéficiaires des prêts à la réindustrialisation.

II.1.3 Les partenaires sociaux et les salariés

1. Les partenaires sociaux

En France, les partenaires sociaux sont responsables de la gestion de certains organismes paritaires, comme l'Unedic ou encore l'assurance retraite.

Les syndicats mobilisent de manière importante le 29 Janvier 2009, et cette journée obtient un soutien ou la sympathie de près de 70% des Français, selon un sondage CSA pour Le Parisien Aujourd'hui en France.

Le président de la République déclare : « Cette crise impose aux pouvoirs publics un devoir d'écoute, de dialogue et en même temps une grande détermination à agir. Dans cet esprit, je rencontrerai durant le mois de février les organisations syndicales et patronales afin de convenir du programme de réformes à conduire en 2009 et des méthodes pour le mener à bien. »

Mais, pour le leader de la CGT : « S'il s'agit, comme je crains de le comprendre, de discuter de l'agenda des réformes que le président de la République a dans ses tiroirs, nous serons très largement en décalage avec ce que porte cette journée et la discussion n'ira pas très loin. »

Dans son intervention radiotélévisée : "En direct de l'Elysée", le 5 février, le chef de l'Etat fait des propositions qu'il soumettra le 18 février aux partenaires sociaux. Il fait aussi un geste vers les syndicats qui réclament une augmentation du pouvoir d'achat en déclarant : « A la fin de l'année 2009, l'argent que nous avons prêté aux banques pour qu'elles fassent leur métier rapportera au budget de l'Etat 1,4 milliard d'euros que j'utiliserai intégralement pour financer des mesures sociales. »

Le 17 février le conseil exécutif du Medef se réunit pour préparer le sommet. Pour Laurence Parisot : « La priorité des priorités c'est l'emploi […]. Ce que nous proposons, ce que nous formulerons demain comme proposition, c'est la constitution d'un comité de coordination des réponses à la crise, qui doit être tripartite : représentants de l'Etat, des syndicats et représentants du patronat. » Sur la question du partage de la valeur ajoutée ou du profit distribuable elle déclare : « Le travail est rémunéré par le salaire, le capital est rémunéré par le dividende […]. Sur la question du travail et de la rémunération du travail, nous disons clairement que nous n'avons absolument pas à rougir, nous les entreprises françaises, de la part qui est consacrée à la rémunération du travail dans la valeur ajoutée des entreprises. Seul l'actionnaire peut décider du montant des dividendes. C'est son droit, ce droit est attaché au droit de propriété. » [8]

Mais le secrétaire général de la CFDT déclare quelques heures avant le sommet social : « Le patronat est dans une situation de niet généralisé. » Il déclare à l'issue de la réunion de l'Elysée : « L'économie a changé, le président de la République dit que le monde change mais lui, dans sa tête, sur les problèmes de choix financiers il a un blocage idéologique. »

Le président de la République réunit, le 18 février à l'Elysée, les partenaires sociaux. Dans son discours de conclusion il déclare : « Je crois que notre réunion a été positive. Elle nous a permis de dialoguer sans tabous sur les propositions que je vous ai faites ainsi que sur celles dont vous vouliez me faire part. Nous ne sommes naturellement pas d'accord sur tout mais je constate qu'il y a des points de convergence sur des sujets importants pour nos concitoyens. »

Le soir même il s'adresse aux français dans une intervention radiotélévisée : « Nous sortirons de la crise en modernisant la France, en misant tout sur l'investissement, sur la réforme, sur le travail, pas en embauchant davantage de fonctionnaires ou en rétablissant l'autorisation administrative de licenciement. » Il annonce également une série de mesures : soutenir l'emploi en créant un fonds

---

[8] *www.medef.fr.*

d'investissement social doté de 2,5 à 3 milliards d'euros, protéger les plus modestes au sein de la classe moyenne, développer le dialogue social.

La journée de mobilisation nationale du 19 mars a un succès plus important que celle du 29 janvier. Il s'agit pour les syndicats de maintenir la pression sur le gouvernement afin de faire évoluer le plan de relance.

Là aussi les partenaires sociaux n'ont pas manqué de faire monter la pression à la veille de la journée.

Laurence Parisot, lors d'une conférence de presse, dénonce le « coût en démagogie et en illusions créées » de la nouvelle journée interprofessionnelle de grèves. Le secrétaire général de la CGT, Bernard Thibault, lui répond sur Europe 1 : « Madame Parisot est dans une extrême difficulté pour justifier ce qui se passe dans les entreprises, pour justifier les aides publiques dont bénéficient les grandes entreprises qui restructurent aujourd'hui et tentent pour s'en sortir de porter le discrédit sur les syndicats de salariés […]. Elle fait preuve d'un archaïsme d'un autre temps et elle contribue à sa manière à tendre un peu plus la situation. »

C'est François Fillon qui intervient à la télévision sur TF1, le soir de la manifestation. Le Premier ministre exclut un « nouveau plan de relance » considérant que « les mesures déjà adoptées répondent à l'inquiétude très légitime des français. »

Pour la CFTC: « face à l'ampleur de la mobilisation de ce 19 mars, le Gouvernement ne peut pas se contenter de dire qu'il ne lâchera rien, comme vient de le faire François Fillon ce soir sur TF1. Il ne peut pas, systématiquement, se retrancher derrière la mondialisation de la crise ou les déficits publics pour justifier sa politique. »[9]

Le 22 Mars 2009, lors d'une émission sur Europe-1, la ministre de l'Economie Christine Lagarde, interrogée après la mobilisation sociale du 19 mars, annonce que le Gouvernement travaille à de nouvelles mesures sociales. Elle évoque le financement par l'Etat de « plus d'emplois aidés » pour lutter contre le chômage des jeunes. Elle insiste cependant sur le fait que « les caisses de l'Etat sont vides. »

---

[9] *www.cftc.fr*, 19 mars 2009.

Une nouvelle réunion avec les partenaires sociaux pour l'installation du Fonds d'investissement social se tient 10 avril 2009.

Nicolas Sarkozy déclare : « Je vous ai proposé cette réunion à l'Elysée pour évoquer avec vous deux sujets. Il s'agit d'abord d'installer le Fonds d'investissement social, que nous avons décidé de créer ensemble lors du sommet social du 18 février. Je voudrais ensuite vous commenter les principales conclusions et leçons du G20 de Londres car j'avais eu l'occasion d'évoquer ce sommet avec les dirigeants syndicaux le 30 mars dernier […]. Je souhaite que Christine Lagarde et Laurent Wauquiez organisent chaque mois une réunion avec les représentants des syndicats et du patronat dans le cadre de la cellule de pilotage prévue dans le document constitutif. »

2. Les salariés victimes de la crise

Le 1er avril 2009, le président de la République promet sur Europe 1, qu'il va « sauver le site Caterpillar. » Il déclare : « Je recevrai cette intersyndicale puisqu'ils m'ont appelé au secours, d'après ce que je comprends, et on ne les laissera pas tomber. » On se rappelle que c'est dans cette entreprise que des salariés de l'usine de Grenoble avaient séquestré quatre cadres à la suite de l'annonce de mesures devant entraîner la suppression de plus de 700 emplois.

Le Premier ministre réagit aux actions violentes de certains salariés et prévient : « Le respect de l'intégrité des personnes, de leur liberté d'aller et venir n'est pas négociable. » Le 7 avril, le président Sarkozy, en déplacement à Venelles (Bouches-du-Rhône), déclare : « Qu'est-ce que c'est que cette histoire d'aller séquestrer des gens? On est dans un Etat de droit, il y a une loi qui s'applique, je la ferai respecter. »

Cherchons à définir les pratiques décisionnelles.

- Dans le cas des partenaires sociaux, un modèle organisationnel existe, notamment avec le sommet social. Nous nous trouvons dans le cadre d'un pouvoir réparti et, quand on prend le temps pour l'étude d'un problème, on se situe dans le cas de la pratique décisionnelle nommée "planification". Mais dans ce type de situation, le glissement dans "le jeu politique interne" est rapide et il se produit même parfois avant le début des négociations. Dans la gestion de la crise le Gouvernement et le chef de l'Etat déclarent vouloir prôner le dialogue social, tout en maintenant le cap du plan de relance. Mais, lorsque le journal Le Monde détaille les mesures du sommet social du 18 février, avant même la réunion, cela peut laisser penser que tout est décidé d'avance et que la concertation n'est que de façade.

- Le président de la République n'hésite pas à dénoncer les pratiques de certains patrons, de lancer un ultimatum au Medef sur la rémunération des dirigeants. Cherche-t-il ainsi à donner des gages aux syndicats sans pour autant vouloir lâcher quoi que ce soit ?

- Pour les salariés, qui se comportent de manière violente, en débordant la représentation syndicale, on dit comprendre, mais on déclare vouloir sanctionner. Là encore il faut regarder le passage des paroles aux actes !

II.1.4 Les collectivités territoriales

La récession économique touche les collectivités territoriales avec une ampleur et une durée difficiles à prévoir. Les aides sociales ont tendance à augmenter, les droits de mutation affichent une baisse marquée, les prêts bancaires sont plus difficiles à obtenir et sont accordés à des conditions plus défavorables. Les collectivités qui ont contractés des prêts à taux révisables doivent faire face à un accroissement de la charge de la dette.

À ces difficultés, à ces incertitudes et inquiétudes s'ajoutent les interrogations que suscitent les projets de réforme institutionnelle et de la fiscalité locale avec la suppression de la taxe professionnelle.

Reprenons le déroulement des relations entre l'Etat et les représentants des collectivités territoriales ces deux dernières années et regardons les effets de la crise sur ces relations.

Lors du congrès des maires et des présidents de communautés, le 20 novembre 2007, le président de l'Association des maires de France (AMF) souhaite que soit lancé un "Grenelle de la fiscalité locale", en partenariat étroit entre les collectivités territoriales et l'Etat. En réponse à ce souhait, le président de la République propose deux temps pendant la mandature actuelle : « Dans un premier temps, nous nous mettrions d'accord sur des principes assez précis pour réformer la fiscalité locale, pour voir si l'on peut trouver un consensus au-delà du débat droite gauche. » Puis, une fois les principes arrêtés : « Peut-être pourrions-nous demander à des techniciens de nous préparer des pistes et les soumettre alors à la concertation de l'ensemble des maires de France. »

A Toulon, le 26 septembre 2008, Nicolas Sarkozy déclare : « Le moment est venu de poser la question des échelons de collectivités territoriales car le nombre et l'enchevêtrement des compétences est une source d'inefficacité et de dépenses supplémentaires […]. Moins d'échelons c'est moins d'impôt, plus d'échelons c'est plus d'impôt. »

En octobre 2008, un décret crée un "Comité pour la réforme des collectivités territoriales", présidé par Edouard Balladur et composé de manière pluraliste. Il a pour mission « d'étudier les mesures propres à simplifier les structures des collectivités territoriales, à clarifier la répartition de leurs compétences et à permettre une meilleure allocation de leurs moyens financiers, ainsi que de formuler toute recommandation qu'il jugera utile à la réforme des collectivités territoriales. »

Lors du congrès de l'association des maires de France, en novembre 2008, François Fillon et Nicolas Sarkozy doivent faire face à la colère des maires mécontents des obligations qui sont faites aux communes, en matière de service minimum en cas de grève à l'Education nationale.

Le 27 novembre 2008, le président de la République annonce, devant les maires de France, qu'il a prévu « un volet collectivités territoriales » dans le plan de soutien à l'activité économique qu'il présentera le 4 décembre. Il indique que la loi sur le service minimum d'accueil à l'école pourrait être assouplie pour les petites communes.

Le 5 février 2009 dans l'émission spéciale "Face à la crise" Nicolas Sarkozy annonce le projet de suppression de la taxe professionnelle. Cette annonce entraîne des réactions de colère de la part des élus locaux : « Les associations nationales d'élus locaux demandent que le Gouvernement ouvre immédiatement des négociations, sur la base des propositions qu'elles ont élaborées depuis 2006, en faveur d'une réforme d'ensemble de la fiscalité locale » indique un communiqué du vendredi 6 février 2009.

Le 5 mars 2009 le comité sur la réforme des collectivités territoriales remet son rapport au président de la République qui déclare : « C'est pourquoi, et plus que jamais en ces temps de crise, nous le voyons avec le plan de relance, il est indispensable de moderniser notre organisation locale, pour qu'elle soit plus efficace, plus réactive, plus démocratique, plus forte, et corrélativement moins complexe, moins coûteuse, moins lourde. »

C'est sur la base de ce rapport que le Gouvernement doit engager une concertation avec le Parlement et les associations d'élus avec pour objectif de préparer un projet de loi avant l'été.

La loi de finances rectificative pour 2009, adoptée le 29 janvier 2009, prévoie un certain nombre de mesures en faveur des collectivités territoriales. Celles qui s'engagent à augmenter leurs investissements en 2009, en signant une convention avec le préfet, percevront le fonds de compensation pour la TVA (FCTVA) dû au titre de 2008, dès 2009, au lieu de 2010, ce qui correspondra ainsi à 2 ans de versement de TVA cumulés.

Afin de simplifier, accélérer les procédures et permettre un meilleur accès des petites et moyennes entreprises à la commande publique, le code des marchés publics est modifié par trois décrets des 17 et 19 décembre 2008.

Comment décoder ces deux années ?

- Des mesures techniques sont prises pour aider les collectivités à faire face à la crise, notamment pour faciliter leur trésorerie.

Le problème de la fiscalité locale se posait, en dehors de la crise économique. Le président avait arrêté les principes en novembre 2007 : on se donne le temps, on cherche un consensus par la concertation. On se trouve dans les conditions d'une pratique décisionnelle qui correspond à "la planification". Un an plus tard, alors que les conséquences de la crise des subprimes se font déjà sentir, Nicolas Sarkozy veut lancer une réforme des collectivités territoriales dont les objectifs annoncés sont plus d'efficacité pour moins d'impôts. Le président saisit-il l'opportunité de la crise pour faire passer une réforme plus rapidement ou plus facilement, ou s'agit-il de véritables objectifs? Nicolas Sarkozy ne cache pas son sentiment : la crise ne doit pas empêcher de mener les réformes nécessaires. Là encore, c'est une pratique décisionnelle qui correspond à la "planification " qui est proposée au départ. On crée un comité "ad hoc" dans lequel on répartit le pouvoir (modèle organisationnel) et qui fera des propositions. Un projet de loi sera ensuite élaboré par le Gouvernement en concertation avec le Parlement et les associations d'élus notamment avec la Conférence nationale des exécutifs (autre modèle organisationnel). Là aussi, on se donne le temps puisque le comité va rendre son rapport près de six mois après sa création. Alors pourquoi annoncer la suppression de la taxe professionnelle, avant même la fin des travaux du comité, lors de l'émission télévisée du 5 février, provoquant ainsi la réaction des élus ? Cette déclaration peut faire glisser la pratique décisionnelle dans le "jeu politique interne".

- L'analyse de cet épisode au regard des pratiques décisionnelles conduit à poser une autre hypothèse : la concertation annoncée, ce qui correspond à une répartition du pouvoir, n'a-t-elle été qu'une façade, un habillage, pour en réalité, faire passer, voire imposer ses propres idées ? Dans ce cas on se place davantage dans une pratique décisionnelle correspondant au choix d'un acteur unique qui concentre le pouvoir !

II.1.5 Les responsables politiques

La représentation nationale a vu son fonctionnement et ses rapports à l'exécutif modifiés de manière notable avec la réforme constitutionnelle de juillet 2008 qui avait pour objet de revaloriser le rôle du Parlement , de mieux garantir les droits de l'opposition et de permettre au président de la République de s'exprimer devant le Parlement. Une autre modification interviendra au début de l'année 2009 avec un texte instaurant un "crédit temps", qui doit limiter le temps de discussion d'un projet de loi donc diminuer le nombre d'amendements. Ce projet fait l'objet de vives réactions de la part de l'opposition. C'est ainsi que le 20 janvier 2009, vers 23 heures, plusieurs dizaines de députés PS se rassemblent, au pied de la tribune, pour scander : « Démocratie, démocratie » et chanter la Marseillaise.

Le lundi 13 octobre 2008, après sa conférence de presse sur le plan de sauvetage des banques, Nicolas Sarkozy reçoit à l'Elysée les présidents de l'Assemblée nationale, du Sénat et des groupes parlementaires afin de leur présenter le plan.

Lors de ses vœux aux parlementaires le 7 janvier 2009, le président de la République rappelle les dispositions prises pour faire face à la crise et justifie le choix fait d'un plan de relace axé sur les investissements. Il déclare : « J'entends bien la controverse sur le pouvoir d'achat, la demande. Mais enfin, Mesdames et Messieurs, si la relance par la consommation cela marchait, on le ferait, cela se saurait. Il y a eu deux exemples de relance par la consommation. » Enfin il indique souhaiter aller au-delà de la première tranche de soutien en fonds propres pour les banques : « Plus les banques ont des fonds propres, plus elles prêtent. »

Examinons, dans ce cadre, les pratiques décisionnelles.

- Les rapports avec le Parlement se sont donc inscrits dans le cadre fixé par les institutions, en dehors de quelques rencontres à l'Elysée. Si la constitution répartit le pouvoir entre l'exécutif et le Parlement, les principes de la Ve République révisée donnent un poids plus important aujourd'hui au président de la République.

- Pour l'Assemblée Nationale, les modalités de représentation d'une part, et les résultats des dernières élections d'autre part, donnent une majorité absolue au parti du président de la République. Quant au Sénat, il n'a pas connu d'alternance politique depuis la naissance de la Ve République. Il est donc indéniable que le pouvoir politique est concentré dans les mains du président Nicolas Sarkozy. Par ailleurs on sait qu'il garde la main sur l'UMP : il n'a pas été remplacé au poste de président du mouvement et l'élection de Xavier Bertrand comme secrétaire général aurait été imposée par Nicolas Sarkozy, selon le Figaro.

II.1.6 La population

Nous allons illustrer les réponses du système politique français vers la population depuis le début de la crise par quelques épisodes qui nous paraissent significatifs.

Rapidement le président de la République a tenu à rassurer les français sur la situation des banques pour indiquer que l'Etat garantissait l'épargne des particuliers. Cela a sans doute contribué à éviter ou limiter les comportements de peur dans ce domaine.

Dans son discours du 25 septembre 2008, à Toulon, sur la politique économique, Nicolas Sarkozy insiste sur la nécessité de dire la vérité aux français pour rétablir la confiance, et explique le rôle décisif que doit jouer l'Etat dans la refondation du capitalisme. Nous l'avons vu précédemment, Nicolas Sarkozy a rejeté l'idée d'une relance par la consommation.

Le ministre du Budget, Eric Woerth indique le 20 janvier que le déficit de l'Etat atteindra 86,5 milliards d'euros pour 2009, 4,4% du PIB.

En février, à l'issue du sommet social avec les organisations syndicales et patronales, dans une intervention télévisée, Nicolas Sarkozy annonce que l'Etat engagera 2,6 milliards d'euros de mesures sociales, dont 1,1 milliard consacré à la réduction d'impôt des contribuables les plus modestes.

Un mois plus tard, sur Europe 1, la ministre de l'Economie déclare : « On a doublé le déficit de la France, il faut qu'on fasse très attention. » Elle a rappelé que les ménages allaient déjà bénéficier de plus d'un milliard d'euros de pouvoir d'achat supplémentaire grâce aux 2,6 milliards d'euros de mesures annoncées le 18 février dernier.

En visite à Saint-Quentin, le 24 mars 2009, le chef de l'Etat affirme qu'il a : « Le devoir d'entendre ceux qui manifestent », mais aussi « d'écouter ceux qui ne défilent pas » ; et évoque : « ceux qui n'ont pas les moyens de faire grève », précisant : « ceux qui souffrent le plus ne sont pas ceux qui contestent le plus […]. Avant la fin de l'été, nous réfléchirons à d'autres mesures. Mais mon devoir c'est d'être dans le bon tempo. »

On pourrait prendre d'autres exemples pour illustrer la nature de ces réponses : si on indique des mesures destinées notamment aux français qui ont le plus de difficultés, on s'empresse de rappeler l'état des finances publiques pour ne pas aller au-delà.

La communication vers le grand public vise à informer sur ce qui est fait, montrer que l'on a fait les bons choix.

Cela suffit-il à rassurer ?

II.1.7 Les médias

Comment identifier et répondre aux inquiétudes et aux comportements irrationnels d'une partie des salariés touchés par la crise mais aussi des autres composantes de la population.

La réponse passe par la communication.

Une partie de la communication échappe, en principe, au chef de l'Etat et au Gouvernement, si on se réfère aux principes de la liberté de la presse. Mais le président de la république et les ministres ont la possibilité de faire des communiqués, des conférences ou encore des débats publics : autant de manière de faire passer "sa" communication vers les groupes de pression et l'opinion publique.

Les rapports entre Nicolas Sarkozy et les médias font l'objet de nombreux commentaires.

Il intervient dans la réforme de l'audiovisuel public et, en janvier 2009, à l'issue des Etats Généraux de la presse, on apprend qu'au moins 200 millions d'euros par an vont être apportés à la presse pendant les trois prochaines années, sans compter l'argent qui pourrait être débloqué pour moderniser les imprimeries.

Par ailleurs, l'Etat va doubler la part de ses dépenses de communication institutionnelle à destination de la presse écrite et numérique. En contrepartie de ce soutien financier, les éditeurs doivent s'engager dans un plan de modernisation et d'investissement sur trois ans.

On sait aussi que Nicolas Sarkozy communique beaucoup. Selon le baromètre de l'Institut national audiovisuel le président Nicolas Sarkozy a fait 224 apparitions pendant les 4 premiers mois d'exercice de son mandat, contre 75 pour Jacques Chirac pendant la même période en 2002. Le chef de l'Etat aurait ainsi cumulé 218 heures d'antenne en quinze mois sur huit chaînes de télévision. Ce temps est à comparer aux 230 heures de Mitterrand et Chirac en seize ans de pouvoir.

Pendant la crise, parmi ses interventions multiples, on peut rappeler l'émission intitulée « Face à la crise », réalisée en direct le 5 février 2009 à 20h15 sur TF1, France 2 et M6. Il s'agissait de répondre à la mobilisation réussie du 29 janvier, de tenter de rassurer des Français très inquiets face à la crise et de les convaincre de la justesse des mesures arrêtées. 15 millions de téléspectateurs ont suivi cette émission qui a fait ensuite l'objet de multiples commentaires quant à son impact.

Deux sondages publiés après l'émission donnent des résultats contradictoires : pour le premier, 53% des Français se sont montrés convaincus par le président alors que, pour le second, ils sont 52% à ne pas l'avoir été. Pour Charles Jaigu du Figaro : « Ni la longue séquence des vœux et ses dix-huit discours, ni son intervention à la télévision jeudi soir sur trois chaînes de télévision n'auront permis au chef de l'Etat d'empêcher les sondeurs d'enregistrer une forte baisse de popularité. » [10]

En effet trois sondages du 9 février révèlent que la cote de popularité du président est incontestablement à la baisse. Celui de l'Ipsos commandé par Le Point indique que 61% des Français sont défavorables à l'action de Nicolas Sarkozy, soit dix points de plus qu'au mois de janvier.

II.2 La stratégie de Nicolas Sarkozy

1. Réformer le capitalisme

Pour le chef de l'Etat : « Ce que le monde attend de nous, c'est que nous reconstruisions, ensemble, un capitalisme rénové, mieux régulé, plus moral et plus solidaire. C'est la condition d'une relance et d'une croissance durables. »[11]

Pour cela, le président Nicolas Sarkozy intervient dans le cadre de l'Union européenne et du G20.

En France il s'agit de moraliser le système, directement pour les banques et les entreprises ayant bénéficié de fonds publics, indirectement en faisant pression sur le Medef pour les autres.

2. Limiter les effets de la crise

Il s'agit d'éviter la faillite des banques, de soutenir les entreprises, notamment celles du secteur automobile, d'aider les collectivités territoriales et les foyers les plus modestes.

La relance se fait par l'investissement, pas par la consommation. La stratégie adoptée est mise en œuvre par un "plan de relance" piloté par un ministre nommé à cet effet.

La stratégie vis-à-vis des banques fait l'objet de controverses, y compris venant d'acteurs dont on pourrait penser qu'ils partagent des valeurs communes avec le président de la République.

Claude Bébéar avec la Fondation Montaigne, considère qu'il faut « nationaliser temporairement les banques ». Ce serait même une urgence absolue, afin de rétablir la confiance dans les circuits financiers.

---

[10] *Le Figaro*, 10 février 2009.
[11] www.elysee.fr, *Propos de Nicolas Sarkozy dans une tribune publiée dans plusieurs titres de la presse internationale*, avril 2009.

Pour répondre aux inquiétudes de la population, le président de la République déclare : « La crise engendre des bouleversements qu'on ne peut ignorer. L'Etat doit venir en aide aux plus fragiles et à ceux qui sont le plus durement touchés, c'est une question de justice [...]. J'ai également décidé que l'impôt sur le revenu serait réduit de manière significative cette année pour les familles les plus modestes au sein de la classe moyenne. »[12]

3. Maintenir voire accélérer les réformes

La crise justifie, ou est une opportunité pour faire passer des réformes ou pour les accélérer.

Cela va concerner la fiscalité locale, la réforme des collectivités territoriales, l'université, l'hôpital, etc.

Dans une interview à un journal étranger, le président français déclare : « Trop souvent, dans le passé, les difficultés économiques se sont traduites par une pause dans les réformes, qui ne signifiait rien d'autre que leur abandon. Trop souvent, on a voulu répondre à l'inquiétude légitime de nos concitoyens confrontés à la crise en leur expliquant que dorénavant, on n'allait plus toucher à rien [...] et on s'étonnait qu'ils n'en ressortent que plus inquiets [...]. Mais sur le fond, la crise ne remet pas en cause la nécessité des réformes que nous avons engagées. Au contraire, elle les rend plus urgentes et plus nécessaires encore. Et je suis persuadé que la grande majorité des Français en est convaincue [...]. Ce n'est jamais la nécessité de la réforme qui est mise en cause, ce sont ses modalités [...]. Dès le début de la crise, je l'ai dit aux Français : prendre prétexte de la situation pour arrêter les réformes serait une erreur stratégique et historique majeure. La crise nous offre, au contraire, une opportunité extraordinaire de faire les changements dont nos pays ont plus que jamais besoin. »[13]

4. Garder le cap

Ne pas toucher aux fondamentaux de la politique engagée avant la crise. On ne change pas de cap : pas de remise en cause du bouclier fiscal, des heures supplémentaires, de la politique de gestion

---

[12] www.elysee.fr, *Propos de Nicolas Sarkozy dans une tribune publiée dans plusieurs titres de la presse internationale*, avril 2009.
[13] Nicolas Sarkozy, *La Stampa,* 24 février 2009.

des personnels de la fonction publique (ne pas remplacer un départ en retraite sur deux).

C'est ainsi que, lors d'un déplacement à Ornans, dans le Doubs, Nicolas Sarkozy a voulu couper court au débat, apparu au sein de sa propre majorité, sur une éventuelle remise en cause du bouclier fiscal en déclarant qu'il n'avait pas été élu pour augmenter les impôts.[14]

Plus globalement, « sur la ligne, sur la stratégie, sur la volonté d'aller de l'avant, on n'a pas d'états d'âme, parce qu'il n'y a pas d'autre stratégie. On est fidèle à ce qu'on est en allant de l'avant […]. On peut se tromper, mais il n'y a pas de stratégie alternative. »[15]

Qu'en pensent les français ?

Un sondage, d'avril 2009, de TNS-Sofres donne les résultats suivants : l'action de Nicolas Sarkozy pour lutter contre la crise depuis septembre 2008 va pour 59% des français dans la mauvaise direction ; pour une majorité (+ de 60%) le président de la République s'est montré "déterminé, courageux et rapide", mais "pas ou peu à l'écoute des gens, ou rassurant ou capable d'apporter des idées nouvelles".

---

[14] *www.lexpress.fr*, 17 mars 2009.
[15] Le Figaro.fr, *Propos du chef de l'Etat lors d'un déplacement en Seine-et-Marne*, 21 janvier 2009.

Chapitre III

Le "système" de gestion de crise de Nicolas Sarkozy

Qui prépare la stratégie ?
Existe-t-il une cellule de crise ?
Comment fonctionne-t-elle ?
Avec quelles pratiques décisionnelles ?
Nous allons essayer de répondre à ces questions, ce qui ne sera pas simple car nous ne pouvons qu'entrebâiller la porte de l'Elysée grâce à quelques indiscrétions publiées dans quelques ouvrages ou dans la presse.

I. Le fonctionnement habituel de l'Elysée

L'arrêté du 16 mai 2007 fixe la composition du Cabinet du président de la République qui fera l'objet d'une modification, par arrêté du 19 mars 2008, pour renforcer la composante communication à la suite de l'échec aux élections municipales. Des nominations nouvelles ont aussi été opérées en début 2009 pour des changements d'affectation.

Quels sont les hommes, et les femmes, en place lors de la période de la crise objet de notre étude.

- L'homme fort du Cabinet, c'est Claude Guéant, le secrétaire général de l'Elysée, qui suit Nicolas Sarkozy, en qualité de directeur de Cabinet dans ses différents postes ministériels depuis plusieurs années.

- Juste en dessous, on trouve, pour des raisons protocolaires, le chef d'état major particulier, l'Amiral Edouard Guillaud.

- Henri Guaino, "la plume du président" est "conseiller spécial".

- Viennent ensuite les "conseillers du président", Raymond Soubie pour l'économie et le social et Catherine Pégard pour le pôle politique.

- Le conseiller diplomatique, "le sherpa "du président est Jean-David Levitte.

- Le secrétaire général adjoint est, pour la première période de gestion de la crise, François Pérol. Il a depuis été nommé, ce qui

a fait l'objet d'une polémique, président de la Banque populaire et de la Caisse d'Epargne et président du conseil de surveillance de Natixis.Il est remplacé à l'Elysée le 26 février 2009, par Xavier Musca qui était alors Directeur du Trésor.
- Emmanuelle Mignon est "conseiller auprès du président".
- Le directeur de Cabinet est Christian Frémont.
- On trouve ensuite les "conseillers à la présidence" : Arnold Munnich, Patrick Ouart à la justice, Franck Louvrier pour la communication et Pierre Charon.
- Le chef de Cabinet est Cédric Goubet.
- Viennent ensuite le chef de Cabinet adjoint, les dix "conseillers" et les 26 "conseillers techniques".

C'est donc cinquante personnes qui secondent Claude Guéant.
« Tous les matins, à 8h30, se tient une réunion dans le salon vert, à l'Elysée, autour de Nicolas Sarkozy. C'est la réunion la plus importante de la journée, là où se prennent toutes les décisions. Nicolas Sarkozy y définit la stratégie du pouvoir à l'aide de douze conseillers. C'est le gouvernement bis. »[1]

II. L'adaptation à la crise

Comment Nicolas Sarkozy va-t-il s'organiser pour la gestion de la crise bancaire et financière ?
Il adapte le dispositif en place. Tout en gardant la structure et les modes de fonctionnement habituels, il s'appuie sur une cellule "ad hoc", qu'il constitue auprès de lui, et qu'il dirige personnellement.
« La priorité, c'est la gestion de la crise financière. A partir de là, l'agenda peut être perturbé du jour et lendemain. On n'arrête rien », explique-t-on du côté du service presse et communication de l'Elysée.
« Le président demande qu'on allège son agenda pour préparer les réunions importantes. Toutes les deux-trois heures il fait le point avec ses collaborateurs, et il faut du temps pour prendre des décisions et réfléchir sur ces sujets souvent compliqués. »[2]

---

[1] *www.politique.net.*
[2] *www.liberation.fr,* 14 octobre 2008.

Le "noyau dur" comprend trois personnes :[3]

- François Pérol, secrétaire général adjoint de l'Elysée, qui a travaillé avec Nicolas Sarkozy au ministère de l'économie.

- Antoine Gosset-Grainville, le directeur adjoint de Cabinet du Premier ministre François Fillon, ancien inspecteur des Finances, devenu avocat d'affaires.

- Stéphane Richard, le directeur de Cabinet de Christine Lagarde, qui vient du privé et a quitté Veolia pour rejoindre Bercy, à la demande expresse de Nicolas Sarkozy.

Cette "cellule de crise" fonctionne de concert avec la structure élyséenne. Claude Guéant continue d'assurer le bon fonctionnement de la "maison Elysée" et il est chargé, lorsque cela est nécessaire, d'expliquer la politique conduite.

« Dans une telle tourmente, la communication est donc le nerf de la guerre. Il a détaché en première ligne son principal conseiller, Claude Guéant, en qui il a toute confiance et qui maîtrise parfaitement la stratégie élyséenne. »

Henri Guaino, gardien de la pensée du président sur la crise exprimée lors du discours de Toulon, et Franck Louvrier, chargé de la communication, ont du jouer un rôle auprès de Claude Guéant dans ce domaine.

Les conseillers de l'Elysée sont mobilisés en fonction des besoins et de leur domaine de compétence :

- Raymond Soubie veille aux conséquences sociales de la crise. « Il a aussi été à la manœuvre quand il s'est agi de faire pression sur les organisations patronales pour qu'elles acceptent de mettre fin au système des parachutes dorés pour les dirigeants de sociétés cotées en bourse. »[4]

- Jean-David Levitte, conseiller diplomatique de Nicolas Sarkozy, est pour sa part "l'interface" entre le chef de l'Etat et ses partenaires étrangers. « Il assiste à tous les entretiens téléphoniques du président avec ces interlocuteurs, dans le bureau du chef de l'Etat. Ça dure au minimum une demi-heure. Les cellules diplomatique et économique ont préparé le terrain. »[5]

---

[3] *www.lepoint.fr,* 9 octobre 2008.
[4] *Lenovelobs.com*, 13 octobre 2008.
[5] Idem.

- Catherine Pégard assure le lien avec les parlementaires de la majorité.

On l'a compris, les décisions politiques se prennent à l'Elysée. Mais, c'était déjà le cas avant la crise, depuis le début du quinquennat.

« Aujourd'hui tout glisse à l'Elysée et les ministres n'ont plus de pouvoir de décision politique. Il y a une présidentialisation du régime. Et le seul lieu de débat qui reste c'est l'Assemblée observe Jean François Copé. Au sein du gouvernement, confirme un ministre, tout le monde a compris que le président décidait de tout. »[6]

Le Premier ministre, François Fillon, qui « participe aux réunions d'arbitrage, est plutôt l'interface avec les parlementaires. »[7]

D'autre part, « pour assurer la cohérence de son discours, Nicolas Sarkozy a instamment demandé à ses ministres de rester discrets dans les médias. »[8]

Avec la ministre de l'Economie, Christine Lagarde, les trois hommes de la "cellule de crise" organisent, tous les jours, « une réunion par téléphone avec les six grands banquiers de la place auxquels se joint Henri de Castries, le patron d'Axa. »[9]

Autour de cette "cellule de crise", qui est pilotée par François Pérol, « dont il a fait son chef d'état-major pour gérer la crise »[10], un réseau s'est constitué. En effet, « le staff de l'Elysée et l'hyperactivité de Nicolas Sarkozy ne suffisent pas pour comprendre les subtilités de cette crise et élaborer des solutions adéquates. Le dernier élément clé du dispositif élyséen est l'activation d'un immense réseau de relations fait de banquiers, de conseillers divers. »[11]

Nicolas Sarkozy consulte fréquemment trois personnes, comme il le faisait d'ailleurs assez souvent avant cette période de crise. Il s'agit des "visiteurs du soir", « ceux qui ont une réelle influence au quotidien, qui peuvent se permettre des remarques sur sa politique. »[12] Il s'agit de Nicolas Bazire, Alain Minc et Henri de Castries.

---

[6] Patrice Machuret, *L'enfant terrible : la vie à l'Elysée sous Sarkozy*, Seuil, 2009.
[7] *Lenouvelobs.com*, 13 octobre 2008,
[8] *www.lepoint.fr*, 9 octobre 2008.
[9] Idem.
[10] Idem.
[11] *www.politique.net*, 22 octobre 2008.
[12] Idem 6.

Ensuite des experts du milieu bancaire font partis de ce réseau et financier : le gouverneur de la Banque de France, Christian Noyer ; le directeur du Trésor, Xavier Musca ; les six principaux banquiers de la place de Paris et des experts économistes, qui ne sont pas toujours d'accord entre eux.

Alors comment le système de "gestion de crise" vit-il au quotidien ?

On l'a compris, Nicolas Sarkozy est le vrai patron.

« La crise, le président de la République en fait une affaire personnelle. Et il est exigeant. Ne laisse rien passer. Il est de toutes les réunions. »[13] Mais, il veut aussi prendre l'avis des conseillers qui constituent son dispositif de gestion de crise : « dans les réunions, il écoute tout le monde de la même oreille sans se soucier ni des fonctions ni de la préséance. »[14]

Il n'hésite pas à réunir la "cellule de crise" à 5 heures du matin et à le faire savoir.

C'est ainsi qu'un communiqué de la présidence de la République indique : « Lors d'une réunion tenue ce matin à 5h au Palais de l'Elysée, le président de la République s'est entretenu de la situation du groupe Dexia avec le Premier ministre, la ministre de l'Economie, de l'Industrie et de l'Emploi, le gouverneur de la Banque de France et le directeur général du Trésor et de la politique économique. Après négociations avec les autorités belges et luxembourgeoises, la décision a été prise de la participation de l'Etat à un plan de recapitalisation de Dexia aux côtés des Etats belge et luxembourgeois, du groupe Caisse des dépôts et consignations et des actionnaires institutionnels belges actuels de Dexia. »

Le dispositif de "gestion de la crise" doit faire face aux incertitudes de la situation et les réduire en faisant appel au réseau d'experts.

« Le film passe son temps à faire des accélérations brutales au moment où on s'y attend le moins, confie l'un des conseillers. La fragilité du système est telle qu'il est impossible de faire des prévisions à deux ou trois jours. Elles sont constamment remises en question. »[15]

---

[13] *www.lepoint.fr,* 9 octobre 2008.
[14] Idem.
[15] Idem.

III. Les pratiques décisionnelles

Essayons de comprendre les grandes lignes du fonctionnement de ce dispositif.

La crise a été considérée comme une crise financière internationale avec des conséquences sur notre pays, d'abord dans le milieu bancaire, et par "effet domino", sur les marchés boursiers puis sur certaines entreprises.

Le diagnostic est clair : la crise est due à des dysfonctionnements du système capitalisme international. Le système n'est pas remis en cause, il faut le réguler et le "moraliser". Le rôle de l'Etat doit rester sur un mode d'interventionnisme faible ou modéré.

Regardons les éléments de la stratégie décidée et formulons des hypothèses sur les pratiques décisionnelles et sur le fonctionnement de la "cellule de crise".

III.1 Au plan international

Nous allons nous intéresser aux décisions du président concernant l'Union européenne, le G8 et le G20.

Quelles peuvent être alors les pratiques décisionnelles ?

Elles relèvent de l'acteur unique. Nicolas Sarkozy décide dans le cadre d'une "analyse stratégique " en s'entourant de ses conseillers habituels. Il informe (consulte ?) les partenaires politiques. Il prend la décision seul. La dimension internationale est depuis longtemps un "domaine réservé" du président de la République. Dans l'urgence il peut se situer dans la pratique de la "décision entrepreneuriale".

Il n'y a pas de cellule de décision. Les risques de basculer dans la crise sont faibles.

Dans les réunions internationales on distinguera deux phases :

- Lorsqu'il assure la présidence de l'Union européenne, le président Sarkozy a tendance à rester dans le cadre de l'acteur unique. Il cherche à imposer ses décisions. Le risque est de basculer dans un "jeu politique interne" qui peut provoquer rapidement des tensions. Son " pouvoir" de président de l'Union européenne peut être très vite contesté par ses partenaires, cette présidence "tournante" semble plutôt limitée à un rôle d'animation d'un modèle organisationnel.

- Lorsque la France n'assure plus la présidence tournante, il n'est plus en situation de "décideur".

C'est également le cas pour le G8 et le G20.

Il entraîne alors vite le modèle organisationnel vers le modèle politique. C'est un acteur qui cherche à placer la décision dans le "jeu politique interne".

Il cherche à faire prévaloir son point de vue.

Pour cela il va passer des alliances de circonstance avec les acteurs qui partagent sa vision des choses. Il va jusqu'à menacer de "quitter le jeu".

Vis-à-vis de l'Europe il va aller jusqu'à chercher à modifier la répartition du pouvoir.

C'est ce qu'il fait lorsqu'il remet en cause la présidence de l'Eurogroupe ou lorsqu'il émet des doutes sur la présidence tchèque qui doit lui succéder. Ces jeux de pouvoir font l'objet de déclarations qui sont fortement médiatisées.

Il n'y a pas eu de crise dans ces différentes instances internationales. Mais, si l'attitude de Nicolas Sarkozy est un signe de "volontarisme" pour les uns, elle est, pour d'autres, une source d'irritation qui pourrait avoir des conséquences pour la gestion des situations complexes à venir.

La stratégie de Nicolas Sarkozy est plus inspirée par le modèle concurrentiel que par la stratégie relationnelle.

Lorsqu'il envoie une lettre à Angela Merkel à propos de la crise des subprimes, en demandant une nécessaire transparence des marchés financiers, sa diffusion est reprise dans tous les médias, non seulement français, mais internationaux. « Mais il a beaucoup irrité Madame Merkel parce que celle-ci avait mis le sujet à l'ordre du jour du G8 plusieurs mois auparavant, et elle a eu le sentiment que l'on se moquait d'elle. Nicolas Sarkozy est un "voleur de lumière". Et cela finira par avoir un coût politique. »[16]

Par contre il faut noter que cette attitude semble plaire aux français, car la cote de popularité de Nicolas Sarkozy repartira pour un temps à la hausse pendant cette période d'intense activité internationale.

---

[16] Jean-Louis Missika, *La stratégie médiatique de Nicolas Sarkozy finira par avoir un coût politique,* LeMonde.fr, septembre 2007.

III.2 Avec les "patrons"

Pour les banques et les entreprises françaises (on cible les "patrons") on va procéder en deux étapes.

Dans un premier temps, on sauve les banques et les entreprises du secteur automobile en injectant des fonds publics. Dans un deuxième temps on cherche à moraliser le système.

Quand l'Etat dispose d'un pouvoir direct en apportant des fonds publics, il fixe de nouvelles règles. Dans le cas contraire, il cherche à faire pression sur le Medef pour que ce dernier régule et moralise le système par un "code de bonne conduite".

Avec les entreprises on favorise l'investissement pour soutenir l'activité. Cela se concrétise par un plan de relance et la nomination d'un ministre en charge de sa mise en œuvre.

Les conséquences du chômage sont traitées par un renforcement des dispositions de protection sociale.

On peut émettre l'hypothèse que le président de la République a mis en place une "cellule de crise". Il a choisi des hommes qu'il connaît bien et qui se connaissent entre eux.

On peut imaginer le mode de fonctionnement de cette cellule. Elle présente un fonctionnement "fermé". Elle est caractérisée par une forte identité, avec les décisions prises par le chef de l'Etat, même s'il écoute les avis de ses conseillers sans trop de formalisme.

Cette équipe restreinte anime des réseaux interne et externe qu'elle dirige ou contrôle. Quelle est la liberté d'initiative des membres de ces réseaux ?

La cellule recueille aussi les avis des experts économiques. La diversité de ces acteurs est-elle suffisante pour éviter le phénomène d'unanimisme ?

La focalisation se fait vraisemblablement sur le leader, le président de la République, dont la conduite doit être plutôt du style directif.

Si on formule des hypothèses concernant les pratiques décisionnelles, on peut penser, dans un premier temps, que la "cellule de crise" est un modèle de type organisationnel. Cela signifie un pouvoir réparti.

La réalité doit être toute autre.

Si la cellule est vraisemblablement chargée de recueillir et d'analyser l'information et de proposer des solutions, les décisions relèvent certainement de Nicolas Sarkozy lui-même.

« Déléguer ses pouvoirs, Nicolas Sarkozy n'y parvient pas. Sil voit que le travail est fait, il ne s'en mêle pas. Mais quand il le fait lui-même, ça va plutôt mieux justifie Catherine Pégard. »[17]

Qu'elle est la stratégie décidée ?

Pour ce qui concerne le renflouement des banques il semble que la décision s'inscrive dans la solution adoptée par de nombreux Etats, même si le choix a été de prêter de l'argent plutôt que de rentrer au capital des banques, voire de nationaliser celles en difficulté.

Pour la "moralisation" du système, c'est-à-dire l'encadrement des rémunérations des grands patrons, si les principes sont affichés assez rapidement, les décisions relèvent davantage de la réaction aux "scandales" dénoncés par les médias et l'opinion publique.

Nicolas Sarkozy, candidat à l'élection présidentielle, dénonce en juin 2006 : « L'outrance de ces chefs d'entreprise qui bénéficient de stock-options et touchent de grosses indemnités de départ malgré de mauvais résultats. »

A Marseille, en avril 2007, il s'engage « à faire voter dès l'été s'il était élu, une loi qui interdirait la pratique détestable des golden parachutes. »

A Toulon, en septembre 2008, le président de la République agite encore cette perspective législative pour la fin de l'année.

Lors de son discours de Saint Quentin, en mars 2009, il déclare que « La loi allait tomber telle l'épée de Damoclès. »

En trois ans rien ou presque !

III.3 Avec les collectivités territoriales

Pour les collectivités territoriales des décisions sont prises dans le cadre d'un travail du Gouvernement et du Parlement. On est dans le modèle organisationnel habituel, on adapte ou on ajuste en conséquence : "adaptation administrative" ou "ajustement rationnel" du modèle générique.

---

[17] Patrice Machuret, *L'enfant terrible : la vie à l'Elysée sous Sarkozy*, Seuil, 2009.

III.4 Avec les "groupes de pression"

Les groupes de pression sont pris en charge de la manière habituelle par les conseillers de l'Elysée et par les ministres concernés. On gère comme on le fait habituellement : dialogues et négociations dans le cadre de rapports de force et "pourrissement des conflits". On est dans le "jeu politique interne".

III.5 Concernant la population

L'inquiétude de la population, fait l'objet d'une communication visant à rassurer notamment sur les conséquences pour les banques.
Quand aux inquiétudes et comportements irrationnels liés aux licenciements et aux fermetures d'usines, on dénonce d'une part l'attitude de certains patrons, et de l'autre, on condamne les actions violentes de certains salariés.

Que peut-on conclure de cette analyse ?
La crise a peu changé les pratiques décisionnelles de Nicolas Sarkozy. Le président adapte le dispositif de l'Elysée pour prendre en compte les conséquences de la crise sur les banques et les entreprises. Il utilise ses réseaux habituels qu'il active plus fortement. Le pouvoir reste à l'Elysée. La crise donne même le sentiment que la concentration du pouvoir est plus forte encore que d'habitude.
Même s'il y a une cellule de crise, les pratiques décisionnelles relèvent de celles de l'acteur unique.
On pourrait à ce sujet s'interroger sur les biais cognitifs de l'acteur unique Nicolas Sarkozy : ancrage sur le jugement initial ? Focalisation sur la solution qui paraît la bonne sans chercher plus loin ? Illusion de pouvoir tout contrôler ?
On pourrait de même rechercher les déficits de la cellule mise en place : cellule centrée sur elle-même ?
Sentiment d'infaillibilité ?
Une stratégie est décidée, la relance par l'investissement. Un plan de relance est engagé et les structures sont adaptées avec la création d'un poste de ministre en charge du plan.
S'agit-il d'un souci d'efficacité ou d'un affichage politique ? On attend les résultats pour corriger si nécessaire le dispositif.

Par ailleurs, on poursuit les réformes sans remettre en cause leur nature. La crise semble même servir de justification supplémentaire à ces réformes voire à leur accélération.

Les relations avec les divers acteurs s'établissent toujours dans un rapport de force.

La communication et la médiatisation sont pleinement utilisées.

Comment Nicolas Sarkozy procède-t-il ?

« Il allume ou fait allumer des incendies, observe les réactions, pousse son avantage si les réactions sont faibles mais il sait aussi reculer quand le feu se propage. Au passage, il essaie malgré tout de grignoter un peu de terrain. C'est la pratique de trois pas en avant, deux pas en arrière. Au bout du compte il reste un pas de gagné. Le revers de cette méthode, c'est l'absence de lisibilité de sa politique et cette interrogation récurrente: où veut-il en venir ? Son imprévisibilité est telle qu'on ne peut manquer de s'interroger sur sa cohérence. »[18]

L'analyse de cette gestion de crise laisse l'impression d'une "parenthèse" dans le fonctionnement quotidien du système politique de décision Elyséen.

La réforme du capitalisme ? C'est fait avec le G20 ! Il faut des mesures au niveau français, sans plus. Il faut continuer à accompagner la sortie de la crise financière, même si on est conscient que les conséquences vont se faire sentir pendant quelque temps.

« On a été à un millimètre d'un désastre absolu, pendant une semaine du mois d'octobre 2008 quand les gens se sont présentés aux guichets de banques. »[19]

Donc l'affaire est réglée !

Il reste les conséquences au niveau de l'emploi. L'année sera rude, peut être même aussi l'année 2010.

On ne change rien. Au contraire les réformes sont à conduire plus rapidement. Et pour cela on peut compter sur le volontarisme du président de la République.

Nicolas Sarkozy dit aux français: « Il y a un capitaine à la barre. Mais ce n'est pas le capitaine qu'ils regardent, c'est la mer démontée et le point d'arrivée. »[20]

---

[18] Patrice Machuret, *L'enfant terrible : la vie à l'Elysée sous Sarkozy*, Seuil, 2009.
[19] Alain Minc, *L'objet du scandale*, France 2, 10 mai 2009.
[20] Stéphane Rozès, directeur général de l'institut CSA. *La Tribune.fr*.

Pour aller plus loin dans notre analyse il nous faut donc regarder comment s'est faite la médiatisation de l'action du président de la République lors de la crise.

Chapitre IV

La "mise en scène" de la décision

La citation de Jean Cocteau[1] : « Puisque tout ceci nous échappe, feignons d'en être l'organisateur » me paraît bien adaptée à ce que l'on observe dans les situations complexes.

Dans le déroulement de cette crise financière, on a pu observer que souvent les principaux acteurs ont tenté de faire prévaloir leurs points de vue au travers des jeux de pouvoir. Ce sont ces derniers qui, en se transformant en conflit de pouvoir, où le pouvoir est contesté et disputé, peuvent entraîner des crises, dans le sens de la défaillance d'un processus décisionnel.

Les prises de position publiques et les déclarations ont donc une place importante. Elles s'adressent aux autres acteurs, elles prennent à témoin l'opinion publique. Elles se manifestent par médias interposés.

Mais « les journalistes ne sont pas de simples témoins qui relatent ce qu'ils voient de la manière la plus distanciée possible : ils sont des acteurs à part entière des problèmes ou conflits dont ils prétendent rendre compte. »[2]

En réalité tous les acteurs ont pris l'habitude de parler de crise dès qu'un évènement présente certaines caractéristiques, notamment un intérêt pour les médias. Pas étonnant alors que cet évènement soit fortement médiatisé, renforçant ainsi, aux yeux des acteurs et de l'opinion publique, l'idée que l'on est bien face à une crise.

Tous les acteurs ont des intérêts à développer des relations avec les médias en dehors des situations de crise et lors des crises. Il s'agit toujours d'un jeu ambigu où l'on recherche la médiatisation quitte à reprocher ensuite aux médias d'en avoir fait trop ou pas assez.

---

[1] Jean Cocteau cité par Geneviève Decrop, *Risques collectifs et situations de crise*, L'Harmattan, 2004.
[2] Pierre Bourdieu, *Questions de sociologie*, 1988.

Le décideur va voir ses choix médiatisés, il va même assez souvent chercher à ce que les médias donnent de l'écho à ses décisions.

La décision s'accompagne donc d'une représentation de la décision. Dans certaines situations, et c'est le cas lors des "crises", des messages décisionnels sont à faire passer dans le public.

Nous allons nous intéresser au rôle des médias vis-à-vis de la décision, donc du décideur. Ce dernier étant pour ce qui concerne notre étude, le politique, et plus encore le président de la République, nous allons présenter quelques éléments sur les médias dans la crise et plus particulièrement sur les relations entre médias et responsables politiques.

I. Les médias et la crise

« La presse fait l'objet dans l'opinion d'un discrédit souligné par toutes les enquêtes sociologiques. »[3]

Que reproche-t-on aux journalistes ?

Les principaux reproches sont : la recherche du spectaculaire, de nombreuses inexactitudes, l'atteinte à la vie privée et à la présomption d'innocence.

On considère souvent les médias comme les responsables de la crise. « Les situations de crise doivent beaucoup à la logique : il y a crise lorsque l'on croit massivement qu'il y a crise (il faudrait expliciter qui est ce "on"), les médias ayant en ce domaine un poids déterminant [...]. On peut dire qu'il y a crise lorsque les médias s'emparent d'une affaire ou d'un problème et parviennent, avec succès, à le constituer comme "crise", créant de ce fait une situation spécifique. »[4]

On peut aller plus loin encore dans les reproches aux médias. Un sondage, réalisé à la demande du mouvement patronal Ethic, et relayé par Le Figaro, affirme que « pour 65% des Français, le traitement de la crise par les médias finit par nuire à l'économie. »

---

[3] Henri Pigeat, *L'État et la presse,* Académie des sciences morales et politiques, 2000.
[4] Patrick Champagne, *La médiatisation des risques et l'espace public : Les risques et les médias,* CNRS, avril 1999.

Or « c'est la réalité qui interpelle les gens, pas les médias. Le public n'a pas peur de ce que les autres ou les médias disent, mais de ce qu'il voit. »[5]

Le problème vient du « déficit très grave d'explication » dans la couverture médiatique de la crise : « Tout est centré sur la crise financière ! Les médias ne disent pas qu'il s'agit d'une crise systémique et que, par exemple, l'automobile est un produit du XXe siècle qui s'essouffle. Les médias relaient purement et simplement des annonces. » Donc les médias nuisent à l'économie pour les uns, ils justifient les plans sociaux pour les autres. Les licenciements sont « en fait des licenciements boursiers. Les entreprises anticipent sur leurs pertes futures et licencient car les médias parlent de la crise. »[6]

En ce qui concerne la crise financière, les médias ont couvert, à la fois l'aspect international et la situation en France, et ont relayé les déclarations de Nicolas Sarkozy.

« Le grand orchestre médiatique français a sorti les tambours, le G20 est un succès ! Et l'on ne dit rien des commentaires émerveillés de certains journalistes de télévision. On est loin des critiques du Washington Post ou du New York Times, lequel considère que, si des mesures nécessaires ont été prises, elles sont insuffisantes pour éviter une répétition du désastre. Ce sont les mêmes journalistes économiques, les mêmes analystes, les mêmes experts patentés qui, hier, justifiaient ce système et exigent aujourd'hui d'applaudir à la naissance du supposé nouveau monde. »[7]

II. Responsables politiques et médias

Si le décideur politique a un intérêt à utiliser les médias pour annoncer sa décision, ne risque-t-il pas de vouloir "manipuler" les médias ?

Peut-on avoir confiance en la presse quand on sait les relations particulières entre le politique et le monde des médias ?

Avec Nicolas Sarkozy la question est encore plus pertinente.

---

[5] Ahmed Silem, Professeur d'économie de l'information université Lyon 3, *Rue 89*, 25 mars 2009.
[6] Idem.
[7] *Marianne*, 11 au 17 avril 2009.

La communication occupe une place de plus en plus importante en politique et les hommes politiques savent désormais manier l'art de communiquer et les effets d'annonce.

Les décisions prises par les décideurs politiques sont relayées et commentées par les médias.

La concentration des médias entre les mains de quelques grands groupes dépendant de la commande publique et proches de Nicolas Sarkozy a été dénoncée pendant la campagne électorale des présidentielles de 2007.

La réalité est plus complexe.

Les médias sont placés au centre de champs de forces multiples : des actionnaires qui attendent des profits, des annonceurs publicitaires, des lecteurs qui veulent des informations.

Les journalistes français sont proches du personnel dirigeant : ils ont souvent suivi le même type d'études, ont partagé des expériences communes, fréquentent les mêmes endroits, ont les mêmes loisirs et le même mode de vie.

Les relations entre médias et hommes politiques ont, à plusieurs reprises, conduit à des abus qui ont été dénoncés dans plusieurs ouvrages comme « Bien entendu c'est off » de Daniel Carton ou encore « La face cachée du Monde » de Philippe Cohen et Pierre Péan.

Le défi représenté par l'ingérence des politiques dans la production de l'information a été remplacé par le défi économique et financier, aujourd'hui particulièrement redoutable.

« Le plus haut personnage de l'Etat ne peut rester indifférent à la mise en scène de ses interventions sur le petit écran […]. Les hommes politiques ont endossé le rôle de véritables acteurs. »[8]

Pour Patrick Poivre d'Arvor : « L'éruption de la communication a tout changé. Nos interlocuteurs sont mieux armés qu'avant. Il y a une grande différence entre communication et journalisme et c'est à nous d'être assez subtil pour faire la différence. Ce n'est pas si difficile car après tout, c'est l'essence même du journalisme que de ne pas se laisser avoir par la mise en scène. »[9]

« En communication de crise tout comme en communication politique, une des lignes de conduite qui semble efficace à court

---
[8] Rémy Rieffel, *Sociologie des médias*, Ellipses-Marketing, 2001.
[9] Patrick Poivre d'Arvor, *Marianne en ligne* ,2004

terme est d'expliquer la vérité par le mensonge et les faits par l'absence de fait. Dans notre monde d'images, d'immédiateté, le mensonge est souvent plus efficace que la vérité : il a pour avantage sur la vérité de pouvoir être entier, explicite et contextuel. »[10]

A lire ces commentaires, on comprend toute la difficulté que l'on peut rencontrer pour décoder la manière dont les décisions prises pour limiter les effets d'une crise vont être médiatisées.

Nous allons, pour tenter d'y voir un peu plus clair, utiliser un nouvel axe pour appréhender le mécanisme "décision". Rappelons une fois encore que c'est la décision qui nous intéresse puisque la crise est une défaillance du processus décisionnel.

III. La représentation sociale

Nous avons consacré une partie de notre propos au mécanisme de la décision. Nous avons mis en évidence que les acteurs se voyaient souvent comme des décideurs dotés de rationalité. En réalité ils rationalisent leurs choix à postériori. A écouter les récits, la décision est un moment noble et fait d'eux de vrais stratèges. En général la décision est suivie d'actions. En réalité, « la décision n'est que la partie émergée d'un iceberg constitué majoritairement d'actions irréfléchies, les décisions jouent un rôle de rationalisation à posteriori. »[11] Aussi, « dans la perspective de l'action, c'est l'interprétation et non le choix qui est au cœur de la vie organisationnelle. »

Donc, d'un côté il y a la décision comme un choix à priori, et de l'autre, la décision comme une interprétation à postériori !

Pour le théoricien, la décision est soit une réalité (c'est la théorie de la décision), soit une illusion (c'est la théorie de l'action).

Deux points de vue irréductibles.

Hervé Laroche propose de réconcilier décision et action avec l'étude de la décision comme représentation sociale.

---

[10] Didier Heiderich, *Vrais mensonges et fausses vérités,* www.communication-sensible.com, mars 2003.
[11] Hervé Laroche cité par Hubert Houdoy, *La prise de décision comme représentation sociale*. Réseau d'Activités à Distance, Août 1997.

Les représentations sociales « influencent les processus, elles facilitent l'action et elles donnent sens à ce qui se passe dans les organisations. »[12]

Hervé Laroche met l'accent sur la reconnaissance de cette composante spectaculaire de la décision. Spectacle est un des sens du mot représentation.

« Les représentations sociales sont des groupements, explicites ou implicites, plus ou moins organisés, d'idées, de jugements et d'images, qui sont utilisées pour décrire, interpréter ou justifier des actions collectives. »[13]

Considérer la décision comme une représentation sociale c'est donner aux membres de l'organisation la sensation de participer ou d'être les témoins de la décision, cela les motivent et les aident à s'engager dans l'action. Cela fait de la décision un « spectacle que toute organisation se donne à elle-même pour exister. » C'est aussi « une représentation, un spectacle, que certains de ses membres donnent à d'autres membres. » Cela leur permet de « valider le rôle de manager » et de « justifier la division des responsabilités. » « La décision est aussi une représentation que chaque membre se construit pour lui-même pour donner un sens aux évènements. »[14]

« Les représentations sociales de la prise de décision aident les participants à se frayer un chemin dans le désordre organisationnel. »[15]

Or les crises sont souvent vécues comme des désordres organisationnels, des situations de chaos.

On dit d'un système qu'il est chaotique, selon la théorie du chaos,[16] s'il est régi par des lois déterministes connues, mais que son évolution échappe tout de même à toute prévision sur le long terme. Les systèmes chaotiques ont un comportement infiniment complexe, ce qui rend toute prévision à long terme impossible.

---

[12] From Décision to Action, *Organizations : Décision – making as Social Représentation.*
[13] Jean-Gustave Padioleau cité par Hervé Laroche, *Réseau d'Activités à Distance,* Août 1997.
[14] Hubert Houdoy, *Réseau d'Activités à Distance,* Août 1997.
[15] Hervé Laroche cité par Hubert Houdoy, *Réseau d'Activités à Distance,* Août 1997.
[16] Le père officiel de la théorie du chaos est Edward Lorenz, professeur de mathématique au MIT (Massachusetts Institut of Technology).

Résumons notre propos.

Nous avons des situations complexes qui peuvent entraîner des crises, vécues comme un chaos, une désorganisation importante du système ou de la société. Des décisions sont prises. Comment et par qui ?

Par un décideur qui procède à des choix à priori.

Croire cela c'est oublier que la crise, défaillance du processus décisionnel, est quelque chose que l'on subit.

Pourtant, dans cette situation chaotique, il convient de redonner du sens. En effet, d'une part, il faut permettre aux acteurs qui doivent agir, de croire à ce qu'on leur demande de faire ; et d'autre part, il faut rassurer une population inquiète.

On va donc faire une "représentation" de la décision. On comprend mieux alors l'importance des médias pour retransmettre au plus grand nombre ce "spectacle".

Reprenons le modèle générique des pratiques décisionnelles de Nioche.

Quand la pratique décisionnelle correspond à une situation de décision anticipée, on peut penser que, comme on a le temps, la décision va relever d'un choix à priori.

Dans les situations de décisions émergentes, on n'a pas le temps, mais l'environnement est perçu comme stable. On pourrait aussi être en présence de décisions à priori. Sauf que lorsque les procédures sont très formalisées, voire automatisées, le rôle du décideur dans le choix est faible.

Pour tous ces cas, que la décision soit prise à priori, ou automatisée, il n'est pas interdit de la médiatiser, donc d'en faire également une "représentation sociale".

Par contre, si on est placé dans une situation occurrente, on n'a pas le temps, il y a urgence. Les décisions à priori seront donc plus rares car l'action précède la décision.

En situation de crise, il n'y a plus de décision à priori puisque l'on subit la situation, on "rattrape" après coup.

On va donc faire de l'interprétation à postériori, et de la représentation de la décision.

Nous allons essayer d'aller un peu plus loin dans la compréhension de ce mécanisme de représentation sociale.

Nous allons nous appuyer, pour cela, sur les travaux présentés par Hubert Houdoy.[17]

Il propose d'opposer la décision comme un choix à priori à la décision comme l'interprétation à posteriori. Il distingue ainsi une "bifurcation", décidée ou non, du spectacle décisionnel (partiel ou total).

Dans les choix à priori, la perspective de l'action a tendance à supprimer le concept de décision. Le choix à priori, faisant suite à une analyse objective d'une situation et précédant l'action correspondante, est le cas le plus rare.

Une véritable décision, un choix à priori suivi d'une action transformatrice, est une bifurcation délibérée. « L'évènement au sens le plus fort est une bifurcation au sens de la théorie du chaos. Il fait passer d'une situation à une autre. Il modifie la logique de la situation. Il faut donc établir le nouveau sens commun pour orienter les prochaines actions. »[18]

La représentation est donc aussi présente dans l'action. L'action est aussi une représentation, individuelle et sociale. Elle est un spectacle. Donc, même le choix à priori est une représentation : un modèle, une interprétation et un spectacle.

Dans l'interprétation à posteriori, la décision suit l'action. Elle ne provoque pas de choix ni de rupture. La représentation sociale est une interprétation à posteriori qui cherche à rassurer, à combler un retard temporel et un vide sémantique. « L'interprétation à posteriori est d'autant plus nécessaire que les bifurcations ne résultent pas de décisions conscientes ni délibérées. L'interprétation est une tentative de retrouver, magiquement, après coup, la nature voire le moment de la bifurcation. L'interprétation à posteriori suppose que quelque chose s'est passé. Elle implique un évènement. La décision comme représentation sociale doit masquer une rupture de sens et d'équilibre provoquée par l'irruption de l'évènement. Elle doit la recouvrir par un discours signifiant et rassurant. »[19]

Quand les interprétations suivent les bifurcations, la prise de décision à posteriori n'est plus qu'un spectacle, une mise en scène.

---

[17] Hubert Houdoy, *Réseau d'Activités à Distance*, Août 1997.
[18] Idem.
[19] Idem.

Ce phénomène est de plus en plus courant sur le terrain des organisations.

Or, on constate que beaucoup de bifurcations sont provoquées par l'environnement et les non-décideurs de l'organisation.

« Pour l'économie traditionnelle, le marché est constitué par une multitude d'individus effectuant des choix avant d'exercer leur activité. La théorie économique classique suppose que tous les individus sont des décideurs. Mais il faut dire que ce sont des décideurs de faible poids. Ils prennent des décisions qui ne provoquent pas de bifurcations. »[20]

Rappelons-nous : dans la décision il y a un lieu de décision, un décideur et une logique de la décision. C'est la représentation que se fait le public en général. Mais, il y a toujours un décalage entre le réel et la représentation. « La décision pose un problème particulier du fait de la division du travail, de la hiérarchie des rôles et de la séparation des statuts. »

Qui décide ?

Pour Hubert Houdoy, il y a un acteur qui détient le "privilège de la décision". Or, « le privilège de la décision est aussi une représentation de l'organisation. Les décideurs privilégiés sont la représentation officielle de l'organisation. Ils peuvent même la personnifier (l'Etat c'est moi). La capacité de décider des uns n'a de sens que dans l'annonce ou le spectacle qui en est fait aux autres. »

Au regard de ces travaux, on peut considérer qu'une décision a deux facettes inséparables : la bifurcation et le spectacle.

« Mais il semble exister un principe de compensation : plus la bifurcation est faible, plus le spectacle est nécessaire pour la représentation sociale du décideur ou de la décision. » En clair, quand la décision s'impose ou quand elle est prise de manière automatique, la bifurcation est faible, il faut donc compenser par une mise en scène importante.

Cela nous ouvre des perspectives de compréhension de la communication en situation de crise.

Nous allons pouvoir regarder la médiatisation de la crise, par Nicolas Sarkozy, et tenter de distinguer ce qui relève de véritables choix, de décisions à priori qui seront médiatisées, de "non décisions" pour lesquelles on fera le "spectacle".

---

[20] Hubert Houdoy, *Réseau d'Activités à Distance*, Août 1997.

Plus la représentation sera forte, plus on pourra s'interroger, au regard de ce principe de compensation, sur la nature de la décision. Cela ne veut pas dire que, dans ce cas, le public fait l'objet d'une "manipulation" de la part du politique.

En effet, quand les bifurcations ne sont pas dues à des choix à priori, l'opinion publique à la sensation d'être dans un désordre organisationnel. La décision comme représentation sociale vise alors à produire un sens, à fournir une interprétation. Le spectacle rétablit la signification.

Pour décrire un réel, que je ne peux pas appréhender dans sa totalité, je vais avoir recours à des représentations qui ne sont au mieux que des simplifications, au pire des erreurs.

C'est comme cela que nous avons fixé les limites du modèle générique de Nioche.

Ces représentations peuvent être purement personnelles ou partagées par beaucoup d'autres. Elles sont toujours une représentation du réel visant à lui donner un sens et, si possible, à rendre visible la place de l'acteur dans ce spectacle.

Les représentations sont construites avec des signes, des icônes ou des symboles. Elles obéissent aux lois de la linguistique, de la sémantique et de la sémiotique.

On a vu que lorsqu'une partie de la population se trouvait confrontée à des incertitudes fortes, elle pouvait avoir des comportements irrationnels. Nous avions parlé alors de "régression". Il faut donc ramener le groupe de l'irrationnel vers le rationnel. C'est-à-dire redonner du sens, du réel. Le responsable politique doit donc être en mesure de présenter une représentation de la réalité complexe. C'est pour cela que nous avions insisté sur l'importance de la dimension symbolique.

« Le spectacle décisionnel donné par un cadre ayant le privilège de décision va révéler le sens commun restaurant l'unité magique de l'organisation. »[21]

Le décideur peut être selon le modèle générique : acteur unique, acteur à la tête d'un modèle organisationnel, acteur d'un modèle politique.

---

[21] Hubert Houdoy, *Réseau d'Activités à Distance,* Août 1997.

L'acteur unique veut donner du sens aux décisions qu'il prend seul, avec sa propre logique. Il doit donc expliquer ses choix, "révéler le sens".

« Le sens révélé est la spécialité du modèle centralisé. Mais, dans un monde instable cette manière de se rassurer est d'une efficacité douteuse. Constater et interpréter après coup les bifurcations n'est que partiellement rassurant. Les grand-messes du sens finissent par réveiller le doute et l'esprit critique à force de servir de nouvelles explications rassurantes à chaque désordre perturbateur [...]. Cette production classique du sens, par une caste de décideurs et dans une vision simple du monde, est de moins en moins efficace dans nos organisations. Le spectacle devient trop évident pour beaucoup de ses membres. Il ne parvient plus à masquer la sensation de chaos. Car les bifurcations se produisent en des lieux souvent éloignés du spectacle décisionnel. »[22]

Que se passe-t-il quand on est en présence de pratiques décisionnelles relevant d'un modèle organisationnel ou politique ?

Quand la prise de décision relève d'un modèle organisationnel, où le pouvoir est réparti, chaque acteur ou groupe d'acteurs se sent, en quelque sorte, coproducteur de la décision, et peut à ce titre mieux appréhender la réalité décisionnelle (choix à priori ou interprétation à postériori).

Il en est de même dans le modèle politique où la décision est le résultat d'un consensus ou d'un compromis.

Le sens n'est plus "révélé" par un acteur unique "rêvant d'ordre et de stabilité" auquel on adhère par la foi, comme dans le cas d'une religion révélée. Le sens est produit par le débat interne et le dialogue externe, il est le fruit de la conception simultanée et le développement en partenariat. Encore faut-il sortir du système centralisé et reconnaître les représentations sociales. Ce "sens produit" s'élabore par l'échange des modèles mentaux. « Il favorise la capitalisation des connaissances. Loin des grand-messes qui prétendent fusionner directement les connaissances, le sens produit le double mouvement d'explicitation des connaissances en informations et d'assimilation des informations en connaissances. »[23]

---

[22] Hubert Houdoy, *Réseau d'Activités à Distance,* Août 1997.
[23] Idem.

Lorsqu'une équipe focalise sur le leader, on reste dans un modèle centralisé et la représentation de la décision aura pour but de communiquer sur le "sens révélé".[24]

Le "sens produit" passe par une focalisation sur le mode de comportement. « Il n'est plus temps de lier le sens à la décision d'un acteur privilégié. Aujourd'hui, le sens ne pourra venir que du partage des modèles mentaux de tous les protagonistes. Le sens n'est pas révélé par une caste de prêtres. Le sens est découvert dans l'exploration des possibles. L'organisation trouvera la conscience de sa complexité dans l'apprentissage organisationnel. »[25]

Nous voilà en présence d'éléments de réflexion pour éviter et prévenir les crises ! Si nous voulons comprendre les décisions prises lors d'une situation complexe, il faut être en mesure de repérer les décisions à priori des divers modes de représentation de la décision. Bref il nous faut être en mesure de faire le repérage objectif des bifurcations.

« Plutôt que de se rassurer par des spectacles décisionnels qui tentent de restaurer à la fois le statut du décideur privilégié et le sens commun et plutôt que de les dénoncer en pure perte, il importe de construire des outils de repérage des bifurcations. Car les bifurcations ne sont pas toujours associées à des lieux de décision. » En effet, « toute organisation est basée sur une représentation de son action dans un environnement particulier. La division du travail s'efforce de confiner les actions dans des lieux prévus lors de la conception de l'organisation. Hélas, l'environnement contemporain évolue beaucoup plus vite que les règles organisationnelles. Aussi les bifurcations prennent un malin plaisir à se produire en dehors des lieux de décision. »[26]

Hubert Houdoy donne la liste des 6 types de situations dont l'existence est possible simultanément dans une organisation:
- Des non décisions pour de vrais problèmes à résoudre.
- De vraies décisions pour des vrais problèmes.
- Des décisions routinières prises quotidiennement par des acteurs non rangés dans la catégorie des décideurs.

---

[24] Voir la notion de focalisation
[25] Hubert Houdoy, *Réseau d'Activités à Distance,* Août 1997.
[26] Idem

- De vraies décisions pour de vrais problèmes avec une composante spectaculaire importante indiquant qu'il y a un autre enjeu.
- Des interprétations à posteriori de bifurcations non contrôlées.
- Des décisions spectacles, en l'absence de problème ou de bifurcation, pour que le décideur officiel puisse jouer, sans danger, son rôle de décideur.

En navigant d'un cas de figure à l'autre, on va observer des "bifurcations" qui sont des "changements de cap".

Si ce changement de cap est délibéré, il relève d'une décision à priori qui pourra ou non être médiatisée.

Certaines bifurcations seront le fait de procédures "automatiques ", de l'environnement ou d'acteurs extérieurs au système.

Il est urgent de dresser la carte des bifurcations pour que le chaos soit perçu comme une complexité objective et non pas comme un désordre démobilisateur.

IV. La carte des "bifurcations"

Pour comprendre la médiatisation de la gestion de la crise, nous allons chercher à dresser la "carte des bifurcations".

Et puisque Nicolas Sarkozy a utilisé la formule : « Il y a un capitaine à la barre », nous allons reprendre cette image d'un bateau (l'organisation France) navigant sur la mer démontée de la crise financière.

Notre "bateau organisation" quitte le port de départ. Suivons, pendant cette traversée, les changements de cap, les bifurcations. Notre objectif est de rechercher les raisons de ces bifurcations, et d'examiner la dimension "représentation" qui en sera faite. Rappelons le principe de compensation : moins la bifurcation est voulue (moins elle est le résultat d'un choix à priori), plus la représentation sera forte.

Pour illustrer les bifurcations possibles, nous vous proposons un voyage en mer :

- Le bateau rencontre une mer agitée. Pour le confort des passagers le système de pilotage automatique adapte le trajet.

Il s'agit d'une bifurcation non contrôlée, dans le sens où le titulaire du privilège de la décision laisse l'automatisation faire le choix.

- Le pilotage automatique modifie le cap pour reprendre la destination initiale, il s'agit toujours d'une bifurcation non contrôlée.

- Le bateau va couper la route d'un pétrolier, il faut donc modifier la route. Il s'agit d'une vraie décision, pour un vrai problème, d'une bifurcation suite à un choix à priori. Elle peut être prise par le commandant en salle de contrôle, cette présence apportant une "représentation" à la décision.

- Le bateau arrive dans une zone de forte tempête, ce qui rend nécessaire une nouvelle modification du cap. C'est une nouvelle bifurcation non contrôlée, due au système automatique. Mais le commandant juge utile de faire une information pour rassurer les passagers, exposer les conditions météorologiques et expliquer ce nouveau changement. Il y a interprétation à postériori. La décision est faible, la représentation est forte.

- Le bateau passe près d'une île. Le commandant pense qu'une information sur cette île, sa faune, sa flore pourrait intéresser les passagers. Pas de bifurcation mais une "décision spectacle".

- Le pilotage automatique modifie à nouveau le cap pour reprendre la destination initiale. C'est une nouvelle bifurcation non contrôlée.

- Le bateau passe à proximité d'une zone d'icebergs, ce qui est susceptible de générer une forte inquiétude chez certains passagers. Pourtant aucune décision n'est prise pour ce vrai problème.

- Le commandant va faire une déclaration en salle de conférence) car il a décidé de modifier la destination finale. C'est une bifurcation "vrai décision à priori" mais avec une communication forte.

A partir de cet exemple simplifié nous comprenons mieux comment distinguer les vraies décisions des effets d'annonce et de l'importance de la représentation de la décision. Dans notre exemple, le bateau ne parviendra pas au port initialement prévu ! Nous allons reprendre la carte des bifurcations dans le chapitre suivant pour examiner la médiatisation de quelques décisions de Nicolas Sarkozy pendant la crise.

Chapitre V

Nicolas Sarkozy, les médias et la crise

Nous allons maintenant tenter de représenter la "carte des bifurcations" lors de la gestion de la crise par Nicolas Sarkozy.
Notre "bateau", c'est la France. Le port de départ c'est la situation économique et sociale, au début du quinquennat de Nicolas Sarkozy, avant le début de la crise des subprimes. Le port d'arrivée prévu est la situation de notre pays voulue par le président de la République dans son "projet pour la France".
Nous n'allons pas reprendre la totalité du projet du candidat Nicolas Sarkozy, mais extraire quelques éléments qui se rapportent à la problématique de la crise.
Du discours prononcé le Mercredi 7 février 2007 à Toulon par Nicolas Sarkozy nous pouvons identifier quelques pistes en citant plusieurs extraits :

- De la politique : « Quelles valeurs, quelle vision du monde, quelle culture allons-nous transmettre à nos enfants, bref quel type d'homme voulons-nous en faire ? C'est tout de même la question essentielle. »

- De l'économie : « Je crois dans la force créatrice du capitalisme mais je suis convaincu que le capitalisme ne peut pas survivre sans une éthique, sans le respect d'un certain nombre de valeurs spirituelles, sans l'humanisme, sans le respect de la personne. Je ne crois pas à la survie d'un capitalisme déshumanisé où toute la propriété est diluée dans la Bourse, où l'actionnaire n'a plus aucun lien avec l'entreprise et avec ceux qui y travaillent, où l'entreprise n'est plus une communauté humaine. »

- De la moralisation : « Ca ne peut plus durer les parachutes en or pour celui qui échoue, les stock-options réservées à quelques-uns. »

- Du social : « On ne peut pas continuer de répondre à la souffrance sociale, à la détresse morale, à des angoisses légitimes : c'est triste mais on n'y peut rien. »

- Du rôle de la France : « Je veux être le président d'une France qui s'efforce de fonder l'ordre du monde sur les valeurs spirituelles et morales qu'elle incarne aux yeux de tous les hommes et qu'elle doit continuer d'incarner. »

Ajoutons à cela une autre déclaration de campagne plus proche encore de la problématique de la crise des subprimes : « Les ménages français sont aujourd'hui les moins endettés d'Europe [...]. Je propose que ceux qui ont des rémunérations modestes puissent garantir leur emprunt par la valeur de leur logement. Il faut réformer le crédit hypothécaire. Si le recours à l'hypothèque était plus facile, les banques se focaliseraient moins sur la capacité personnelle de remboursement de l'emprunteur et plus sur la valeur du bien hypothéqué. »

On n'est pas loin du modèle américain qui a provoqué la crise !

Au lendemain de la mise en place de son gouvernement, et durant le second semestre 2007, Nicolas Sarkozy entreprend un train de réformes, les conséquences de la crise américaine des subprimes ne s'étant pas encore fait sentir en France.

La loi "sur le dialogue social et la continuité du service public dans les transports terrestres réguliers de voyageurs ", d'août 2007, va créer un service minimum dans les transports publics, imposer un vote à bulletins secrets après huit jours de grèves.

La loi "en faveur du travail, de l'emploi et du pouvoir d'achat", d'août 2007, va prendre un certain nombre de mesures : réformer les droits de succession, abaisser le bouclier fiscal de 60 à 50%, réduire l'ISF en faveur des investissements dans les PME et relever l'abattement effectué sur la valeur de la résidence principale de 20 à 30%, exonérer les heures supplémentaires de charges sociales et fiscales et permettre la défiscalisation des intérêts des emprunts à l'achat des biens immobiliers.

Nous sommes en présence, avec ces dispositions prises par voie législative, de bifurcations qui sont des vrais choix à priori. Une représentation sociale en est faite par une communication présidentielle et gouvernementale.

Pourtant si Nicolas Sarkozy voulait être le « président du pouvoir d'achat », un an plus tard, les prix de l'alimentation sont à la hausse et les français on le sentiment de voir baisser leur pouvoir d'achat !

Lors de ses vœux télévisés aux Français, le 31 décembre 2007, le président de la République souhaite, qu'après une année 2007 placée sous le signe de "l'urgence" et consacrée à réformer, que « s'ouvre une nouvelle étape en 2008, celle d'une politique qui touche davantage encore à l'essentiel, à notre façon d'être dans la société et dans le monde, à notre culture, à notre identité, à nos valeurs, à notre rapport aux autres, c'est-à-dire au fond à tout ce qui fait une civilisation. » « Nous avons besoin de ce que j'appelle une politique de civilisation » a-t-il indiqué, faisant ainsi référence au sociologue Edgar Morin, qui propose de remettre l'homme au cœur de la politique. Il a appelé à nouveau à « la moralisation du capitalisme financier. »

Nicolas Sarkozy déclare: « Je sais l'angoisse qui vous étreint quand vous avez peur de perdre votre emploi ou quand vous craignez que l'augmentation du coût de la vie ne vous permette plus, même en travaillant dur, de faire vivre décemment votre famille. » Il reconnaît aussi que « tout ne pouvait être résolu en un jour. »

Donc, après une année consacrée aux réformes jugées urgentes, on reviendrait aux grandes "ambitions politiques" du candidat Sarkozy, telles quelles ont été formulées à Toulon. En somme on garde le même cap !

On pourrait voir aussi, dans cette référence au concept de "politique de civilisation", une décision spectacle sans décision réelle (absence de bifurcation). Si le secrétaire général de l'UMP, Patrick Devedjian, déclare que le chef de l'État a présenté ses vœux dans un style nouveau, qui correspond à sa manière moderne de gouverner, l'opposition socialiste dénonce : « Un concept fumeux visant à faire couler un peu d'encre et masquer le fait qu'il n'y a pas de résultats. »

C'est un fait que, sur le pouvoir d'achat, Nicolas Sarkozy avait précisé, fin novembre 2007, dans une interview télévisée sur TF1 et France 2, que les mesures proposées n'étaient pas des « cadeaux de Noël » car il n'y avait pas d'argent dans les caisses.

Ces vœux se situent dans un contexte particulier puisque le président est pour la première fois crédité dans les sondages de moins de 50% de satisfaction par les français.

Manifestement, il fallait répondre aux interrogations suscitées par ce concept de "politique de civilisation".

Ce sera fait le 8 janvier 2008 à l'occasion des vœux à la presse, cérémonie qui rassemble près de 600 journalistes français et étrangers.

Il l'indique d'ailleurs dès le début de son intervention : « Le soir du 31 décembre en présentant mes vœux aux français je leur ai dit mon intention de mettre en œuvre une politique de civilisation pour que la France soit l'âme de la nouvelle Renaissance dont le monde a besoin. Je sais que cette politique de civilisation a suscité chez un grand nombre d'entre vous beaucoup d'interrogations. »

Mais plus surprenant, au milieu de son intervention il va aborder le thème de l'audiovisuel : « Je souhaite donc que le cahier des charges de la télévision publique soit revu profondément. Et que l'on réfléchisse à la suppression totale de la publicité sur les chaînes publiques qui pourrait être financée par une taxe sur les recettes publicitaires accrues des chaînes privées comme l'accès à l'Internet ou la téléphonie mobile. » Et il ajoute, alors que ce n'était pas prévu dans le texte de son discours : « Il me plaît beaucoup que la gauche qui n'a jamais osé faire cela qui en a toujours parlé sans en tirer aucune conséquence regarde ce que c'est qu'un gouvernement qui décide d'un certain nombre de priorités. »

La ministre de la Culture, Christine Albanel, qui a la tutelle de France Télévisions et de Radio France, et qui est présente dans la salle, apprend cette décision seulement à ce moment là. C'est aussi le cas pour le ministre du Budget, Eric Woerth, alors qu'il lui faudra rechercher le financement pour compenser le manque à gagner. « Il est comme ça [...]. Ce n'était pas la première fois. Avec lui, il faut l'accepter. Si on ne peut pas travailler ainsi, s'adapter au mouvement permanent, il ne faut pas rester » décrypte Eric Woerth.[1]

Bien sûr, Patrick de Carolis, président de la chaîne publique, n'a pas été informé de cette décision, les salariés du groupe non plus. Pourtant, le 31 décembre 2007, Nicolas Sarkozy avait déclaré : « Je ne crois pas à la brutalité comme méthode de gouvernement. »

On est bien en présence d'un choix à priori, avec un spectacle fort, la présence de nombreux journalistes qui vont relayer avec force cette déclaration. Mais il y a un autre enjeu. Cette annonce est faite pour cacher un bilan controversé sur le début du quinquennat notamment en ce qui concerne les résultats sur le pouvoir d'achat. Un fidèle de Nicolas Sarkozy l'avoue d'ailleurs: « Il lui fallait un fumigène, de quoi faire du bruit. »[2]

A l'issue de cette prestation, seuls 39% des Français vont trouver le chef de l'Etat très ou assez convaincant.

---

[1] Patrice Machuret, *L'enfant terrible : la vie à l'Elysée sous Sarkozy*, Seuil, 2009.
[2] Idem.

Le 25 septembre 2008, Nicolas Sarkozy prononce un discours à Toulon : « Comme partout dans le monde, les français ont peur pour leurs économies, peur pour leur emploi, peur pour leur pouvoir d'achat. La peur est une souffrance. La peur est la principale menace qui pèse aujourd'hui sur l'économie. Il faut vaincre cette peur. C'est la tâche la plus urgente. » Il indiquera un peu plus loin : « Je le dis aux français qui craignent pour leurs économies déposées dans les banques et les établissements financiers : les banques françaises paraissent en mesure de surmonter les difficultés actuelles, mais je le dis avec solennité : si elles devaient êtres mises en difficulté par la spéculation, je n'accepterais pas qu'un seul déposant perde un seul euro [...]. L'Etat est là et l'Etat fera son devoir. C'est un engagement solennel que je prends ce soir : quoi qu'il arrive, l'Etat garantira la sécurité et la continuité du système bancaire et financier français. »

Il n'y a pas de décision, mais des intentions annoncées. C'est une situation où il n'y a pas de bifurcation. C'est une décision spectacle. Son but est de rassurer l'opinion publique afin d'éviter des comportements irrationnels comme celui qui consisterait à se précipiter aux guichets des banques pour retirer son argent. Pour cela, la "représentation" utilise le symbole fort de l'Etat : "l'Etat est là" et le président de la République s'engage solennellement.

« Les décideurs privilégiés sont la représentation officielle de l'organisation. Ils peuvent même la personnifier (l'Etat c'est moi). »[3]

Lorsque les organismes de régulation (la banque de France et la Banque centrale européenne) interviennent, notamment en injectant des liquidités, il s'agit de "bifurcations non contrôlées", dans la mesure où elles relèvent d'acteurs étrangers au système de décision politique. « Les bifurcations ne sont pas toujours associées à des lieux de décision. »[4]

Lorsque Nicolas Sarkozy, à l'issue d'une "réunion de crise " à 5 heures du matin, le 1er octobre 2008, valide le plan de sauvetage du bancassureur franco-belge Dexia, il fait un choix à priori, une vraie décision pour un vrai problème. La décision est rendue publique pour rassurer.

---

[3] Hubert Houdoy, *Réseau d'Activités à Distance*, Août 1997.
[4] Idem.

Début octobre, une série de mesures est annoncée pour soutenir l'activité : construction de logements, plan de soutien au financement des petites et moyennes entreprises.

Il s'agit de décisions qui s'inscrivent dans la stratégie qui sera annoncée le 23 octobre avec le plan de relance. Ce dernier reposera sur une relance par l'investissement. Il s'agit d'une vraie décision, relevant de choix à priori.

Par contre, en ce qui concerne la moralisation du système (banques et patrons de grandes entreprises), nous assistons à une série de déclarations sans décision. Cette dernière n'intervient que tardivement, et encore de manière partielle : lorsque des patrons renoncent à des parachutes dorés ou des stocks options c'est sous la pression de l'opinion publique et des pouvoirs publics, mais les décisions sont prises hors du système politique. Il s'agit de "bifurcations non-contrôlées" qui peuvent s'accompagner de déclarations publiques.

Le discours de Saint-Quentin, le mardi 24 mars 2009, s'inscrit pleinement dans l'interprétation à postériori. Par exemple la décision, déjà prise par le candidat Nicolas Sarkozy, concernant les fonctionnaires est renforcée à postériori : « Cela fait 25 ans que l'on augmente nos dépenses de fonctionnement en réduisant nos capacités d'investissement. J'ai voulu le changement complet de cette stratégie, on augmente notre capacité d'investissement et on maintient nos dépenses de fonctionnement en les diminuant. Je ne reviendrai pas sur mon engagement de ne pas remplacer un fonctionnaire sur deux partants à la retraite. La France n'en a pas les moyens. »

Nous pourrions poursuivre l'examen des décisions prises par Nicolas Sarkozy et de leur représentation sociale, des interprétations à postériori ou encore du spectacle présenté pour des bifurcations non contrôlées.

On pourrait citer la décision de la réforme de la fiscalité locale avec l'annonce de la suppression de la taxe professionnelle, celle relative aux collectivités territoriales, ou encore la déclaration de la répartition en trois tiers des profits des entreprises (salariés, investissement, actionnaires).

Je laisserais à Nicolas Sarkozy lui-même le soin de clore ce chapitre :

« Si la crise est grave, le devoir du président de la République c'était d'être en première ligne, c'est son devoir. C'est ce que l'on attend de lui. Mais qui peut imaginer le capitaine d'un navire pris dans une tempête immense, la tempête du siècle, qui irait dans sa cabine en disant : écoutez, j'ai mal à la tête, ne me dérangez pas ? Le capitaine doit être sur le pont. La plus grosse vague doit être pour lui. Et c'est cela qui peut ramener de la confiance. »[5]

Le lecteur pourra utilement utiliser ce concept de la représentation sociale de la décision pour décoder les décisions et les discours de nos dirigeants politiques.

L'utilisation de la communication par Nicolas Sarkozy ne surprend personne. Il a la réputation d'être un homme de communication. Il n'y a pas « d'un côté la communication et de l'autre l'action politique. En politique, communiquer, c'est agir, et agir, c'est communiquer. »[6] « Pour Sarkozy, la politique passe d'abord par le petit écran. »[7] « Si un homme politique veut exister médiatiquement, il doit en permanence surfer sur l'événement et l'actualité. Nicolas Sarkozy a poussé à son paroxysme cet usage des médias pour en faire un de ses principaux instruments de gouvernement [...]. Il se sert de l'actualité pour "dialoguer" avec les Français, montrer qu'il est sensible à leurs émotions et qu'il les partage. C'est ce que j'ai appelé avec d'autres la politique compassionnelle. Les médias, en l'occurrence, sont instrumentalisés, ils ne dictent rien du tout. »[8]

« Il y a bien sûr un revers évident à la saturation médiatique, c'est l'usure de l'image et de la parole, la banalisation de la parole, et le risque de se contredire. Le rythme médiatique qu'il impose est plus un rythme de conquête du pouvoir que d'exercice du pouvoir. C'est d'ailleurs la raison pour laquelle tout le monde s'interroge sur les risques d'essoufflement de celui qui parle et de lassitude de ceux qui écoutent. »[9]

---

[5] Nicolas Sarkozy, *Discours de Saint Quentin*, 24 mars 2009.
[6] Jean-Louis Missika, *La stratégie médiatique de Nicolas Sarkozy finira par avoir un coût politique*, LeMonde.fr, septembre 2007.
[7] Patrice Machuret, *L'enfant terrible : la vie à l'Elysée sous Sarkozy*, Seuil, 2009.
[8] Idem 6.
[9] Idem.

TROISIEME PARTIE

Maintenant et demain

Chapitre I

La crise à venir : l'explosion sociale ?

A la fin de l'année 2008, la situation n'est pas bonne et elle ne devrait pas s'arranger selon les prévisions de divers organismes.

La Commission européenne table sur un taux de chômage, pour l'ensemble de la zone euro, de 9,9%, pour 2009 et de 11,5% en 2010. Concernant la France, le produit intérieur brut subirait un recul de 3% en 2009, puis une nouvelle contraction de 0,2% en 2010. La Commission prévoit en conséquence une forte augmentation du taux de chômage qui devrait passer de 7,8% en 2008 à 9,6% en 2009 et 10,7% en 2010.

Selon la note de conjoncture de l'Insee[1], la France a subi, au 4e trimestre 2008, une baisse de l'activité de 1,2%.

Pendant la même période, le commerce mondial a enregistré une chute de 6%, ce qui constitue la plus forte baisse enregistrée au cours des 40 dernières années.

Toujours selon l'Insee, la crise va détruire plus de 300 000 emplois d'ici fin juin, soit l'équivalent des prévisions faites par le gouvernement pour l'ensemble de l'année 2009. Moins de débouchés à l'étranger, une contraction du marché intérieur, c'est donc un repli de l'activité économique de notre pays qui devrait être constaté au cours du premier semestre 2009. La conséquence est facile à imaginer : une hausse du chômage.

Dans son "Point de conjoncture" d'octobre 2009, l'Insee, constate une situation un peu moins dégradée que celle annoncée et parle de "convalescence" : « Au deuxième trimestre 2009, l'activité s'est nettement moins contractée dans les économies avancées que nous ne l'avions anticipé en juin […]. Les plans de relance mis en œuvre au cours de l'année 2009 soutiennent l'ensemble des économies avancées. L'impact des plans de relance s'amenuiserait toutefois en fin d'année, et leur calendrier jouerait sur le profil de croissance attendu au second semestre […]. Les risques existent d'un essoufflement des mesures sectorielles qui ont été à l'origine du redémarrage industriel. »

---

[1] Insee, *Note de conjoncture*, mars 2009.

Mais, côté chômage, si la dégradation paraît moins forte que celle initialement prévue, l'Insee annonce que « du fait de pertes d'emploi encore importantes, le taux de chômage continuerait de croître sensiblement au second semestre 2009. La hausse serait toutefois moins importante que celle enregistrée au premier semestre. À la fin 2009 le taux de chômage s'établirait ainsi à 9,7% en France métropolitaine (10,1% y compris DOM). »[2] C'est ce que confirment les nouvelles prévisions de l'Organisation pour la coopération et le développement économiques (OCDE) concernant la France. L'avenir est préoccupant : « Le chômage s'envolerait à 9,7% en 2009 pour atteindre 11,2% en 2010, chiffre néanmoins inférieur à celui prévu pour la zone euro (12%). Il devrait passer la barre des 10% en 2010, à 11,2%, seuil symbolique que la France n'avait plus dépassé depuis une décennie. »[3]

En janvier 2010, le Pôle emploi indique que, sur un an, le total de demandeurs d'emploi, tenus de faire des actes positifs de recherche d'emploi, a augmenté de 18,2%. Il faut préciser que la notion de demandeurs d'emploi inscrits à Pôle emploi est une notion différente de celle de chômeurs au sens du Bureau international du travail (BIT).

Le chômage progresse ainsi que la précarité. En 2009, la France compte huit millions de pauvres, selon le seuil de pauvreté utilisé par l'Insee. Même si cet institut utilise désormais le seuil de pauvreté européen (60% du revenu médian au lieu de 50%), ce qui majore de fait le nombre de pauvres, la situation se dégrade.

Les inquiétudes de la population vis-à-vis du risque de chômage restent donc importantes. Elles sont renforcées par le fait que des incertitudes fortes entourent encore ces prévisions des organismes spécialisés et surtout parce que l'actualité fait état, chaque jour, de plans sociaux et de fermetures d'usines.

Incertitudes, inquiétudes, cela signifie des actions des groupes de pression, des responsables politiques et une forte médiatisation, notamment des attitudes irrationnelles, comme la séquestration de patrons ou autres manifestations de violence. Ces comportements irrationnels ont déjà été constatés lors d'autres situations sociales.

---

[2] Insee *Point de conjoncture*, Octobre 2009.
[3] OCDE, *Rapport intermédiaire sur les Perspectives économiques*.

Il y a quelques années les ouvriers de Cellatex avaient menacé de verser de l'acide dans la rivière. « Les salariés se tournent vers des actions radicales à cause de la casse de l'emploi et de l'absence de perspectives politiques […]. Peu de solutions sont proposées aux personnes mis à part des chèques de départ. »[4] La séquestration d'un patron est souvent "un jeu avec les médias", "une manière de peser sur les négociations" en prenant l'opinion publique à partie, "y compris les pouvoirs politiques". Face à une « délocalisation subie, on séquestre, ce n'est pas la jacquerie organisée […]. Il n'y a pas eu de violences, on n'a pas mis le feu aux entreprises. Les salariés en question n'ont pas touché à l'instrument de travail. »[5]

Par ailleurs les pressions qui pèsent sur les entreprises se répercutent parfois sur les salariés par un durcissement des pratiques managériales. L'illustration la plus médiatisée est celle de la vague de suicides à France-Télécom.

Ces actions radicales vont-elles se multiplier ?

S'agit-il de « simples rituels sociaux français ? »[6]

« S'il n'y a pas de réponse qui soit positive et crédible dans la durée aux demandes et revendications des salariés, on peut craindre non seulement une multiplication de ce genre d'actions mais une encore plus grande radicalisation. »[7]

Si la situation devient plus tendue, ce qui risque de se produire, on peut penser que le président de la République va décider de mettre en place une "cellule de crise sociale", comme il l'a fait pour la dimension financière de la crise.

Pourra-t-il répondre aux inquiétudes de la population ? Les mesures prises vont-elles suffire ?

En bref, la situation risque-t-elle de se transformer en crise sociale ? Va-t-on vers une situation complexe qui pourrait échapper aux décideurs qui ne pourront alors que subir en attendant la sortie de crise ? Cela signifierait que le pouvoir politique serait disputé, contesté, et que certains acteurs ou groupes d'acteurs pourraient profiter de cette crise pour tenter de modifier la répartition du pouvoir.

---

[4] Emmanuel Lépine, secrétaire à la fédération nationale des industries chimiques CGT, *www.agoravox.fr*.
[5] Jean-Michel Denis, *www.agoravox.fr*.
[6] Alain Minc, *L'objet du scandale*, France 2, 10 mai 2009.
[7] Idem 4.

Une situation explosive, qui s'apparenterait à une "révolution" est-elle envisageable ?

Pour certains observateurs, nous sommes déjà dans une situation pré-révolutionnaire. Les uns y voient les prémices de mai 68, les autres de la crise de 1929, voire pour d'autres encore de la Révolution de 1789.

Nicolas Sarkozy lui-même y pense lorsqu'il déclare : « La France est un pays régicide. »[8] Pour Alain Minc, « la menace de la révolution vient plus des médias. »[9]

La réalité est certainement plus complexe. La montée du chômage, les inquiétudes qu'elle génère, et les souffrances sociales ne sont pas les conséquences de la seule crise financière. On observe un « front de mécontentement excessivement large [...]. Aucun secteur d'activité n'est à l'abri de la crise [...]. Au moment où on apprend que des entreprises ferment, on apprend également que des hauts dirigeants partent avec des parachutes dorés importants. La séquestration est une réponse, certes violente, à une autre violence, sociale, celle-là. C'est violence contre violence. »[10]

Les expressions de violence ne sont plus canalisées par les institutions que sont les syndicats et les partis politiques.

« Les grandes valeurs qui servaient de ciment à la société ont été remplacées par d'autres idéaux : le travail par la création, la foi en l'avenir par le carpe diem et la raison par l'émotion [...]. Les mouvements violents qui ont accompagné les débuts du capitalisme, comme la révolte des Canuts à Lyon au XIXe siècle, n'ont été canalisés qu'avec la naissance des syndicats. »[11]

En mai 68, « la rue, plus ou moins consciemment, ne demandait pas du pain, mais plus de libertés et de démocratie. Or sur ce critère, les sujets de mécontentements sont hélas aussi nombreux en 2009, qu'en 1968. C'est là, je crois, qu'il faut chercher l'origine de cette revendication égalitaire presque obsessionnelle qui structure notre débat public dès que les temps sont durs. »[12]

C'est ce que confirme le sondage de l'institut Lavialle, publié dans Le Monde. Il indique que les français mettent l'égalité comme

---

[8] *Le Canard enchaîné.*
[9] Alain Minc, *L'objet du scandale*, France 2, 10 mai 2009.
[10] Jean-Michel Denis, Centre d'étude de l'emploi, *www.agoravox.fr.*
[11] Michel Maffesoli, sociologue, www.*agoravox.fr.*
[12] Philippe Manière, *Les vrais raisons de la haine,* Marianne, 2 mai 2009.

valeur principale. Cette valeur, en hausse depuis plusieurs années arrive maintenant devant la liberté. D'autre part, l'épanouissement personnel passerait par le travail, valeur qui contribuerait à l'équilibre social. Enfin les français sont plutôt favorables au retour de l'Etat dans l'économie.[13]

L'égalité fait appel à la notion de justice.

Et la justice repose sur deux principes : le principe de liberté-égalité, c'est-à-dire un droit égal pour tous tant que celui-ci n'empêche pas la liberté d'autrui de se réaliser ; le principe de différence qui admet des inégalités justes. « Les inégalités sociales et économiques doivent satisfaire à deux conditions : elles doivent être liées à des fonctions et à des positions ouvertes à tous, dans des conditions d'égalité équitable des chances ; elles doivent procurer le plus grand bénéfice aux membres les plus désavantagés de la société. »[14]

« Je vois tous les ingrédients pour une révolution, mais elle ne vient pas s'agace une jeune prof d'histoire géo du lycée Jean Monet de Joué-lès-Tours. J'observe une banalisation de l'injustice par l'exposition des inégalités. »[15]

On comprend pourquoi l'annonce de l'élection possible de Jean Sarkozy, le fils du président de la République, à la tête de l'Epad a suscité des remous qui ne sont pas que le résultat d'une forte médiatisation !

Ce sentiment d'inégalité est renforcé par certaines déclarations. C'est le cas avec les prises de position de Laurence Parisot qui finissent par donner une image déplorable des chefs d'entreprise. « Un certain patronat est ou a été autiste. Les patrons n'ont plus de liens avec le pays. »[16]

Ce sentiment d'injustice ne soulève pas (pas encore !) de révolte. Pire, il conduit, avec les conséquences de la crise, une partie de la population à se replier sur elle-même, à se taire.

Et ce silence, on ferait bien de ne pas l'ignorer !

Pour Marc Pommereau, l'ancien président du conseil général d'Indre-et-Loire: « Doucement, mais sûrement, les citoyens se

---

[13] Marianne, 2 mai 2009.
[14] John Rawls, *La théorie de la justice*, 1971.
[15] Marianne, 24 au 30 octobre 2009.
[16] Alain Minc, *L'objet du scandale,* France 2, 10 mai 2009.

détourneront des bureaux de vote comme aux Etats Unis, car la France devient un système fermé qui ne laisse aucune espérance. »[17]

Nous sommes dans un monde « où l'argent n'est plus à sa place, d'utilité et de commodité, mais a pris la place de toute valeur, de tout principe, de tout repère. Un monde qui s'oublierait dans l'argent serait un monde perdu pour la démocratie. » [18]

« Il n'y a plus de valeurs médianes, à part l'argent ».[19]

Or l'argent, l'argent public, c'est ce qui va faire le plus défaut pour financer en particulier les dépenses sociales pour atténuer les effets de la crise et du chômage. « Désormais, le plus gros défi du gouvernement sera d'allier sa politique budgétaire avec un déficit public qui devrait s'élever à 6,7% en 2009 puis 7,9% en 2010. »[20]

Difficile de prévoir quel sera le mode d'expression de la population face aux conséquences sociales de cette crise, « les révolutions sont l'inattendu. »[21]

Louis XVI n'a-t-il pas écrit dans son journal, à la date du 14 juillet 1789 : « Rien !»

Et, « l'histoire c'est une dynamique, pas une logique. » [22]

En attendant il est peut être utile de mettre en place les moyens qui pourrait permettre d'éviter cette crise !

---

[17] Marianne, 24 au 30 octobre 2009.
[18] Edwy Plenel, *L'argent fou et la raison démocratique,* www.mediapart.fr.
[19] Fabrice d'Almeida, *L'objet du scandale,* France 2, 10 mai 2009.
[20] OCDE, *Rapport intermédiaire sur les Perspectives économiques.*
[21] Edwy Plenel, *L'objet du scandale,* France 2, 10 mai 2009.
[22] Idem 17.

Chapitre II

Comment éviter la crise sociale ?

Il faut identifier les "pressions" qui peuvent s'exercer sur les décideurs. Eviter la crise c'est prendre certaines dispositions qui visent à lever ces pressions ou les alléger.

1. L'urgence

L'urgence correspond à une situation de décision occurrente. L'environnement est perçu comme perturbé. Lorsque nous avons étudié la réalité décisionnelle nous avons indiqué que, dans ce cas de figure, il fallait une vigilance qui soit celle du marin qui combine certaines caractéristiques du guetteur et du chasseur. Le marin surveille l'environnement général et cherche à prévoir la tempête, mais il doit aussi observer les mouvements de la mer et adapter les siens instantanément.

Il est donc important de mettre ce type de vigilance en place afin d'observer l'éventuelle montée des problèmes sociaux susceptibles de se transformer en crise.

Si l'on met le "malade en observation" il convient aussi de lui donner les soins nécessaires à son état mais aussi de prescrire à son entourage un traitement préventif. En clair cela signifie qu'il faut un traitement social du chômage et des mesures susceptibles de limiter sa "contagion" à un plus grand nombre et de préserver dans ce cadre les plus fragiles (chômage des jeunes et des seniors).

« Quand, et où, la souffrance sociale est insupportable, l'Etat doit distribuer des antalgiques même s'ils ne guérissent pas. L'interventionnisme économique, en période de crise est une médecine d'urgence. Elle est indispensable, mais elle doit être réservée aux vraies urgences. »[1]

2. Réduire les incertitudes

Pour réduire les incertitudes le décideur dispose de services spécialisés (ministères et instituts) et des prévisions des organismes internationaux.

---

[1] Philippe Manière, Marianne, 7 mars 2009.

Réduire les incertitudes, c'est produire de la connaissance et donc disposer d'informations pertinentes.

On se rappellera la difficulté que l'on peut avoir à produire de la connaissance lorsque l'on fait appel à des experts qui ne sont pas toujours d'accord entre eux. Or n'oublions pas que l'information est une source de pouvoir. La production de l'information sera donc un enjeu de pouvoir.

Le décideur doit s'interroger sur les options qui se présentent à lui dans ce domaine :

- Considérer que la production de cette connaissance est objective et ne peut être sujette à des contradictions. Dans ce cas il faut décider de la manière de la rendre publique.

- Prendre en compte l'enjeu "politique" des prévisions et les faire produire de manière "collective". Cela veut dire constituer une cellule provisoire pour observer la situation économique et sociale et faire des prévisions. Il s'agira pour l'essentiel d'utiliser les travaux des différents organismes de prévision pour en faire une synthèse "objective". Cette cellule doit être alors construite sur un modèle organisationnel dans lequel le pouvoir est réparti. Cette répartition doit faire l'objet d'un consensus. Le choix doit être pris en prenant en compte le contexte en matière de statistiques, notamment celles concernant les demandeurs d'emplois. On sait que, sur ce point, des contestations se sont élevées de la part des syndicats et de l'opposition mais que cela s'est traduit aussi par des grèves et des manifestations dans certains services ou organismes chargés des statistiques.

3. Répondre aux inquiétudes de la population

« Ce n'est pas d'argent seulement qu'ont besoin les infortunés. » [2]

La crise financière est avant tout une crise de confiance. Si une grande majorité des français garde confiance, si les comportements irrationnels, notamment les actes de violence, restent limités, alors la "crise sociale" dans le sens d'explosion sociale peut être évitée.

Il est nécessaire d'assurer une vigilance de type "marin" pour suivre l'évolution de l'opinion publique, et de communiquer en fonction de l'état d'esprit de la population.

---

[2] Jean-Jacques Rousseau, *La Nouvelle Héloïse.*

Quelques symptômes, qui montrent que les choses ne vont pas bien dans l'opinion publique, sont déjà présents. Les chroniqueurs de radio, de télévision et les spectacles des humoristes font rire de la crise et des hommes politiques.

« On ne rit pas parce que l'on se sent bien, mais bien parce que cela ne va pas trop bien. Les périodes rieuses ne sont pas des périodes heureuses. Les éclats de rires battent la mesure d'un monde assez mal en point. »[3] Lorsque la société est placée dans une situation qui l'inquiète, elle y répond par "un geste". Pour Bergson, le rire est « ce geste social. »[4]

Quand Nicolas Sarkozy, à Saint Quentin le 24 mars 2009, déclare qu'il a « le devoir d'écouter ceux qui ne défilent pas », il a raison, si dans son esprit, il s'agit bien d'être vigilant à l'état d'esprit d'une partie de la population qui préfère " l'exit" à la mobilisation. En effet ce sont les victimes les plus vulnérables qui ne disposent pas des ressources pour se faire entendre. Le silence n'est pas le signe d'une quelconque satisfaction de la politique conduite, mais il est peut-être la seule manifestation que puisse "s'offrir" la partie de la population placée dans la plus grande détresse. Tout secouriste sait que face à plusieurs victimes d'un accident, il faut se préoccuper de suite de celles qui ne se manifestent pas par des appels à l'aide ou des gémissements. Ce sont celles qui sont silencieuses qui sont le plus souvent en détresse vitale.

Communiquer c'est prendre en compte le niveau de régression éventuelle d'une partie de la population. C'est donc utiliser les symboles forts plutôt que les explications rationnelles. Et, en démocratie, le personnage qui représente le symbole le plus fort est en général le chef de l'Etat.

4. Les autres acteurs

Nicolas Sarkozy dispose d'un conseiller particulièrement en charge des relations avec les partenaires sociaux en la personne de Raymond Soubie. L'Elysée concentre ainsi tous les dossiers sociaux sensibles et les partenaires sociaux ont pris l'habitude de traiter en direct sans passer par Matignon.

---

[3] Olivier Mongin, *L'artiste et le politique*, Edition Textuel, février 2004.
[4] Henri Bergson, *Le rire*, PUF, 2007.

On a vu les relations parfois tendues entre l'Elysée et le Medef. Le secrétaire général de la CGT, Bernard Thibault, déclare : « Les salariés veulent être respectés par leurs employeurs, par l'Etat et peser sur les choix stratégiques de leur entreprise. » Mais il ajoute : « Nicolas Sarkozy ne fonctionnant qu'au rapport de force, ils savent que, pour conquérir cette place, il leur faudra livrer un combat de longue haleine. »[5]

Il y a derrière ces propos une demande de la mise en place d'un modèle organisationnel répartissant le pouvoir à la satisfaction des divers acteurs. Si le responsable politique n'est pas prêt à mettre en place un dispositif de ce type, nous nous trouvons dans un rapport de force, dans un "jeu politique interne" qui, nous l'avons vu, présente toujours des risques de glissement dans la crise.

Pour les politiques et les médias les règles du jeu sont fixées.

Lors de la gestion des situations complexes on remarque souvent les mises en cause et les rappels du passé. Les médias ont un rôle à jouer pour reprendre les déclarations des acteurs qui vont "dénoncer" le pouvoir décisionnel.

Mais c'est aussi dans la majorité que des attaques peuvent survenir. Les déçus du sarkozisme, ceux qui ont des ambitions personnelles, vont se manifester par des petites phrases, des déclarations, des amendements parlementaires aux projets gouvernementaux.

Dans un parti fortement centralisé, la structure "bride" le jeu des acteurs. Jusqu'à quel point ? La crise est toujours une opportunité pour obtenir une nouvelle répartition du pouvoir et, pour celui qui se trouve à la tête de la structure, le moyen de justifier une centralisation encore plus forte de son pouvoir. On demande aux uns et aux autres de mettre de côté leurs états d'âme, de "resserrer les rangs". Tant que le capitaine tient la barre fermement, mais surtout tant que les membres de l'équipage se sentent en sécurité, tout se passe bien. Si les éléments se montrent plus menaçants, quand des parlementaires craignent pour les prochaines échéances électorales, alors on peut voir naître une "révolution de palais", certains quittant le navire, d'autres cherchant à jouer la scène des "révoltés du Bounty".

---

[5] *Marianne*, 11 au 17 avril 2009.

Chapitre III

Pourquoi ce sera difficile pour Nicolas Sarkozy ?

« Je ne vous mentirai pas, je ne vous trahirai pas. Je ne me déroberai pas. Je vous demande votre confiance pour qu'ensemble tout devienne possible. »[1]

« Une seule bévue suffit à entacher une réputation, et alors le mal est bien souvent irréversible. »[2]

Beaucoup de choses ont été dites sur Nicolas Sarkozy : sur sa personnalité, son caractère, ses relations. En quoi ces éléments peuvent-ils jouer en faveur ou défaveur du président de la République dans la "gestion de la crise" ? C'est ce que nous allons tenter de regarder.

Celui qui détient le "privilège" de la décision est identifié de manière forte par la population, qui reste attachée au mythe du grand "stratège", de "l'homme providentiel".

Il n'est donc pas inutile de se livrer à cette étude du décideur.

Nicolas Sarkozy, dans ses pratiques décisionnelles, semble privilégier le mode de l'acteur unique. A chaque fois qu'il détient le pouvoir, de par son statut de président, il l'exerce de cette manière. Il cherche également à l'étendre chaque fois que cela est possible. A défaut, il place les pratiques décisionnelles dans le cadre d'un modèle politique, où il dispute le pouvoir aux autres acteurs et tente d'imposer son point de vue. Enfin, quand il procède par la mise en place d'un modèle organisationnel, il lui arrive fréquemment de le "bousculer".

Il ne s'agit pas dans cette étude de porter un jugement sur l'homme, mais bien de formuler une hypothèse sur les pratiques décisionnelles que l'on observe le plus fréquemment chez lui, pratiques qui reposent sur sa personnalité.

En effet les crises sont souvent des moments de révélation de la personnalité, elles accentuent en général les comportements habituels.

---

[1] Nicolas Sarkozy, *Ensemble tout devient possible. Mon projet*, 2007.
[2] Cardinal Jules Mazarin

Pour Patrick Lagadec : « Plus la crise est profonde, plus elle traduit ce que le théâtre grec disait justement du phénomène de crise : un moment de vérité. »[3]

Nous allons donner quelques éléments qui viennent conforter notre hypothèse.

La réforme constitutionnelle place le président de la République au cœur du pouvoir. Elle ne supprime pas le rôle du Premier ministre ou du gouvernement. Mais dans la pratique du pouvoir par Nicolas Sarkozy, le chef du gouvernement et les ministres ont un rôle d'exécutants des décisions présidentielles.

Le Premier ministre n'est qu'un "collaborateur" du président.

Cela va privilégier le modèle de l'acteur unique dans les pratiques décisionnelles. En situation d'urgence, c'est donc la "décision entrepreneuriale" qui va être la pratique la plus souvent rencontrée.

« La présidence active est inscrite dans les modifications de la constitution, mais Sarkozy est le chef de tout. Il y a une dérive. »[4]

« Les conseillers du président sont plus influents que les ministres et Nicolas Sarkozy l'assume […]. Mais les pouvoirs du Parlement devraient équilibrer ce pouvoir exécutif. Petit à petit cela se met en place. »[5]

Dès le début du quinquennat, le ton est donné.

Lors des législatives la victoire du parti du président n'est pas aussi forte que prévue. Nicolas Sarkozy déclare alors : « Quand ce n'est pas moi qui le fais, ça ne marche pas. »

Donc un président actif, hyperactif pour certains.

Cette volonté de concentrer le pouvoir conduit Nicolas Sarkozy à faire tout pour le consolider un peu plus. « C'est pour garder la mainmise sur l'UMP, et empêcher toute concurrence éventuelle pour une réélection, qu'il n'y a plus de président en titre à la tête du parti. Une décision prise dès son entrée à l'Elysée, il a fait modifier les statuts pour cela. »[6]

Quand il ne dispose pas du pouvoir, Nicolas Sarkozy privilégie le "jeu politique interne".

---

[3] Patrick Lagadec, *Risques collectifs et situations de crise*, L'Harmattan, 2004.
[4] François Hollande, *L'objet du scandale,* France 2, 10 mai 2009.
[5] Jean François Copé, *L'objet du scandale,* France 2, 10 mai 2009.
[6] Patrice Machuret, *L'enfant terrible : la vie à l'Elysée sous Sarkozy*, Seuil, 2009.

Il semble même y prendre un certain plaisir.

Ses relations avec les syndicats ou avec le Medef sont rapidement dans le rapport de force.

Au niveau international, dans le cadre de l'Union européenne ou lors du G20, nous l'avons montré précédemment, nous sommes bien devant ce type de pratique décisionnelle.

Il lui arrive toutefois de mettre en place des modèles organisationnels, sous forme de commissions qui, si elles ne disposent pas réellement du pouvoir de décision finale, peuvent faire des propositions.

Lors de la réforme de l'audiovisuel, après avoir pris une décision comme acteur unique, celle de supprimer la publicité, il met en place une commission dirigée par Jean François Copé. La commission va préconiser à l'unanimité « l'indexation du montant de la redevance audiovisuelle sur l'inflation. » Nicolas Sarkozy rejette cette proposition, ce qui entraîne le départ des trois députés de gauche, qui jugent que la commission n'a plus aucune crédibilité.

Nicolas Sarkozy agira de la même manière avec la réforme des collectives territoriales en annonçant, avant la fin des travaux du comité présidé par Edouard Balladur, sa décision de supprimer la taxe professionnelle.

Problème de méthode ou tactique délibérée pour faire bouger les choses ? A moins qu'il ne s'agisse que d'un problème de personnalité ?

« Le Président a un ego surdimensionné avec ses avantages. Il fixe des objectifs à 100, pas pour obtenir 70%, mais pour avoir le maximum glisse un membre du Gouvernement […]. C'est un homme certes démocrate mais avec un tempérament d'autocrate jaloux de son pouvoir. Il a donc l'œil sur tout. »[7]

Un député UMP, issu de l'UDF note : « On dit qu'il est narcissique, égotiste. Les mots sont faibles. Jamais je n'ai rencontré une telle capacité à effacer spontanément du paysage tout, absolument tout, ce qui ne renvoie pas à lui-même. »[8]

Nous serions donc en présence d'un président de la République qui pousse le plus loin possible les dispositions de la Constitution

---

[7] Patrice Machuret, *L'enfant terrible : la vie à l'Elysée sous Sarkozy*, Seuil, 2009.
[8] *Marianne,* 9 mai 2009.

pour exercer un pouvoir centralisé, ce qui conviendrait parfaitement à son caractère dynamique et volontariste.

Au citoyen français de juger si les méthodes du président lui conviennent et si cela apporte des résultats satisfaisants !

Par contre on peut se poser la question de l'efficacité de ces méthodes face à la crise.

Donner la priorité à un modèle de l'acteur unique concentré présente une vulnérabilité : le risque de basculement dans la crise. Le pouvoir devient alors disputé de manière radicale et imprévisible. On peut alors se situer dans ce cas dans une crise politique de type "révolutionnaire".

Se placer dans des pratiques liées au modèle politique c'est prendre le risque d'un glissement vers la crise. Les "jeux politiques internes" deviennent plus importants, les compromis ou les consensus plus difficiles à trouver.

Disons le clairement, les pratiques décisionnelles de Nicolas Sarkozy les plus fréquentes ne sont pas dénuées de risques. Elles peuvent dégénérer en crises.

Mais, me direz-vous, c'est l'une des caractéristiques du monde politique de vivre des conflits et des rivalités. C'est exact et les jeux politiques peuvent rester dans un cadre que le titulaire du privilège de la décision peut maîtriser.

La crise étant une perte de maîtrise du processus décisionnel, l'image et le rôle du décideur vont avoir des influences importantes.

L'acteur unique présente plusieurs vulnérabilités susceptibles de favoriser les crises. Tout d'abord un certain nombre de biais cognitifs sont possibles. Rappelons que l'on peut rencontrer des attitudes "d'ancrage" (on ne prend pas en compte les informations nouvelles qui nous parviennent, surtout si elles sont divergentes avec notre première impression) ; de focalisation sur la solution qui nous paraît la bonne (on se ferme aux propositions qui peuvent nous parvenir) ; de surestimation de la capacité de contrôle de la situation. Enfin, l'acteur unique centralise le pouvoir et de ce fait anime des équipes qui sont souvent focalisées sur le leader et qui risquent de fonctionner de manière assez fermée.

Lorsque la décision relève d'une démarche plus collective, le système peut présenter certains déficits.

C'est le sentiment d'infaillibilité, c'est le "culte du héros", c'est l'unanimisme dans le groupe.

Comment situer les diverses déclarations ou attitudes du président de la République ? Citons quelques exemples : « Le Gouvernement n'a pas commis d'erreurs depuis septembre. » « Jamais, j'en ai conscience, depuis 1958 autant de changements n'ont été accomplis en si peu de temps. »[9]

La crise est passée par là mais elle ne modifie en rien les réformes engagées et les principes politiques qui les sous-tendent.

Le changement profond, qui vient de se produire au niveau international à la suite de l'écroulement de l'idéologie libérale, ne fait pas changer le cap du président de la République ! Quel jugement avoir sur le non-remplacement d'un fonctionnaire sur deux, le maintien du bouclier fiscal, l'exonération des charges des heures supplémentaires ? Sans juger de la pertinence de ces choix politiques, de leurs effets réels sur l'économie de notre pays et le bien-être de nos concitoyens, la question de savoir si la poursuite de ces choix relève des "dérives" du modèle de l'acteur unique que nous venons d'indiquer mérite d'être posée.

De même, il n'est pas anormal de se demander si, à vouloir gérer beaucoup de choses, on ne risque pas de commettre des erreurs. Souvent on présente la caricature du manager comme une personne débordée de travail parce que mal secondée par des collaborateurs incompétents qui ne cherchent qu'à prendre la place du responsable !

Ne faudrait-il pas plutôt garder en mémoire les préceptes formulés voilà plus de vingt-cinq siècles par un grand stratège chinois Sun Tsu dans *L'art de la guerre* : « Il y a trois façons pour un souverain de faire venir la catastrophe sur son armée : entraver l'armée, interférer dans l'administration de l'armée sans connaître ses mécanismes, interférer dans la direction des combats quand on ignore les tactiques militaires. »

Un dernier point doit être également signalé dans un mode de fonctionnement qui privilégie l'acteur unique et le pouvoir concentré. Nous l'avons indiqué tout à l'heure, il favorise l'unanimisme. On n'ose pas "s'opposer au chef". C'est la "pensée unique".

---

[9] Nicolas Sarkozy, *Discours de Toulon*, 25 septembre 2008.

Cet unanimisme reste souvent une façade. Cela n'empêche pas certains acteurs de formuler des critiques, souvent de façon anonyme, mais en s'assurant qu'elles seront reprises par les médias. C'est donc un climat particulier qui peut se créer au sein des membres d'une cellule qui doit faire face à des situations complexes, ce qui nécessite une forte identité, une grande solidarité.

« L'univers élyséen se révèle fragile, sensible aux rumeurs avec la peur permanente des acteurs politiques de rater le bon train. Ces rivalités ont toujours existé. Le phénomène est amplifié par la concentration des décisions à l'Elysée et la présidentialisation de ce quinquennat [...]. La suspicion de Nicolas Sarkozy est sa règle de vie politique. C'est la clé de son comportement. Quand on vit sur ses gardes, la sérénité est rarement assurée. »[10]

Nous venons d'étudier les pratiques décisionnelles les plus fréquentes du président de la République. Cela ne veut pas dire que dans certaines situations on ne peut pas observer d'autres pratiques.

Rappelons aussi que l'utilisation d'une modélisation peut présenter le défaut de la simplification. Nous avons toutefois cherché à éviter la caricature dans la présentation des hypothèses.

Divers facteurs interviennent dans le mécanisme qui peut conduire à la crise. Le rôle de la cellule de décision et celui du responsable, le décideur, pour gérer une situation complexe tout en évitant la crise, vont tenir une place importante.

La capacité du décideur à répondre aux inquiétudes de la population et à éviter les comportements irrationnels sera déterminante. La médiatisation sera souvent un levier important d'évitement de crise, comme elle pourra, si elle est mal gérée, accélérer le mécanisme.

La véritable crise serait un "divorce" entre les français et le président de la République.

J'utilise cette image car le divorce est souvent une crise au sein d'un couple. Il arrive qu'un dysfonctionnement, qui est habituellement traité sans que l'on y prête trop d'attention, focalise cette fois-ci l'un ou les deux conjoints. La tension monte, des reproches sont formulés. On va rechercher des choses dans le passé qui n'ont pas été réglées, ou qui n'ont pas été jusqu'à ce jour formulées.

---

[10] Patrice Machuret, *L'enfant terrible : la vie à l'Elysée sous Sarkozy*, Seuil, 2009.

On ressort ce que l'on a sur le cœur. C'est un moment de vérité qui met au grand jour le caractère des deux protagonistes.

La crise met en lumière la part d'ombre qu'il y a en chacun. On découvre alors une face cachée de l'autre, et cela ne plait pas. Les comportements ne sont plus rationnels. La crise va alors se concrétiser par le repli sur soi ou par la fuite de l'un ou des deux conjoints ou encore par l'agressivité. La sortie de crise se fera par la réconciliation (pour combien de temps ?) ou par la rupture.

Nous allons donc nous livrer à un exercice difficile, celui de regarder ce qui, dans une situation complexe, pourrait conduire à une rupture entre le président de la République et les français.

Examinons tout d'abord la personnalité de Nicolas Sarkozy.

Nous avons déjà abordé son dynamisme et son égo.

Rien de surprenant chez un homme qui a voulu devenir chef de l'Etat. L'ambition n'est pas un handicap quand on veut arriver au sommet et exercer le pouvoir !

« Ce qui l'a passionné, c'est la conquête du pouvoir. Le reste l'amuse beaucoup moins, confie un ministre. »[11]

Un hebdomadaire a consacré sa couverture, le 29 mai 2008, à « Sarkozy et les psys » et le chef de l'Etat, devant les sénateurs UMP réunis à l'Elysée, s'est « étonné de l'intérêt de la presse pour sa psychologie. »[12]

Pourtant il n'avait pas hésité lui-même à parler de ses états d'âme en public. Le 14 janvier 2007, devant 80 000 militants du congrès de l'UMP, le candidat à la présidentielle déclarait: « J'ai changé parce que l'élection présidentielle est une épreuve de vérité à laquelle nul ne peut se soustraire […]. J'ai changé parce que les épreuves de la vie m'ont changé. Je veux le dire avec pudeur mais je veux le dire parce que c'est la vérité et parce qu'on ne peut pas comprendre la peine de l'autre si on ne l'a pas éprouvée soi-même. On ne peut pas partager la souffrance de celui qui connaît un échec professionnel ou une déchirure personnelle si on n'a pas souffert soi-même. J'ai connu l'échec, et j'ai dû le surmonter […]. Cette part d'humanité, je l'ai enfouie en moi parce que j'ai longtemps pensé que pour être fort il ne fallait pas montrer ses faiblesses.

---

[11] Patrice Machuret, *L'enfant terrible : la vie à l'Elysée sous Sarkozy*, Seuil, 2009.
[12] Idem.

Aujourd'hui j'ai compris que ce sont les faiblesses, les peines, les échecs qui rendent plus fort. Qu'ils sont les compagnons de celui qui veut aller loin. »[13]

Selon les « psys » Nicolas Sarkozy aurait une « personnalité à fleur de peau » et donnerait en permanence le « sentiment que tout lui est dû et tourne autour de sa seule personne. »[14]

Les français devaient connaître ces traits de caractère du candidat Sarkozy, compte tenu de sa carrière politique, du temps passé à la tête de divers ministères, et plus particulièrement de celui de l'Intérieur.

L'hebdomadaire Marianne en 2004 n'avait-il pas titré de manière provocatrice « Sarkozy est-il fou ? »

Nicolas Sarkozy aime le luxe, l'argent et fréquente les gens qui ont de l'argent ! Les médias ont abondamment parlé de sa "période bling-bling", de la soirée au Fouquet's, du séjour à Malte. La présence de Carla Bruni à ses côtés, renforce encore la dimension "peopolisation". « On parle plus de son couple, de sa femme. » L'absence de Carla Bruni au G8 au Japon crée la déception sur place. Sa présence en Espagne crée une forte attente de la part de la presse espagnole et du public au point d'en faire oublier les discours du président français.

Le luxe, l'argent et le pouvoir vont souvent ensemble. Les français n'ont aucune raison d'être surpris. Ministre il avait les mêmes relations, le même rapport à l'argent et le même goût du "people". Sur ce dernier point la présidentielle de 2007 a été marquée par une dimension "people" forte pour les principaux candidats, et pas uniquement pour Nicolas Sarkozy.

Ce qui paraît changer avec le président de la République, notamment par rapport à ses prédécesseurs, c'est qu'il assume complètement cet aspect de sa personnalité. « Il y a chez Nicolas Sarkozy par honnêteté ou provocation le choix de dire quels sont ses amis, avec qui il est arrivé au pouvoir. »[15]

Est-ce que ces aspects de sa personnalité vont le desservir dans les situations complexes ?

---

[13] *www.u-m-p.org.*
[14] Patrice Machuret, *L'enfant terrible : la vie à l'Elysée sous Sarkozy,* Seuil, 2009.
[15] Christophe Barbier, *L'objet du scandale,* France 2, 10 mai 2009.

Seront portés à son avantage son dynamisme, son volontarisme, son désir de faire bouger les choses.

De plus, son attitude décomplexée peut plaire.

Par contre dans la situation actuelle, où les problèmes sociaux liés à la crise financière sont de plus en plus forts, le rapport à l'argent et les relations de proximité avec les grands patrons peuvent conduire à focaliser l'opinion publique sur le président de la République.

Mais, même si c'est par souci de transparence et pour mettre fin à une certaine "hypocrisie", lorsque le salaire mensuel du président de la République passe de 7 084 euros à 19 331 euros, l'image donnée aux français ne peut que "revenir en boomerang" dans une période de crise avec un pouvoir d'achat en chute.

« Nicolas Sarkozy est le président qui a la popularité la plus faible après deux ans. Les gens jugent aux résultats et comme le chômage augmente et le pouvoir d'achat diminue, les gens en veulent à Sarkozy. Ils sont mécontents, résignés et en colère contre les injustices. »[16]

« Qui a mis en scène l'argent depuis deux ans. Pas l'argent normal mais l'argent fou ? Ce sont ceux qui manient cet argent qui conseillent le président [...]. La révolution est le fruit d'une injustice et d'une impudence du pouvoir. On est dans ce cas avec ce pouvoir [...]. L'impudence n'est pas celle d'un homme seul mais celle d'une aristocratie. »[17]

On constate que si la personnalité du chef de l'Etat peut jouer dans les situations de crise, c'est aussi la perception que l'opinion publique peut avoir du décideur qui va être l'un des déterminants à prendre en compte, d'où l'importance du rôle des médias et de la communication.

En quoi l'image du décideur, en l'occurrence Nicolas Sarkozy, peut être déterminante dans les situations de crise ?

Nous l'avons indiqué lorsque nous avons étudié les principes d'évitement de crise, et plus particulièrement le comportement de la population.

---

[16] Roland Cayrol, *L'objet du scandale*, France 2, 10 mai 2009.
[17] Edwy Plenel, *L'objet du scandale*, France 2, 10 mai 2009.

Lorsqu'une partie de la population "régresse" vers l'irrationnel, il faut donner une dimension symbolique importante à la réponse apportée.

Or le symbole le plus fort dans une démocratie, c'est le chef de l'Etat ou du Gouvernement. Aujourd'hui, dans la situation politique de la France, en l'absence de "cohabitation", seul le président de la République nous paraît concerné.

Nicolas Sarkozy « aura du mal à utiliser son Premier ministre comme fusible dans la configuration que nous connaissons aujourd'hui. Il est clair qu'il a choisi délibérément d'être en première ligne et donc de n'être pas protégé vis-à-vis de l'opinion publique ni par ses ministres, ni par son Premier ministre. Effectivement, il y aura une heure de vérité, qui se jouera sans doute sur le plan économique et financier. Nicolas Sarkozy est un acrobate, il trouvera peut-être une réponse au problème pour conserver sa popularité et son dynamisme, ou alors il sera confronté à une difficulté majeure, et la question de l'individuel et du collectif dans l'exercice du pouvoir se posera de façon criante. »[18]

C'est donc l'image de Nicolas Sarkozy et l'influence de celle-ci dans le mécanisme de la crise que nous allons regarder.

La question qui se pose est en réalité simple : le président Nicolas Sarkozy a-t-il, aux yeux de l'opinion publique, l'étoffe d'un chef, doté d'une force de caractère lui permettant de rester calme dans la tempête et de rassurer les français inquiets de la montée du chômage et de la précarité ?

En l'exprimant autrement : les français peuvent-ils lui faire confiance ? Vont-ils lui faire confiance, ou l'image présidentielle est-elle trop dégradée ?

S'il s'agit d'être calme, on peut croire la femme qui partage sa vie depuis qu'il est à la tête de l'Etat : « Nicolas a une énergie formidable, il est courageux. Je vais l'aider à se calmer, à moins surréagir sur les évènements déclare Carla Sarkozy. »[19]

Dans une situation complexe, aux inquiétudes fortes, la peur et les comportements irrationnels d'une partie de la population doivent être traités par une dimension symbolique forte.

---

[18] Jean-Louis Missika, *La stratégie médiatique de Nicolas Sarkozy finira par avoir un coût politique,* LeMonde.fr, septembre 2007.
[19] Patrice Machuret, *L'enfant terrible : la vie à l'Elysée sous Sarkozy*, Seuil, 2009.

S'il s'agit de médiatiser, Nicolas Sarkozy est un vrai professionnel dans ce domaine me direz-vous ! Mais quelle image peut-il mettre en scène ?

Dans les situations de danger c'est parfois le symbole de l'expérience et de l'autorité naturelle qui est capable de rassurer.

C'est "l'image du père".

Pour Philippe Grimbert, écrivain et psychanalyste, Nicolas Sarkozy serait un adolescent refoulé : « Dans l'inconscient des électeurs, il n'est pas le père, mais bien plutôt l'adolescent […]. En répondant par l'insulte à un visiteur du salon de l'agriculture qui refusait de lui serrer la main, il ne ferait qu'entretenir cette image. » Il adopte alors « un langage et un comportement qui appartient au registre de l'adolescence jusque dans la conduite à risque typique de cet âge. »[20]

Patrice Machuret, pour étayer ce point de vue, rappelle les propos de Patrick Poivre d'Arvor au cours du 20 heures de TF1, le 20 juin 2007 : « On vous a vu très à votre aise avec les différents chefs d'Etat et de Gouvernement, même un peu excité comme un petit garçon qui est en train de rentrer dans la cour des grands. » Pour Nicolas Bazire, un ami de 20 ans : « Nicolas a une énergie hallucinante, il ne s'arrête jamais […]. Il se regarde vivre un petit peu, sans se prendre au sérieux. Ca peut faire adolescent. »[21]

Ce sera donc difficile de jouer le symbole du "père protecteur". Alors le "grand frère" peut-être ? Mais, même si cela est possible, est-ce que ce sera suffisant en situation de crise ? Symbole du père ou du grand frère, cela renvoie en fait aux notions d'autorité et de respect. Pour qu'un symbole soit efficace il faut qu'il ait un caractère "sacré" et pour cela il faut garder une certaine distance.

La question se pose alors de savoir si la présence du président Sarkozy sur tous les fronts, si ses interventions dans les médias et enfin son attitude "décomplexée", ne vont pas à l'encontre d'une image d'autorité et de distance à celle-ci. Le rôle des médias et en particulier de la télévision est donc à analyser de près.

Une étude peut nous aider pour comprendre ce point particulier. Jean-Luc Michel propose une approche originale avec "la théorie distanciatrice".

---

[20] Patrice Machuret, *L'enfant terrible : la vie à l'Elysée sous Sarkozy*, Seuil, 2009.
[21] Idem.

Il part d'une hypothèse simple : « Tout être humain passe alternativement d'une attitude distanciatrice (il s'évade, il prend de la distance ou de la hauteur) à une attitude identificatrice. Cette théorie est profondément non déterministe, elle montre que l'acteur est libre et qu'il peut pencher d'un côté ou de l'autre. »[22]

La question de départ est à peu près la suivante : par quel "mécanisme mental" le téléspectateur (assidu) passe-t-il d'une attitude d'identification intense à une attitude de distance critique vis-à-vis des héros ? Jean-Luc Michel applique cette hypothèse aux protagonistes de la justice et prend des sujets d'étude comme Bernard Tapi ou Michel Noir. Il montre « par quel curieux mécanisme les individus passent d'une forte identification (aux valeurs de succès de Bernard Tapi) à une distanciation (de l'homme politique considéré ensuite comme l'archétype de l'affairiste, voire la "victime émissaire", pour parler comme René Girard). »[23]

Selon cette étude, l'identification doit être envisagée à trois niveaux combinables mais bien distincts :

- « L'identification médiée » : il s'agit de l'influence directe, du "charisme" de la personne à qui on va s'identifier.

- « L'identification médiatisée » qui correspond à la "mise en scène" de la personne en utilisant des " amplificateurs" de charisme comme le maquillage, le costume.

- « L'identification abstraite » qui fait que l'on ne s'identifie pas directement à la personne objet de l'identification (ou pas seulement à lui), mais à ses idées, celles qu'il véhicule.

Selon l'étude : « La télévision pourrait contribuer à réduire le potentiel distanciateur de la justice en la banalisant par des procédés identificateurs communs. Dans cette hypothèse, la justice, en autorisant que s'exercent sur elle des identifications médiatisées (télévisuelles), voire en les encourageant, dilapide ses capacités de générer de la distanciation, et ce faisant, dans un effet cyclique, elle conduit à une nouvelle prise de distance au terme de laquelle elle peut perdre de sa crédibilité et de sa légitimité. »[24]

---

[22] Jean-Luc Michel, *Le site de la distanciation*, ww.cetec-info.org.
[23] Jean-Luc Michel, *Télévision et justice. Identification et distanciation*, Colloque du CREM- Université de Metz, mars 1997.
[24] Idem.

On peut transposer cette étude, mais en gardant à l'esprit que toute transposition est toujours délicate.

En utilisant la télévision un homme politique pourrait amener le téléspectateur à s'identifier à ses idées et à ses valeurs (identification abstraite), pour peu qu'il fasse preuve d'un certain charisme (identification médiée) et qu'il sache bien se "mettre en scène" (identification médiatisée). En campagne électorale une bonne utilisation de la télévision est donc un atout déterminant.

En poursuivant, après l'élection au poste de président, une forte médiatisation (identification médiatisée), cela peut aider à faire passer plus facilement les idées et les réformes (identification abstraite), mais l'identification médiatisée attenue la distanciation. Elle peut affaiblir la fonction présidentielle.

Rappelons le souci du président Valéry Giscard d'Estaing de mettre moins de distance entre lui et les français. Sans parler de l'idée de prendre le petit déjeuner avec les éboueurs, regardons son utilisation de la télévision qui était pour lui le « premier pouvoir en France, et non le quatrième. »[25] L'image qui reste dans la mémoire des français, plus d'un quart de siècle plus tard, est celle, où après ses interventions télévisées, il quittait la pièce sur un "bonsoir ". Après le caractère très solennel des allocutions télévisées du général De Gaulle, cette volonté de se rapprocher des français diminuait, en fait, le caractère symbolique de la fonction présidentielle.

Or en cas de crise, le symbole "chef de l'Etat" ne peut être efficace que s'il représente un caractère " sacré ".

Pour cela il faut une certaine distanciation.

Si le président de la République multiplie, en période de crise, des "identifications médiatisées", c'est-à-dire les apparitions télévisées, il dilapide ses capacités de générer de la distanciation, et il prend ainsi le risque de perdre de sa crédibilité et de sa légitimité.

La distanciation peut aussi présenter un autre aspect négatif.

Reprenons et transposons les propos de Jean-Luc Michel : « par quel curieux mécanisme les français passent d'une forte identification (aux valeurs de succès du candidat Nicolas Sarkozy et du président de la République volontariste) à une distanciation (du président de la République "bling-bling" et "agité", impuissant devant la crise).

---

[25] Valery Giscard d'Estaing, *Face à la 3*, 7 Novembre 1984.

La question qui se pose au chef de l'Etat est celle "de la bonne utilisation de la télévision". « Le rythme médiatique qu'il [Nicolas Sarkozy] impose est plus un rythme de conquête du pouvoir que d'exercice du pouvoir. »[26]

Nous avons indiqué que, dans le mécanisme de la crise, les mises en cause et le retour du passé allaient aussi intervenir. En matière de gestion des situations liées au nucléaire, les médias rappellent la position des responsables français qui avaient annoncé que le nuage radioactif de Tchernobyl ne passerait pas le Rhin. Cela s'est pourtant passé le 26 avril 1986. Le discrédit qui a été porté il y a plus de vingt ans reste encore vivace.

On se souvient aussi de la sortie de Nicolas Sarkozy sur la dalle d'Argenteuil, et on rappelle le mot "racaille", alors utilisé comme celui de "Karcher" à la Cité des 4 000.

Des déclarations percutantes sont perçues comme du mépris ou de la provocation : « Désormais, quand il y a une grève, personne ne s'en aperçoit. »

Que va-t-on reprocher à Nicolas Sarkozy ? Quels sont les griefs du passé qui vont être rappelés ?

Tout d'abord on va évoquer les propos qui peuvent apparaître comme des " pertes de contrôle". En premier lieu, le "casse-toi pauvre con".

Ensuite on va rappeler les propos du candidat Sarkozy, ou du président de la République, qui sont en contradiction avec ses nouvelles déclarations ou prises de position.

Nous pouvons en citer quelques unes :

- Dans le discours tenu à Lorient le 3 avril 2007, le candidat Sarkozy a fait cette longue et intéressante déclaration : « Chez les marins, on ne fraude pas, on ne triche pas. Ici, quand on manifeste, quand on a recours à la violence, ce n'est pas pour se distraire, ce n'est pas pour nuire à autrui, c'est parce qu'on est profondément désespéré, c'est parce qu'on n'a plus de recours et qu'on se sent condamné à la mort économique et à la mort sociale [...]. Je veux le dire ici, aucune violence n'est acceptable dans la République, mais je ne mets pas, et je ne mettrai jamais sur le même plan la colère des pêcheurs qui ne veulent pas mourir et la

---

[26]Jean-Louis Missika, *La stratégie médiatique de Nicolas Sarkozy finira par avoir un coût politique,* LeMonde.fr, septembre 2007.

violence gratuite des fraudeurs et des voyous […]. Quand un travailleur n'en peut plus, le rôle d'un responsable politique c'est de l'entendre, c'est de le comprendre, c'est d'engager le dialogue avec lui. Je veux en finir avec cette politique qui, oscillant entre l'abandon et le renoncement, ne peut susciter que la colère parce que le désespoir finit toujours par engendrer la colère. »

Pourtant, devenu chef de l'Etat, il réagit vivement lorsque des dirigeants d'entreprise sont séquestrés en déclarant, lors d'un déplacement à Venelles (Bouches-du-Rhône) : « Qu'est-ce que c'est que cette histoire d'aller séquestrer des gens ? On est dans un Etat de droit, il y a une loi qui s'applique, je la ferai respecter. » Même s'il n'est plus dans la même fonction, il était encore ministre de l'Intérieur quelques jours avant son discours de Lorient.

- Après avoir déclaré qu'il voulait être « le président du pouvoir d'achat » et qu'il irait chercher « la croissance avec les dents », il finit par concéder, lors d'une conférence de presse le 8 janvier 2008, que « les caisses sont vides », confirmant les propos de François Fillon quelques mois avant : « Je suis à la tête d'un Etat en faillite. » Du coup comment expliquer aux français que l'on peut prêter des milliards d'euros pour renflouer les banques ?

La crise actuelle est aussi une crise de confiance.

Dans la tempête il faut croire à la solidité du navire et aux capacités de l'équipage et surtout celles du capitaine.

Les déclarations contradictoires de Nicolas Sarkozy, et sa personnalité qui le fait se porter en avant, peuvent nuire aussi à la visibilité de sa politique. Où va-t-il nous conduire s'il change de cap ?

« Les analystes interrogés par Reuters notent que l'interventionnisme tous azimuts de Nicolas Sarkozy renvoie désormais aux français une impression de confusion, une absence de cohérence anxiogène dans un climat social déjà tendu. »[27] Pour Nathalie Kosciusko-Morizet : « Au départ, cela a sans doute créé un sentiment de confusion. Les français se sont demandé si le sillon était bien tracé. Mais je pense qu'ils ont envie de réformes, ils demandent juste plus de visibilité. »[28]

---

[27] *Latribune.fr.*
[28] Patrice Machuret, *L'enfant terrible : la vie à l'Elysée sous Sarkozy,* Seuil, 2009.

Or le responsable politique doit être capable de "redonner du sens" à la population lorsque celle-ci se sent un peu perdue dans une situation complexe. Nicolas Sarkozy n'a-t-il pas, par son mode de "gouvernance" durant les deux premières années de son quinquennat, perdu, aux yeux de l'opinion publique cette capacité à donner le cap et à rassurer ?

Que conclure de cet exposé ?

Nous pouvons, comme je l'ai indiqué dans le titre de ce chapitre, avancer l'idée que, dans une situation de crise, et notamment dans celle qui nous concerne aujourd'hui, ce sera dur pour Nicolas Sarkozy.

Nous sommes en présence d'un président actif ou hyperactif, décomplexé, bon communicant et doté d'une forte personnalité. Cela a certainement contribué à sa réussite politique.

Le cadre constitutionnel et son caractère le poussent à privilégier le modèle de l'acteur unique concentrant le pouvoir. Il manifeste un goût certain pour le "jeu politique", voire l'affrontement politique, ce qui l'amène à des attitudes et des déclarations que l'on risque de lui rappeler plus tard.

Il donne l'image d'un homme prompt à réagir, qui aurait peut-être du mal à garder son calme dans la tempête.

En situation de crise il est donc desservi par un modèle de l'acteur unique, qui n'est pas dénué de biais cognitifs, qui isole des réalités extérieures et favorise la "pensée unique", celle du chef. Ce modèle présente un risque de basculement dans la crise car, devant des difficultés grandissantes, le pouvoir peut lui être disputé, y compris dans son propre camp. L'acteur unique ne fonctionne que tant que le charisme du décideur, son image reste forte. Le basculement est plus brutal que le glissement vers la crise et il est plus difficile à repérer et, de par sa dynamique il est plus difficile à éviter. Il peut conduire à une situation "révolutionnaire". Cette possibilité est renforcée par la personnalité du président Sarkozy et par le "retour du passé", qui peut être violent. L'image qu'il a donnée comme ministre de l'Intérieur, comme candidat à la présidence, puis pendant ses deux années à la tête de l'Etat peut rendre difficile, pour lui, d'incarner "l'homme providentiel", figure qui rassure et protège une partie de la population que l'avenir effraie.

La crise financière internationale qui se poursuit par une crise sociale n'est pas terminée. Les décideurs au niveau des Etats, de l'Europe et à l'international ont pris un certain nombre de dispositions pour accompagner la sortie de la crise, même s'ils déclarent qu'ils "gèrent la crise". On sait que la crise est une opportunité pour certains acteurs de tenter de faire modifier la répartition des pouvoirs. On a pu l'observer au niveau international.

La dimension sociale de la crise en France conduira-t-elle aussi à une nouvelle répartition des pouvoirs ?

Tout dépend de ses effets sur la population.

Quelle sera la hausse du nombre de chômeurs ?

Quelle sera l'importance de la précarité ?

Quelle sera la durée de la crise ? Quelles seront les conditions d'un "retour à la normale" ? Ce retour à la normale sera-t-il le retour à la situation d'avant la crise ?

Autant de questions qui génèrent des incertitudes et des inquiétudes, dans une partie de plus en plus importante de la population qui constate que les conséquences sociales de la crise rendent peut-être encore plus visibles les injustices sociales.

La crise sociale est due à la crise économique. Celle-ci est le fait de certains financiers qui, pour faire plus de profits, ont pris des risques de plus en plus grands. Ils en sont peut-être victimes. Mais, pour une grande partie de la population ce sont ces responsables qui s'en tirent encore le mieux. Les "vraies victimes", ce sont les salariés qui se trouvent privés d'emplois ou menacés à court terme !

Que la situation sociale se dégrade un peu plus et une partie de cette majorité silencieuse, celle qui ne manifeste pas parce qu'elle n'en a pas la possibilité, risque de glisser dans l'irrationnel et d'entreprendre des actions, en débordant même les représentations syndicales. Nicolas Sarkozy a-t-il encore la capacité de rassurer cette population ? Pourra-t-il le faire ?

La situation peut-elle devenir explosive ? L'est-elle déjà ?

Pour Alain Minc, proche de Nicolas Sarkozy : « La société française est vieillissante. S'il y a un détonateur il faut aussi une poudrière. La société française est une poudrière mouillée. »[29]

L'avenir nous dira si cette analyse est la bonne.

---

[29] Alain Minc, *L'objet du scandale*, France 2, 10 mai 2009.

Il ne nous reste plus qu'à attendre et de voir dans quel état la France sortira de cette crise internationale.

Un dernier point mérite attention pour aller au bout de notre étude.

Les dispositions prises vont-elles permettre d'empêcher qu'une prochaine crise ne survienne à nouveau ?

Savons-nous prévenir les crises puisque nous ne savons pas les gérer?

Chapitre IV

Comment prévenir les crises ?

Récapitulons :
- La société présente des dysfonctionnements qui sont réglés par les organismes mis en place à cet effet.
- Certaines situations deviennent complexes et nécessitent une gestion particulière.
- Cette complexité, conjuguée à d'autres facteurs (incertitudes, réactions de la population, multiplicité des acteurs) peut conduire à ce que l'on appelle alors une crise. Cela indique que la situation a échappé aux gestionnaires. On subit la crise.
- Si l'on dispose d'une connaissance des mécanismes qui peuvent conduire à la crise, avec une méthode appropriée et muni de quelques outils, on peut manager les situations complexes en mettant en œuvre des mesures destinées à éviter la crise. Il s'agit de dispositions qui s'appliquent pendant que l'on gère la situation.

Nous savons que notre société, ouverte à la mondialisation et à des évolutions rapides, se retrouve, de plus en plus souvent, face à la complexité. Peut-on de faire en sorte que ces situations complexes puissent rester mieux maîtrisables ?

I. Une approche pour prévenir les crises

Nous avons cherché à mieux comprendre les mécanismes qui pouvaient entraîner une situation fatale, la crise. Nous avons proposé des mesures curatives pour faire en sorte que le malade puisse guérir, éviter de trop graves séquelles, pour limiter l'épidémie.

Nous allons maintenant nous poser la question de savoir si on ne pas prévenir la maladie. Il-y-a-il un "vaccin" à la crise ?

En se posant cette question on se dit qu'il faut aider l'organisme à mieux combattre une éventuelle agression. Il faut donc améliorer ses "défenses immunitaires". On va lui faire fabriquer des anticorps et on va lui recommander une vie saine, en évitant les excès et les prises de risques inutiles.

Nous devons appliquer le même raisonnement à la situation que nous vivons. Si nous voulons empêcher une prochaine crise, il faut renforcer les capacités de résistance de la population, il faut améliorer le dispositif de vigilance, rendre plus réactifs les "dispositifs de lutte", assurer une coordination du système de décision, etc.

Il faut aussi limiter les comportements à risques et s'offrir un cadre de vie présentant moins de vulnérabilités.

Si on veut être efficace, il nous faut étudier tout cela avec méthode. Il ne s'agit plus de prendre des mesures d'urgence. Nous avons le temps de la réflexion pour définir la meilleure stratégie à mettre en place.

Comment s'y prendre ?

I.1 Vers une gestion globale des risques

La maladie, c'est une agression extérieure qui peut submerger les capacités de résistance de l'organisme attaqué.

La première chose à analyser, ce sont les risques auxquels nous sommes confrontés. Quelles sont les menaces de notre environnement ?

L'analyse, c'est connaître la nature du risque et ses effets possibles dans l'immédiat et dans le temps. Il faut aussi déterminer le "bassin de risque" sur lequel ce risque peut se manifester. On va construire des scénarios envisageables avec les effets possibles sur les personnes, les biens et l'environnement. On rencontre alors la première difficulté : se mettre d'accord sur le risque et ses effets. Cela veut dire des débats, parfois sans fin, sur l'acceptabilité du risque. Cette première étape réalisée on va se demander comment empêcher le risque de se concrétiser.

Quelles sont les mesures de prévention à mettre en œuvre ? Comme on sait que ces mesures ne peuvent être totalement efficaces on regardera d'une part comment éviter le risque, d'autre part comment en limiter les effets.

On vient de dire que la prévention ne pouvait pas être absolue. Cela veut dire que le risque va, un jour, se manifester. La troisième étape consiste à définir le dispositif et les moyens qui auront pour mission de réagir immédiatement. C'est un système de vigilance et de commandement, un dispositif de "couverture" du risque prévu pour régler le dysfonctionnement.

Si les effets sont importants il sera peut être utile de mobiliser un dispositif mieux adapté. Pourquoi dans ce cas ne pas "planifier" la réponse. Le plan permettra de mobilier rapidement des moyens plus importants et de les organiser. On va déterminer, par avance, la structure qui aura en charge les décisions à prendre.

Ensuite, quand le risque se concrétise, l'on procédera à la gestion de la situation. On suivra son évolution, notamment si elle devient plus complexe, et si nécessaire on mettra en place des mesures d'évitement de crise.

Puis il faudra prendre des mesures d'accompagnement du retour à la normale.

Enfin, et c'est une étape importante de la démarche, on procédera à l'examen, à postériori, de cette gestion de l'évènement. Il s'agit du "retour d'expérience" qui permet de se poser un certain nombre de questions, en reprenant les étapes précédentes :

- Avions-nous une bonne connaissance du risque ?
- Les mesures de prévention ont-elles été appliquées ? Sont-elles efficaces ?
- Le dispositif de couverture est-il bien adapté ? Les moyens sont-ils suffisants ? Le système de réponse a-t-il bien fonctionné ?
- Si un plan a été nécessaire, était-il pertinent ? La cellule de décision a-t-elle gardé la maîtrise de la situation, en étant capable d'éviter la crise ?
- Enfin les conditions du retour à la normale ont-elles été satisfaisantes ?

Toutes ces questions amènent des réponses qui doivent permettre de prendre des mesures d'amélioration du système dans sa totalité.

Nous de présenter une démarche de "gestion des risques" qui peut se résumer ainsi :

- L'analyse du risque : sa nature, le territoire sur lequel il s'exerce, ses conséquences possibles.
- La prévention : comment éviter que le risque se concrétise ou comment en limiter les effets.
- Quel dispositif mettre en œuvre si le risque se concrétise : on peut appeler cela la couverture du risque.
- La planification : comment mobilier et organiser les moyens de la couverture du risque. Quel dispositif de décision ?

- La gestion de l'évènement en évitant la crise.
- Le retour à la normale.
- Le retour d'expérience, ce qui permet de reprendre le cycle.

On peut reprendre cette démarche de gestion des risques et l'appliquer de manière succincte à la crise des subprimes.

- Analyse du risque : prêts hypothécaires accordés à des personnes à faibles revenus dont la solvabilité n'est pas assurée. Les agences de notation jouent leur rôle pour évaluer les organismes présentant les plus gros risques.
- Prévention : les organismes de crédit ne conservent pas les créances de ces prêts mais les "titrisent". Ils répartissent et diluent le risque.
- Couverture du risque : garanties des prêts par deux organismes paraétatiques (Fannie Mae et Fréddie Mac). Certains organismes de crédit s'assurent auprès de compagnies comme AIG, le leader mondial de l'assurance et des services financiers. Il existe un dispositif de vigilance du système bancaire avec les banques centrales.
- Planification : aucun plan n'est élaboré à l'avance. Pas de dispositif organisé de gestion de la situation.
- Gestion de la situation : les banques centrales injectent des liquidités. Pas de mesures d'évitement de crise. Les systèmes de réponse réagissent sans pouvoir réellement anticiper car les effets, à court terme et à long terme, sont difficiles à prévoir. La titrisation des créances liées aux prêts subprimes a permis de les regrouper avec d'autres titres "sains". L'ampleur du phénomène est difficile de connaître.
- Retour à la normale : les mesures d'accompagnement, notamment dans le traitement social de la crise, se font par des aménagements des politiques publiques de chaque état.
- Retour d'expérience : il reste à faire, même si certaines conclusions, notamment dans le cadre du G20, ont entraîné des décisions destinées à prévenir une prochaine crise. L'analyse du risque des subprimes, avec le gonflement puis l'éclatement de la bulle immobilière, n'a pas été faite en tirant les enseignements de la précédente bulle spéculative qui concernait les nouvelles technologies.

Que dire de ce rappel des évènements à l'aide de notre approche de la "gestion des risques" ? L'analyse des risques n'a pas été complète. On n'a pas simulé les effets possibles des prêts hypothécaires accordés à des personnes insolvables sur les biens (le marché immobilier), sur les personnes (les milliers de personnes mis à la rue) et sur l'environnement financier et économique (marchés boursiers, entreprises, chômage). La prévention a aussi était incomplète dans la mesure où les risques ont été minorés. Les moyens de couverture étaient à la hauteur d'un risque sous-estimé, pas du risque réel. Pas de planification ni de "cellule de décision". Les Etats ont du préparer des plans, en cours de gestion de l'évènement, et adapter voire créer des dispositifs décisionnels. C'est en ce sens que la situation est devenue une crise qui a été subie.

Alors va-t-on faire mieux pour prévenir une autre crise ?

Des principes généraux de prévention des crises peuvent-ils être formulés permettant d'examiner les mesures déjà prises et de les améliorer, ou de les compléter si nécessaires ?

Nous allons proposer quelques éléments allant dans cette voie.

Pour cela nous allons utiliser les connaissances que nous avons de la gestion des risques et du mécanisme de la crise.

La situation que nous vivons actuellement montre que la gestion des risques n'a pas été optimale. Nous l'avons montré, certaines étapes n'ont pas été conduites de manière très poussée. On pourrait certainement, par une étude plus détaillée, montrer que la rationalité a été limitée dans l'analyse du problème et la recherche de solutions. Des biais cognitifs et des déficits systémiques seraient faciles à mettre à jour. Nul doute que l'on découvrirait des solutions préférées d'emblée, la manifestation de la pensée unique (celle du libéralisme financier qui avait une confiance aveugle dans les marchés et sur leur capacité à s'autoréguler), etc.

Si le problème a été mal abordé peut-on le prendre autrement ?

Pour Claude Gilbert : « Selon les définitions données, le problème peut rester circonscrit aux systèmes d'acteurs existants, avec certains aménagements, ou, au contraire, se trouver radicalement remis en question et imposer une reconfiguration du système d'acteurs correspondant à la nouvelle définition du problème. »[1]

---

[1] Claude Gilbert, *Risques collectifs et situations de crise*, L'Harmattan, 2004.

C'est donc une nouvelle configuration dans la gestion des risques qu'il faut envisager.

En effet, que constate-t-on fréquemment lors de l'analyse des crises ?

Qu'il n'y a pas une vision globale de la gestion du risque par les acteurs qui en ont la charge. Pourquoi ?

Parce que ce ne sont pas forcément les mêmes acteurs qui font l'analyse du risque, qui travaillent sur les mesures de prévention à mettre en œuvre, ou encore sur les moyens de couverture, etc.

Divers organismes prennent en charge un élément de la gestion du risque, sans forcément avoir de liens avec ceux qui se trouvent en amont et en aval de leur champ de compétence. Pire, personne n'a de vision d'ensemble.

D'où la première mesure de prévention des crises : avoir une démarche globale et coordonnée de la gestion des risques.

En d'autres termes, faire en sorte que tous ceux qui auront à se préoccuper, à un moment ou un autre d'un risque, deviennent co-gestionnaires de ce risque. Cela veut dire une solidarité entre les acteurs et la constitution d'une culture commune.

On devine l'intérêt supplémentaire de cette approche : solidarité et culture commune, ce sont des moyens pour diminuer la probabilité de voir apparaître des conflits de pouvoir entre les acteurs lors de la gestion de la situation. C'est donc abaisser le risque de crise.

Une autre question importante découle de cette approche : quels sont les acteurs considérés comme co-gestionnaires ? Allons plus loin encore : quelle est la place du citoyen dans ce dispositif ? Jusqu'où aller dans la place à lui donner?

A l'évidence, la question se pose, pour certains risques, de savoir si de nouveaux modes de concertation ne doivent pas être envisagés.

On comprend aisément les difficultés pour mettre en place une telle concertation. Difficultés techniques à coup sûr ! Crainte de rendre plus difficile encore l'approche de situations déjà considérées comme compliquées, voire complexes, par les experts. Obstacle culturel sûrement quand on se trouve placé dans un système qui privilégie un modèle d'acteur unique et de pouvoir concentré.

On voit bien la difficulté pour laisser fonctionner pleinement les groupes de travail ou les commissions que l'on a pourtant mis en place.

I.2 L'évaluation des systèmes de réponse

Une deuxième mesure de prévention, une piste "d'excellence" diraient les managers, repose sur le concept d'évaluation des systèmes de réponse. Face à un dysfonctionnement, un système de réponse, prévu à cet effet, est intervenu. Quand la situation devient plus complexe, si un dispositif décisionnel a été élaboré au préalable, il va prendre le relai. Pourquoi alors ne pas s'interroger sur la qualité du système de réponse mis en place ? Est-il bien conçu ? Ces questions sont encore trop peu souvent posées.

Evaluer un système de réponse, c'est s'inscrire dans la démarche de l'audit et plus particulièrement de l'audit interne.

Cette démarche vise à la réalisation de cinq objectifs :

- Permettre aux responsables du système de le décrire et d'en comprendre le fonctionnement réel.

- Evaluer le fonctionnement de l'organisation en fonction d'un "référentiel diagnostic", c'est à dire de l'ensemble des critères, explicites et implicites, des normes et des modèles de référence.

- Analyser et expliquer le "pourquoi" du fonctionnement décrit et évalué.

- Permettre aux responsables de prendre pleinement conscience des enjeux.

- Dégager des pistes d'actions qui permettraient de réduire les vulnérabilités.

Ce travail d'audit permet de revenir sur un certain nombre de critères que nous avons déjà présentés.

- Le concept de stratégie : l'organisation est-elle dans une stratégie concurrentielle ou au contraire relationnelle ?

- La structure : "l'espace bureaucratique" n'est-il pas trop élevé ? La structure a-t-elle la capacité de s'adapter à des incertitudes plus importantes ? Se pose aussi la question de la centralisation de la décision. Quelle est la capacité de délégation du décideur? Il y-a-t-il un fonctionnement en réseau ?

- L'identité : ce qui fait le "ciment" de l'organisation, qui permet de réguler, comme la structure d'ailleurs, le jeu des acteurs, de créer des solidarités et une culture partagée, mais qui peut aussi conduire à l'expression de la "pensée unique".

- Les pratiques décisionnelles qui sont déterminées aussi par les facteurs précédents. On sait maintenant que la crise correspond toujours à un pouvoir disputé dans un environnement perturbé. La constitution d'une structure, qui répartit le pouvoir dans un modèle organisationnel, qui régule le jeu des acteurs, qui peut s'appuyer sur une culture commune et qui a une stratégie privilégiant la recherche de la sécurité relationnelle, disposera d'un bon "capital départ" pour faire face à des situations complexes. L'apprentissage collectif des pratiques décisionnelles relevant du modèle organisationnel permettra les adaptations nécessaires tout en renforçant la dimension identitaire.

- La communication enfin, qui fait le lien entre tous ces éléments et qui donne à l'environnement l'image d'un système bien préparé et solide pour faire face aux tempêtes qui ne manqueront pas de se présenter.

I.3 La mobilisation de tous les acteurs

« Une crise globale nécessite une solution globale. » Cette affirmation ouvre le communiqué final du G20 de Londres que nous examinerons en détail un peu plus loin. Si la finalité d'une politique publique est naturellement de répondre aux attentes du public, alors la question est de savoir comment mobiliser les citoyens dans les situations de crise. Les stratèges militaires n'ignorent pas l'importance de la résistance de la population en cas de conflits.

Sun Tzu, stratège chinois, qui vivait plus de cinq siècles avant Jésus-Christ, nous donne dans ce domaine quelques indications qui pourraient offrir matière à réflexion pour les politiques et les citoyens.

Comme le précise Sun Tzu : « Le sujet de la guerre mérite une étude approfondie ». Nous avons sélectionné quelques principes, au fil des treize chapitres de « L'art de la guerre » :

- « Un général peut gagner s'il comprend bien les cinq facteurs : doctrine, commandement, terrain, météo, influence morale. »

- « Influence morale signifie politique. Le monarque et son peuple devrait avoir les mêmes aspirations. Si le gouvernement et le peuple n'ont pas les mêmes aspirations, la victoire est inenvisageable. »

- « Le commandant doit avoir les cinq vertus suivantes : la sagesse, l'intégrité (un général devrait toujours tenir sa parole. Qu'il ne soit ni capricieux ni irresponsable), la bienveillance (qu'il se soucie de ses subordonnés. Qu'il ne soit ni grossier ni indifférent vis-à-vis d'eux), le courage, la rigueur. »
- « Tous seront concernés par les affaires de l'Etat, qu'ils soient aristocrates ou du peuple. »

De nombreux commentateurs de la crise actuelle ont parlé de "crise de confiance".

Les membres du G20 de Londres se sont d'ailleurs engagés à faire tout le nécessaire pour rétablir la confiance. Le rapport du politique au citoyen va être déterminant et l'utilisation de la communication doit viser à rétablir la confiance en tenant compte de l'état de l'opinion publique.

L'analyse de la médiatisation de la "gestion de la crise", que nous avons présentée, pourra être utilement utilisée pour dégager la part de la décision à priori (vraie bifurcation) et de la représentation de la décision (le spectacle).

Bref, comment "décoder" les déclarations et annonces des décideurs politiques au niveau international, européen et français ?

Croire, en période de crise, qu'une bonne communication suffit à rétablir la confiance, à mobiliser l'ensemble de la population et à faire partager les mêmes aspirations par les responsables politiques et les citoyens est une erreur.

« Chaque citoyen en a l'intuition : à crise globale riposte globale. »[2]

Cette intuition conduit les citoyens et leurs systèmes représentatifs (partis politiques, syndicats, associations) à vouloir plus que de l'information. C'est une demande de prise en compte de leurs préoccupations qu'ils revendiquent.

La question fondamentale qui se pose est celle de l'adéquation entre les décisions politiques et les attentes de la population.

Nous allons donc essayer, armés de ces quelques grands principes (gestion globale des risques, évaluation des politiques et des systèmes, mobilisation), de porter un regard sur les dispositions qui ont déjà été arrêtées par les politiques afin d'y distinguer ce qui pourraient s'apparenter à des mesures de prévention de la crise.

---

[2] Edwy Plenel, *Marianne*, 30 mai 2009.

II. Analyse des décisions du G20 de Londres

Manifestement les décisions les plus fortes sont celles du G20 de Londres.

La principale décision du sommet, la plus spectaculaire, concerne la lutte contre les paradis fiscaux.

Mais il n'est pas inutile de rappeler le communiqué final de ce sommet :

« Une crise globale nécessite une solution globale. Nous partons du principe que la prospérité est indivisible et que la croissance pour être durable doit être partagée […]. Nous pensons que la seule fondation sûre d'une mondialisation soutenable et l'augmentation de la prospérité pour tous est une économie ouverte fondée sur le principe de marché, une régulation efficace et des institutions mondiales solides. »

Les Etats, membres du G20 se sont par conséquent engagés à faire tout le nécessaire pour :

- Rétablir la confiance, la croissance et l'emploi.
- Réparer le système financier pour restaurer les flux normaux de crédit.
- Renforcer les règlementations financières pour rétablir la confiance.
- Financer et réformer nos institutions financières internationales afin de juguler cette crise et en empêcher de nouvelles.
- Promouvoir le commerce international et l'investissement et rejeter le protectionnisme, pour servir de socle à l'établissement de la prospérité.
- Bâtir une croissance universelle, verte et soutenable.

Pour cela des décisions ont été prises à court terme :

- Tripler les ressources du Fonds monétaire international à 750 milliards de dollars, l'autoriser à émettre des Droits de tirage spéciaux (DTS ou "or papier») pour 250 milliards de dollars et à vendre de l'or.
- Créer un nouveau "Conseil de stabilité financière" qui collaborera avec le FMI pour anticiper les risques économiques et financiers et prendre les mesures nécessaires.
- Réformer les systèmes de contrôle.

Enfin, une fois la reprise assurée, les actions envisagées sont les suivantes :

- Les systèmes de contrôle devront empêcher les opérations financières à effet de levier excessif et avoir constitué suffisamment tôt le matelas de ressources financières suffisantes pour intervenir en cas de besoin.

- Agir contre les paradis fiscaux.

- Créer d'urgence de nouvelles normes comptables de haute qualité tant en matière de valorisation des actifs que de provisions comptables et tenant mieux compte des engagements hors-bilan.

- S'assurer que les agences de notation respectent le code international de bonne pratique et en particulier qu'elles sont bien indépendantes et non pas sujettes à des conflits d'intérêt.

Je vous propose de regarder les décisions de ce G20 en reprenant les principes que nous avons exposés lors de l'étude de stratégie et de la politique ainsi que ceux relatifs à la médiatisation.

Quand on se trouve en face d'un dysfonctionnement majeur entraînant une situation complexe susceptible de provoquer une crise, les responsables s'interrogent sur l'efficacité de la stratégie adoptée et sur le système qui était chargé de la mettre en œuvre.

Souvent, la première mesure qui vient à l'esprit, c'est de considérer que le dysfonctionnement est dû à des défaillances du système. Il s'agit d'erreurs que l'on va souvent imputer au personnel dans la mise en œuvre des décisions (et non d'erreurs dans la prise de décision !). On diligente une enquête interne, une "inspection des services", qui va souvent conclure par un rappel ou un renforcement des procédures et des contrôles.

Parfois, la démarche va être poussée jusqu'à la réalisation d'un audit complet du système, et plus rarement on ira jusqu'à auditer le dispositif décisionnel. Ce n'est que dans ce cas que la question même de l'évaluation de la politique peut être abordée.

Les objectifs stratégiques étaient-ils les bons ?

Doit-on les modifier ?

Doit-ton réorienter la politique voire la modifier profondément, ce qui suppose d'adopter d'autres paradigmes ?

Si la politique concerne la gestion de risques, et il y a toujours une part de risques venant de l'environnement, on peut s'inspirer d'une démarche de gestion globale des risques, comme celle que nous avons proposée.

On comprend la difficulté pour décider de conduire complètement cette démarche. Il faut que la crise soit grave ! Ce qui semble être le cas.

1. Analyse de la politique publique

Cela va concerner l'évaluation des politiques publiques, l'audit des systèmes et la gestion globale des risques.

Il n'y a pas eu d'évaluation de la politique publique lors du G20 de Londres, ou du moins si elle a eu lieu, elle n'a pas fait l'objet de communication. Le communiqué final, lui, est explicite : « Nous pensons que la seule fondation sûre d'une mondialisation soutenable et l'augmentation de la prospérité pour tous est une économie ouverte fondée sur le principe de marché. »

Quelle est donc cette "politique publique internationale", et quelle est la doctrine qu'elle sous-tend ?

Il s'agit du libéralisme.

Né au XVIIIe siècle, le libéralisme se présente sous forme de deux tendances : celle qui considère que l'Etat doit favoriser la concurrence et qu'en dehors de cela il n'a pas à intervenir, et celle qui souhaite que l'Etat intervienne en plus pour limiter les conséquences, notamment sociale, du libre marché.

Après la seconde guerre mondiale, la domination de la devise britannique sur la finance a été remplacée par celle du dollar américain. Pour redonner du lustre à Londres, et en faire la première place financière, la City londonienne, alliée à la Banque d'Angleterre, va favoriser les prêts et les dépôts de dollars circulant en dehors des Etats Unis. Pour attirer les capitaux, on va supprimer les contrôles mis en place par le système de Bretton Woods. Un marché dérégulé et opaque va se développer. C'est cette opacité dans la prise de risque qui est au cœur de notre crise financière actuelle. Au fur et à mesure que la circulation des capitaux va être facilitée, les Etats vont avoir de moins en moins de capacité pour intervenir.

Après la libéralisation de la finance, il faut "s'attaquer" à la production.

Le retrait de l'Etat comme acteur économique va progressivement être organisé : privatisation d'entreprises publiques, déréglementations, etc.

Voilà la situation à la fin du XXe siècle : le libéralisme "version dure" est devenue la doctrine dominante. Il affirme « la supériorité scientifique de son efficacité : le marché ne fait pas de politique, il ne sert l'intérêt de personne, il n'est qu'un mode optimal de coordination des activités des agents économiques. » Or, « la théorie économique contemporaine n'a rien d'un corpus scientifique établi permettant de s'appuyer sur les lois universelles justifiant le recours au libéralisme économique comme une organisation optimale et efficace. »[3]

Et en France ?

« La France a indéniablement opté en faveur du libéralisme triomphant. Privatisations, déréglementation financière, poids des investisseurs étrangers, individualisation des salaires sur lesquels l'Etat n'exerce plus d'influence, flexibilité de l'emploi, etc., tout y est, jusqu'aux énarques qui ne rêvent plus que de pantoufler dans le privé […]. Les publications d'économistes ou d'historiens libéraux se lamentent sur l'exception française, qui voudrait que nous soyons le seul peuple à refuser un libéralisme dominant partout ailleurs dans le monde, tiennent du déphasage entre discours et réalité. Les élites françaises n'ont pas été moins libérales que les autres au cours des années 1980 et 1990. »[4]

La crise des subprimes aurait peut-être pu justifier une évaluation de la politique conduite jusqu'alors. La question est en effet de savoir si les fondements doctrinaux de la politique ne sont pas à remettre en cause. Le libéralisme tel qu'il s'est développé jusqu'à ce jour donne-t-il les résultats escomptés ?

Les experts sont à peu près d'accord pour considérer que la déréglementation financière et la libre circulation des capitaux n'ont pas eu les effets attendus.

Pire, elles auraient bien eu les effets inverses.

Aussi les politiques publiques reviennent en force.

---

[3] Christian Chavagneux, *Les dernières heures du libéralisme*, Editions Perrin, Février 2009.
[4] Idem.

Il ne s'agit plus seulement de promouvoir la concurrence mais bien d'introduire de la règlementation. Les pays asiatiques ont démontré, par la réussite, qu'il y avait plusieurs voies possibles et que la moins libérale était la plus efficace.

Dani Rodrik, professeur d'économie politique à Harvard, insiste sur la nécessité de faire rapidement évoluer les paradigmes de la mondialisation. Selon lui, il ne s'agit plus de libéraliser davantage, mais de créer dans chaque pays l'espace politique permettant de traiter les problèmes que pose l'ouverture : « Les politiques de développement d'abord au niveau national et l'Etat a un rôle essentiel pour stimuler la croissance qui est la base de tout développement réussi [...]. En ce domaine, aucun pays ne peut servir de modèle aux autres. »[5]

On comprend que les politiques économiques, pour sortir de la crise actuelle, devront être prises au niveau des Etats, même si un cadre international et européen doit être pris en compte.

C'est aussi une des conditions de la prévention d'autres crises. « Seul le contexte institutionnel local permet de déterminer les politiques qui non seulement vont permettre d'initier une politique de croissance, ce qui relativement aisé, mais, surtout, de la maintenir dans le temps et de la rendre résistante aux crises, ce qui est plus difficile. »[6]

Il faut donc analyser les mesures qui sont prises par l'Union européenne et par le gouvernement français dans ce domaine.

Regardons la situation de la France dans le domaine de la production. « La libre circulation des investissements internationaux a mis les territoires de la planète en concurrence pour essayer de les attirer. De ce point de vue, la France a été l'un des pays les plus libéraux [...]. Selon les données de la Banque de France, les étrangers détenaient à la fin 2007 un peu moins de 40% du capital des 40 plus grandes entreprises françaises cotées à la Bourse de Paris et 9 de ces entreprises "françaises" étaient détenues à plus de 50% par des étrangers. »[7]

---

[5] Dani Dodrik, *Nations et mondialisation - Les stratégies de développement dans un monde globalisé,* La découverte, 2008.
[6] Dani Dodrik cité par Christian Chavagneux, *Les dernières heures du libéralisme.*
[7] Christian Chavagneux, *Les dernières heures du libéralisme,* Editions Perrin, 2009.

A partir de fin 2005, le gouvernement français a annoncé une série de mesures destinées à protéger nos entreprises des OPA hostiles. Il a défini : « Onze secteurs stratégiques pour lesquels il souhaite être informé des changements de propriétaires, tout en donnant la liste d'une dizaine de grosses entreprises dont il veut voir maintenir les centres de décision en France […]. La promotion du patriotisme économique par les hommes politiques français revient simplement à constater que les gouvernements des autres grands pays industrialisés n'hésitent pas, déjà, à intervenir pour protéger les secteurs qu'ils jugent stratégiques […]. La décision du président Sarkozy de créer fin 2008 un fonds souverain français, fonds d'investissement détenus par un État, destiné à protéger les entreprises françaises jugées stratégiques n'en est qu'une illustration supplémentaire. »[8]

A défaut d'évaluer la politique publique, a-t-on réalisé un audit du système ?

Apparemment pas de manière méthodique et exhaustive. On s'est arrêté aux dysfonctionnements les plus criants.

Une approche globale selon la méthode de gestion globale des risques apporterait certainement un éclairage plus complet.

On peut commencer par le retour d'expérience de la crise des subprimes et en tirer les enseignements, afin de regarder si les responsables ont fait une bonne analyse du risque et, si ce n'est pas le cas, reprendre l'analyse.

Des mesures de prévention existaient-elles ?
Ont-elles bien fonctionné ?
Le risque bénéficiait-il d'une bonne couverture ?
Un plan de sauvetage préétabli aurait-il été utile ?
Les systèmes prévus pour régler les dysfonctionnements ont-ils été efficaces ?
Quelles ont été les vulnérabilités ?

Par exemple, en matière d'analyse du risque et de prévention, ont peut tirer les enseignements suivants : « Si les risques financiers étaient parfaitement analysés, gérés et maîtrisés en période de libéralisation, les banques centrales n'auraient pas à s'en soucier.

---

[8]Christian Chavagneux, *Les dernières heures du libéralisme,* Editions Perrin, 2009.

Jusqu'au milieu des années 1990, c'était bien le cas [...]. Les crises financières importantes résultent de l'éclatement de bulles dont la formation est nourrie par une distribution excessive de crédit par les banques. Pour éviter cela, il faut que les banques soient contraintes, lorsque tout va bien, à ne pas distribuer l'argent n'importe comment. » Mais : « La libéralisation accroît les risques financiers car elle les rend plus complexes et moins maîtrisables, que ce soit par l'action publique ou par les acteurs financiers privés eux-mêmes. »[9]

Comment dans ce cas couvrir le risque dans un système financier dominé par le libéralisme ?

En faisant appel à l'assurance on peut se garantir contre le risque de non-remboursement. C'est ce que certains investisseurs ont fait pour les produits qui reposaient sur des crédits immobiliers à risques. C'est ainsi que la première compagnie d'assurance américaine (AIG) a assuré de nombreux crédits subprimes. Résultats ? AIG a été sauvé grâce à une aide de la banque centrale américaine de 85 milliards de dollars. L'Etat recevra en échange près de 80% de son capital, ce qui entraîne une quasi-nationalisation.

Dans son communiqué annonçant son plan de sauvetage d'AIG la Réserve fédérale explique : « Un démantèlement d'AIG aurait pu amplifier une fragilité des marchés déjà significative et aboutir à une hausse du coût du crédit, une réduction de la richesse des ménages et donc un affaiblissement de l'économie. »

Dans certains cas, parce que le risque est considéré comme trop grand et qu'aucun acteur financier ne veut en assurer la couverture, on dit alors que le marché est "illiquide", il reste alors la spéculation.

En utilisant "l'effet levier", le spéculateur peut "acheter", en ayant peu d'argent en propre, mais en empruntant. Des banques s'y sont aussi risquées directement, espérant des profits élevés. En cas d'échec, c'est toute l'économie qui est menacée comme dans cette crise financière.

---

[9] Christian Chavagneux, *Les dernières heures du libéralisme,* Editions Perrin, 2009.

En matière de réponse, la crise des subprimes a « montré que la gestion d'une panique réclame beaucoup plus qu'une baisse des taux d'intérêt et une injection traditionnelle de liquidité. » [10]

« La crise a également mis à jour la nécessité pour les superviseurs bancaires, les régulateurs publics qui surveillent les banques, de pouvoir disposer d'autres instruments que les taux d'intérêt pour enrayer les bulles. »[11]

Pourtant, Alan Greenspan, économiste et président de la Réserve fédérale de 1987 à janvier 2006, expliquait, déjà en 2002, qu'il faut faire monter les taux d'intérêts à un niveau très élevé quand une bulle spéculative se produit.

Au regard de la représentation sociale, on peut supposer que l'on est en présence du cas de figure où il n'y a "pas de bifurcation mais un vrai problème". On garde "une économie ouverte fondée sur le principe de marché". Donc pas de modification de cette politique mais uniquement « une régulation efficace et des institutions mondiales solides. » C'est le système et les acteurs qui sont responsables de la crise. La politique n'a pas à être corrigée, en tout cas il n'est pas jugé nécessaire d'en changer. Mais est-t-il possible d'en changer ? Y-a-t-il une doctrine alternative ? Pour Christian Chavagneux : « La question d'un modèle alternatif au libéralisme actuel est désormais posée, contrairement aux années 1930 qui proposaient le fascisme, le nazisme et le collectivisme soviétique comme alternatives, aujourd'hui aucun modèle intellectuel de remplacement n'est disponible. »[12]

2. Des objectifs et des actions

Reprenons les points principaux de la déclaration du G20 de Londres :

- Rétablir la croissance : Les enseignements tirés par les experts en économie politique, au regard de l'analyse des évolutions de ces dernières années et de l'analyse de cette crise, montrent clairement que : « Le libre jeu des forces du marché ne garantit pas automatiquement que les entreprises françaises vont innover et

---

[10] Christian Chavagneux, *Les dernières heures du libéralisme,* Editions Perrin, 2009.
[11] Idem.
[12] Idem.

assurer les bases d'une croissance à long terme […]. En clair, si la France veut avoir une chance de jouer un rôle dans les industries de demain, il faut que l'Etat s'y mette. »[13]

La croissance est en partie liée à la capacité d'innovation.

Lionel Jospin, alors Premier ministre, déclarait en 1997 : « La compétition économique de demain sera une bataille de la création et de l'invention. Notre insertion dans la compétition internationale reposera de plus en plus sur notre capacité d'innovation et de recherche et sur la qualité de notre éducation et de notre formation. Je sais que la théorie économique contemporaine accorde à ces facteurs une place déterminante pour la croissance à long terme. Quelles sont les places respectives de l'intervention publique et de l'initiative privée dans la mise en œuvre des investissements à réaliser dans le domaine des grandes infrastructures et des nouvelles technologies ? Quel rôle doit jouer la coopération européenne dans ce domaine ? »[14]

« La puissance publique, et non le seul marché ; la coopération entre entreprises, et non la concurrence à tous crins, suscitent l'innovation […]. La mondialisation fonctionne dans un cadre d'un "capitalisme d'alliance" décrit par l'économiste américain John Dunning, celui des partenariats stratégiques entre entreprises. »[15]

Nous l'avons indiqué dans le chapitre consacré à la " stratégie et la politique" : à l'opposé de la stratégie concurrentielle se place la stratégie relationnelle qui se fonde sur trois dimensions : la valeur du domaine d'activité, la compétence dans ce domaine d'activité et la recherche de sécurité relationnelle.

- Rétablir l'emploi : Les organisations qui participent aux réunions de la Confédération syndicale internationale à Londres, en parallèle au G20, déclarent :

« Force est de constater que les normes sociales et les normes internationales du travail de l'OIT ne figurent pas sur la photo. Si le rôle des institutions financières, dont le FMI, apparaît renforcé, il manque que les conditions d'inter-vention de ces institutions

---

[13] Christian Chavagneux, *Les dernières heures du libéralisme*, Editions Perrin, 2009.
[14] *Discours d'ouverture de la séance d'installation du Conseil d'Analyse Économique*, 24 juillet 1997
[15] Idem 13.

intègrent le respect des droits des travailleurs et des normes sociales. Or, ce sont les politiques mises en œuvre par ces institutions depuis plus de 20 ans, fondées sur le libéralisme absolu, pour qui toute norme, y compris sociale, est considérée comme une entrave au libre marché, qui sont à l'origine de la crise actuelle. »

- Promouvoir le commerce international : Le commerce international fonctionne sur le libre échange, qui favorise les pays riches actuels capables de maintenir une avance technologique.

Or la Chine, mais aussi l'Inde, montrent des capacités importantes dans les domaines technologiques. L'idée de vendre des airbus à ces pays en leur achetant des produits textiles manufacturés ne marche plus. La conséquence « en est que les salaires sont tirés vers le bas et que les délocalisations d'emplois de services vont se révéler nombreuses. »[16]

Aussi concernant cet objectif du G20 : « Pour les économies riches, cet accord n'aura pas de conséquence sur les maux tels que la baisse de l'activité et la hausse du chômage. »[17]

- Rejeter le protectionnisme : « Toutes les économies aujourd'hui dominantes ont, à un moment ou à un autre, protégé leurs industries ou leur agriculture de la concurrence. Ce n'est qu'une fois qu'elles ont estimé que leurs économies pouvaient l'emporter qu'elles se sont mises à prôner le libre-échange. »[18]

L'Organisation mondiale du commerce (OMC crée en 1995) voudrait que les politiques « obéissent à la règle de la maximisation de la libre circulation des biens, des services et des investissements. »

Or, dans les années 1990, l'Afrique du Sud, avec 4,5 millions de personnes touchées par le sida, a voulu, copier, en contradiction avec les règles internationales de la propriété industrielle, les molécules trouvées dans les laboratoires pharmaceutiques des pays du nord. « Les multinationales de la pharmacie portent plainte mais doivent faire marche arrière devant la pression internationale […]. Le Brésil réussit de nouveau fin 2001, au moment de la conférence de Doha à remettre en cause les règles du jeu établies par

---

[16] Christian Chavagneux, *Les dernières heures du libéralisme*, Editions Perrin, 2009.
[17] Philippe Dessertine, *Lexpress.fr*, 3 avril 2009.
[18] Jean-Jacques Savigné, *Pour un protectionnisme modulé et coopératif*, Mai 2009.

les gros laboratoires pharmaceutiques […]. Le Brésil est encore en première ligne à la conférence de Cancun en septembre 2003 […]. Il établit un front commun avec un certain nombre de pays dont la Chine et l'Inde pour ensuite arriver à 21 pays en tout, réunis sous l'étiquette de Groupe de 21 (G21), rejoints ensuite par l'Egypte (G22) et par les pays d'Afrique et d'autres sous la bannière du G90, pour refuser le protectionnisme agricole des pays du nord. »

Le rôle de l'OMC n'est plus aussi important qu'auparavant à cause du recours, de plus en plus fréquent depuis les années 1990, aux accords bilatéraux ou régionaux signés entre deux pays ou un petit groupe de pays.

« Bien loin de favoriser la libéralisation des échanges, les traités bilatéraux permettent aux Etats de revenir sur la théorie du libre échange qui prévaut à l'OMC pour officialiser le niveau de protectionnisme qu'ils jugent utiles à la défense de leur modèle social. »

Pendant ces derniers mois de crise de nombreux pays ont essayé de mettre en place des mesures protectionnistes.

C'est le cas des pays du G20 qui n'ont pas résisté à cette tentation, selon le constat dressé par la Banque mondiale, ce qui induit, selon son président, une aggravation de la situation.

En février 2009, les Tchèques et les Slovaques avait jugé "protectionniste", la proposition de Nicolas Sarkozy de "relocaliser" des entreprises du secteur automobile en France.

« La part des législations aux orientations protectionnistes n'a cessé de monter au cours des dernières années : elle est passée de 4% en 2000 à près d'un quart en 2007. »

Pourtant, au G20 de Londres, le protectionnisme « a été repoussé comme s'il s'agissait du diable. »[19] Il s'agit bien de « rejeter le protectionnisme » selon le communiqué final du G20.

Alors s'agit-il d'une vraie décision relevant d'un choix à priori, d'une réelle bifurcation, ou d'une "décision spectacle" sans bifurcation, c'est-à-dire sans changement dans les pratiques protectionnistes ?

- La lutte contre les paradis fiscaux : Le G20 a aussi annoncé que, lorsque la reprise sera assurée, il agirait « contre les paradis fiscaux. »

---

[19] Romain Kroës, *LeMonde.fr*.

Le moins que l'on puisse dire, c'est que les paradis fiscaux créent de l'opacité dans le système financier.

Un paradis fiscal est un pays où la réglementation monétaire et la fiscalité sont plus souples, plus favorable que dans le reste du monde ? Cette situation attire les capitaux étrangers qui peuvent provenir de l'utilisation par un contribuable ou une société des possibilités offertes par le droit pour réduire ou éviter l'impôt. Le paradis fiscal peut aussi permettre à certains contribuables de se soustraire au fisc. Il peut encore accueillir des capitaux provenant d'activités illicites.

Ces centres financiers offshore représenteraient la moitié des activités internationales, mais s'agissant d'un domaine où le secret est de règle, il est bien difficile d'évaluer ce montant, comme les conséquences sur les économies des divers Etats.

Une enquête d'Alternatives Economiques montre que toutes les entreprises françaises du CAC 40 sont fortement présentes dans les pays offrant des services financiers de type "paradis fiscaux".

Sept territoires offshore concentrent, à eux seuls, 90% de la présence française : le Royaume-Uni, les Pays-Bas, le Luxembourg, la Suisse, Singapour, l'Irlande et Hong Kong.

Pourtant, « depuis 2006, plusieurs pays sont devenus très agressifs en matière de lutte contre la fraude fiscale [...]. Gordon Brown, alors ministre des Finances, a constitué une unité spéciale antifraude en 2005 [...]. De son côté, l'Europe a également avancé sur des points essentiels. Depuis juillet 2005, une directive européenne impose aux pays de l'Union de fournir aux autres gouvernements des informations sur les placements des non-résidents. »[20]

L'opacité, qui est due à ces paradis fiscaux, a joué un rôle non négligeable dans la crise. Par exemple, Northern Rock, la première banque qui a fait faillite et qui a été nationalisée par le gouvernement britannique, dissimulait sa dette dans une filiale domiciliée à Jersey.

A la suite du sommet du G20, l'OCDE a publié trois listes des paradis fiscaux dans le monde. Une pour les pays non coopératifs, une autre pour les pays décidés à faire des efforts, une troisième pour les pays qui respectent les critères internationaux.

---

[20]Christian Chavagneux, *Les dernières heures du libéralisme*, Editions Perrin, 2009.

Quand on examine les unes des médias lors du sommet de Londres, on remarque que la lutte contre les paradis fiscaux a été fortement couverte médiatiquement.

Pourtant on peut s'interroger : s'agit-il d'une "faible bifurcation" et d'un "spectacle" important ?

En effet, une « liste de l'OCDE circulait de toute façon déjà, et elle est à minima. Ne figurent pas, sur la liste noire, la Suisse la Belgique ou le Luxembourg. Et sur la liste grise, on ne trouve ni la City de Londres, ni Macao ou Hong Kong. La question principale reste aussi en suspens : quelles seront les sanctions et comment seront-elles appliquées ? Cette mesure est plus symbolique que décisive, je ne pense pas qu'on constate des évolutions majeures sur les pratiques d'évasion fiscale dans les paradis des sociétés et des Etats dans les prochains mois. »[21]

On peut légitimement douter de la véritable volonté politique dans la lutte contre les paradis fiscaux.

Renaud Van Ruymbeke, juge d'instruction au pôle financier du tribunal de grande instance de Paris est l'un des sept magistrats à avoir lancé l'appel de Genève, le 1er octobre 1996, pour dénoncer les circuits financiers occultes et réclamer la mise en place d'un véritable espace judiciaire européen pour lutter contre la criminalité internationale. Il déclare à France Inter : « On nage en pleine hypocrisie ! Il n'y a eu aucune volonté politique d'éradiquer sérieusement les paradis fiscaux. »

Pour le Comité catholique contre la faim et pour le développement : « Epargner Hong Kong, la City de Londres ou l'Etat du Delaware aux Etats-Unis enlève toute crédibilité à l'exercice. »

Pour Jacques Attali : « Les principaux lieux de la fraude fiscale et des turpitudes financières, c'est-à-dire la City et les Etats-Unis, resteront indemnes : personne ne parle au G20 de remettre en cause le système du trust anglais, ou la législation fiscale du Delaware ou du Nevada. Ni celle de Macao ou de Hong Kong. »[22]

Daniel Cohen déclare : « A dénoncer une figure du mal, les paradis fiscaux, on s'exonère à bon compte de ses propres erreurs. »[23]

---

[21] Philippe Dessertine, *Lexpress.fr*, 3 avril 2009.
[22] Jacques Attali, *blogs.lexpress.fr*, 31 mars 2009.
[23] Daniel Cohen, *Lepoint.fr*, 8 avril 2009.

On suppose facilement que la pratique décisionnelle du G20 de Londres a été celle du "jeu politique" qui correspond à des luttes entre les acteurs, la décision étant le résultat d'une domination et/ou d'un compromis entre les parties prenantes.

- La règlementation des flux de capitaux : L'un des objectifs affichés par le G20 porte sur le système, qu'il convient de « réparer pour restaurer les flux normaux de crédits. »

« Les mesures de réglementation des flux de capitaux esquissées au G20 entérinent la légende selon laquelle la crise ne serait due qu'à des imprudences et malversations. Elles reflètent le refus obstiné de remettre en question le modèle financier en vigueur, alors qu'il est à l'origine de cette crise comme de toutes les crises économiques et financières de l'histoire. Le but de ces mesures est de rassurer les marchés financiers. »[24]

Pas étonnant alors que les autres décisions du G20 aient porté sur le renforcement des contrôles et du système. Ce que nous allons aborder maintenant.

3. Renforcer les contrôles

Pour le G20 de Londres, l'objectif est de renforcer les règlementations financières pour rétablir la confiance. La décision à court terme est de réformer les systèmes de contrôle. Une fois la reprise assurée, il est prévu de créer de nouvelles normes comptables, de renforcer le rôle des systèmes de contrôle et de revoir celui des agences de notation.

- Les systèmes de contrôle : Des procédures de contrôles existent et les "retours d'expériences" conduisent assez souvent à les renforcer. Elles deviennent de plus en plus sophistiquées.

Mais elles peuvent malgré tout être contournées, pas toujours par les agents chargés de la mise en œuvre mais aussi par les dirigeants d'entreprise. C'est ce que Christian Chavagneux appelle une "fraude managériale". La réglementation visant à réduire ce type "d'écarts" de certains chefs d'entreprises a vu le jour aux Etats-Unis. C'est ainsi que le patron de WordlCom a écopé de vingt-cinq ans de prison en 2005. Pourtant au départ la position de la Banque des règlements internationaux (BRI) était de considérer que les

---

[24] Romain Kroës, *LeMonde.fr*.

intermédiaires financiers étaient les mieux placés pour se contrôler eux-mêmes.

- Les opérations à effet de leviers : « L'effet de levier est un principe financier qui permet grâce à l'emprunt d'acquérir des actifs avec un minimum de fonds propres. L'effet de levier a mauvaise presse et inquiète. Pourtant ce mécanisme n'est pas en cause dans la crise actuelle. Les gérants ont principalement souffert de problèmes de liquidité et ils sont, dans 90% des cas, raisonnables dans l'utilisation de ce fameux effet de levier. »[25]

« Les CDS, (Credit Default Swap, contrats financiers de protection entre acheteur et vendeur, mais sans obligation de mettre de côté des fonds pour garantir la transaction) sont de plus en plus utilisés non comme des polices d'assurances, mais pour spéculer sur la faillite des entreprises et même pour les provoquer par des effets de levier énormes, avec la bénédiction du gouvernement américain, qui donne le mauvais exemple avec le scandaleux plan Geithner, qui va permettre à quelques fonds américains de faire fortune en reprenant le meilleur des actifs dits "toxiques" des banques avec l'argent des contribuables. »[26]

Comment les systèmes de contrôle vont-ils, dans ces conditions, être en mesure d'empêcher les opérations à effet de levier excessif ?

- Les agences de notations : Le problème est connu depuis plusieurs années. L'Organisation internationale des autorités de régulation des marchés financiers (OICV) a rédigé, en 2003, un code de conduite auquel les agences se soumettent sur une base volontaire. Un travail en vue de faire évoluer les choses a donc été engagé à plusieurs niveaux : international, européen et français.

A l'occasion d'un colloque, le 12 décembre 2007, consacré aux « agences de notation et la crise du crédit: faux procès et vrais débats », Michel Prada, président de l'Autorité des marchés financiers déclare en ouvrant la séance : « Le débat sur les agences de notation, lancé à la suite des scandales du début des années 2000, est relancé par la nouvelle crise que traversent les marchés financiers depuis l'été dernier [...]. Parmi les nombreuses interrogations que soulèvent ces événements, la question du rôle des agences de

---

[25] Guillaume Monarcha, *Capital.fr,* avril 2009.
[26] Jacques Attali, *blogs.lexpress.fr*, 31 mars 2009.

notation dans les processus de titrisation et dans l'évaluation du risque de crédit des véhicules de titrisation est à l'évidence posée […]. S'il est donc légitime de s'interroger sur le rôle et sur le comportement des agences, il serait en revanche tout à fait excessif d'en faire les boucs émissaires d'une crise dont les origines sont multiples et mettent évidemment en cause l'ensemble du système financier. »

Il souligne : « La question des conflits d'intérêts potentiels qui pourraient survenir à la fois du fait de la concentration des opérations de titrisation entre quelques grands établissements financiers et quelques grandes agences pour lesquelles la notation des produits structurés représente, depuis peu, la moitié du chiffre d'affaires et aussi en raison des services annexes que certaines agences peuvent proposer. »[27] Selon Michel Prada, la Commission européenne, n'a pas estimé nécessaire une initiative législative spécifique considérant que les dispositions en vigueur fournissaient une réponse appropriée.

Le G20 de Londres n'a jamais fait que réitérer les critiques déjà émises à divers niveaux et de formuler des dispositions " une fois la reprise assurée".

On peut donc s'interroger sur le caractère de cette décision.

Elle s'insère dans un mouvement déjà engagé. Il n'y a donc pas une véritable "bifurcation" mais bien un "spectacle de la décision" conformément au principe de compensation.

C'est ainsi que certains experts ou médias vont parler de décisions symboliques.

« Exiger plus de transparence aux agences de notation et aux fonds spéculatifs, c'est positif. Mais ce sont des mesures cosmétiques, symboliques. Ce ne sont pas les bases nécessaires pour éviter que la crise ne se reproduise dans le futur. »[28]

« On sait le rôle néfaste des agences de notation dans la crise. Pour avoir renoncé à les placer sous le contrôle d'une institution publique, ces agences de notation, essentiellement au nombre de trois pourront continuer de noter en rond. »[29]

---

[27] Michel Prada, *www.amf-france*.
[28] Philippe Dessertine, *Lexpress.fr*, 3 avril 2009.
[29] *Marianne*, 11 au 17 avril 2009.

Pour donner suite au G20, le Parlement européen a adopté, le 23 avril 2009, une législation mettant en place, pour la première fois, un enregistrement et une surveillance obligatoires des agences de notation du crédit.

C'est le Comité européen des régulateurs des marchés de valeurs mobilières qui est chargé de ce travail dans l'attente de la création d'une nouvelle autorité à partir de 2010.

« Toutefois, la création de nouvelles autorités est loin d'être une révolution dans l'architecture de supervision européenne. Les nouveaux organes constitueront en effet des versions renforcées de commissions européennes qui existent déjà et qui sont chargées de la surveillance des banques (CECB), des assurances (CECAPP) et des marchés des valeurs immobilières (CERVM). En outre, reste à savoir à quel point elles pourront imposer des décisions aux collèges de superviseurs des groupes multinationaux spécifiques. Dans tous les cas, de tels collèges n'ont pas encore été créés. »[30]

4. Compléter et financer davantage le système

Le G20 de Londres se fixe pour objectif de « financer et réformer nos institutions financières internationales afin de juguler cette crise et en empêcher de nouvelles. »

Il est décidé, à court terme :

- De tripler les ressources du Fonds monétaire international (FMI) à 750 milliards de dollars, d'autoriser le Fonds à émettre des Droits de tirage spéciaux (DTS ou "or papier") pour 250 milliards de dollars et à vendre de l'or.

- De créer un nouveau « Conseil de stabilité financière ». Ce conseil collaborera avec le FMI pour anticiper les risques économiques et financiers et prendre les mesures nécessaires.

Regardons d'un peu plus près ces institutions financières internationales. Après la seconde guerre mondiale l'économie internationale est placée sous l'égide des institutions de Bretton Woods qui sont chargées d'apporter des solutions pragmatiques, en ne prenant en compte que les questions techniques dégagées des problèmes politiques. Les statuts de la Banque mondiale lui font l'interdiction d'intervenir sur le domaine politique. L'aide financière apportée aux pays qui la sollicite est assujettie au fait de

---

[30] *www.euractiv.com*, 5 mars 2009.

suivre telle ou telle politique, sans remettre en cause la souveraineté des pays. En réalité, l'histoire montre que la frontière entre interventions économiques et politiques a été loin d'être étanche.

C'est ainsi que lors de la crise « ouverte par la nationalisation du canal de Suez par Nasser en 1956, les Etats-Unis ont utilisé le FMI pour faire pression sur un gouvernement britannique désespérément en manque de devises pour sauver la livre sterling des attaques spéculatives. Le FMI ne lui prêta rien. »[31]

« Un prêt du FMI n'est rien d'autre qu'un prêt du Gouvernement américain » déclarait le secrétaire au Trésor américain de l'époque, George Humphrey.[32]

Avec la baisse des budgets d'aide publique au développement, la sélection des pays à aider a commencé, à partir des années 1990, à se faire en fonction de critères politiques.

« Le bilan de l'action du FMI montre que les pays de l'Amérique latine qui se sont montrés les bons élèves en suivant les prescriptions du FMI et de la Banque mondiale ont une croissance faible, une forte montée des inégalités et une plus grande vulnérabilité aux perturbations de l'économie mondiale. A l'inverse, les pays asiatiques qui ont des politiques publiques plus volontaristes réussissent mieux, démontrant qu'il ne faut pas laisser les forces du marché intervenir trop librement. » C'est ainsi que le FMI « a été accusé d'avoir fragilisé les économies d'Asie en les forçant à s'ouvrir aux mouvements internationaux de capitaux. » Dominique Strauss Kahn en prenant la tête du FMI a été clair : « La méthode qui voudrait qu'il y ait un seul modèle qui s'applique partout dans le monde est une idée fausse. »[33]

La décision de compléter le système, de le renforcer et de lui donner plus de moyens financiers est une vraie décision, une bifurcation relevant d'un choix à priori. La question qui se pose est de savoir si ce choix est destiné à répondre à un vrai problème, ou si plutôt, la forte médiatisation qui est assurée autour de la décision ne cache pas un autre objectif ?

---

[31] Christian Chavagneux, *Les dernières heures du libéralisme*, Editions Perrin, 2009
[32] Idem.
[33] Idem.

Après le G20, Dominique Strauss Kahn se félicitait que son institution soit citée à toutes les pages du communiqué final et déclarait à la presse : « Il y a six mois, lors de l'assemblée générale du Fonds monétaire international, je vous avais annoncé que le FMI était de retour. Aujourd'hui vous en avez la preuve. » « Hier mauvais gendarme, mauvais pompier et piteux médecin [...]. Le voilà maintenant devenu superviseur en chef des nouvelles régulations financières internationales. En clair, pour prévenir les crises, les Vingt ont décidé de coupler le Fonds avec le Forum de stabilité financière, rebaptisé à l'occasion Conseil de stabilité financière. Ce nouveau binôme sera-t-il capable de dénoncer toutes les dérives économiques ? Y compris les plus dangereuses, comme par exemple, la bombe à retardement des déficits extérieurs des Etats-Unis ? Ou encore les effets négatifs d'une sous-évaluation de la devise chinoise pour le reste du monde ? De nombreux observateurs en doutent. »[34]

« Ce qui aurait été vraiment révolutionnaire, c'est la proposition, qui avait d'ailleurs été évoquée, de créer un véritable FBI international de la finance, qui aurait eu les moyens et la responsabilité de contrôler les grandes banques transnationales. Or ce n'est pas le cas de l'organisme qui a été créé, le Conseil de stabilité financière. Cela demeure un conseil consultatif, qui va compiler des données fournies par les autorités nationales. Le Forum de stabilité financière, dont il prend la suite, avait déjà été chargé de prévenir les crises systémiques, sans grand succès. On n'a pas vraiment changé les règles du jeu. »[35]

Alors, que penser du G20 de Londres ?

Bien sûr, l'examen des décisions prises par le G20 par les divers acteurs ou observateurs montre des positions souvent opposées, entre ceux qui le considèrent comme un sommet historique et saluent les décisions prises, et ceux qui au contraire, le classent comme "un sommet pour rien".

Il est bien difficile pour le simple citoyen de mesurer les actions concrètes et les impacts sur sa vie au quotidien et pour son avenir. Or le G20 de Londres, comme nous avons essayé de le montrer, a eu pour principaux objectifs de confirmer la politique basée sur le

---

[34] Grégoire Biseau & Vittorio De Filippis, *Libération.fr*, avril 2009.
[35] Daniel Cohen, Lepoint.fr, 8 avril 2009.

libéralisme, en complétant, réformant et finançant davantage les systèmes de contrôle.

Le citoyen est absent. La question de savoir ce que la population attend des responsables politiques ne semble pas avoir été l'une des préoccupations d'un tel sommet.

D'ailleurs les conséquences sociales ne sont pas réellement abordées. L'objectif est bien ciblé sur le système économique international.

Pourtant, en novembre 2008 on peut lire dans la déclaration syndicale internationale avant la réunion du G20 de Washington : « Autant l'accord économique de l'après-guerre portait sur un engagement en faveur du plein emploi et de la justice sociale au cœur de l'action gouvernementale et le renforcement de l'Organisation Internationale du Travail (OIT), autant l'accord suivant la crise actuelle doit porter sur la gouvernance économique internationale. Les gouvernements doivent engager la réflexion sur les nouvelles structures rendues ainsi nécessaires. Pour autant cette discussion ne pourra se contenter de réunions à huis clos entre banquiers et représentants des ministères des finances. Les syndicats doivent être à la table des discussions. Combattre l'explosion des inégalités de revenus qui est au cœur de cette crise. Un nouveau système de gouvernance économique doit s'attaquer à la crise de la justice distributive qui a défiguré l'économie mondiale. Celui-ci passe par une croissance plus équilibrée dans l'économie mondiale entre les régions, mais aussi entre capital et travail, entre salariés à haut et à bas revenus, entre riches et pauvres. »

Nous avons essayé de montrer la part de vraie décision et celle de la représentation (le spectacle, par la médiatisation de grandes déclarations de principes). Nous renvoyons le lecteur aux paragraphes consacrés à la représentation sociale et la médiatisation de la gestion de la crise. Il gardera ainsi à l'esprit que les représentations sociales donnent du sens à ce qui se passe, permettent aux décideurs de justifier la division des responsabilités et aident à se frayer un chemin dans le désordre organisationnel.

Maintenant, si on veut s'interroger sur la pratique décisionnelle du G20 de Londres, on peut considérer que, manifestement, il s'est situé dans un "jeu politique". C'est d'ailleurs tout à fait logique de constater cette pratique au regard des enjeux politiques internationaux.

Mais le modèle politique signifie que le pouvoir est disputé entre les acteurs et que la crise devient, pour certains, une opportunité à saisir pour obtenir une répartition du pouvoir qui leur soit plus favorable.

Chacun est venu avec ses objectifs, a cherché à créer des alliances, avec des partenaires pouvant partager certains de ses objectifs, afin d'avoir plus de poids dans la décision qui relève d'un consensus ou d'un compromis.

« Les décisions qui auraient pu constituer de véritables ruptures ont été évitées. Les Américains sont venus déterminés à ce qu'il n'y ait pas d'autorité supranationale de régulation de la finance, et ils ont eu gain de cause. En matière de relance, ce sont les Européens qui freinaient, et ils ont obtenu satisfaction, puisqu'ils ne se sont pas engagés à en faire davantage. »[36]

Le compromis final était difficile à obtenir. Il ne pouvait pas déboucher sur des décisions qui risquaient de remettre en cause de manière trop forte la répartition des pouvoirs.

« Une question sous-jacente à celle-ci est l'abandon du dollar comme monnaie d'échange internationale, comme l'ont évoqué la Russie et la Chine. Ces points ont été évités. »[37] Pour Jacques Attali : « L'opposition reste totale entre les Américains, (qui souhaitent augmenter la consommation, même au prix de l'inflation), les Chinois, (qui souhaitent relancer l'investissement et protéger leurs avoirs), les Européens, (qui souhaitent réguler le capitalisme mondial), et les pays les plus pauvres, encore une fois principales victimes. Pourquoi cela ? Parce que, au lieu de réunir le Comité monétaire et financier intérimaire du FMI, composé de 24 membres, organe légitime pour décider d'une réforme équilibrée, on a choisi de réunir un comité sans pouvoir, le G20, parce que la présidence en était britannique (alors que celle du CMFI est assurée par l'Egypte), et qu'ainsi le monde anglo-saxon pouvait protéger ses privilèges, en attendant le retour naturel de la croissance mondiale. »[38] « Mais pour l'heure, le FMI reste une annexe du Trésor américain. »[39]

---

[36] Daniel Cohen, *Lepoint.fr*, 8 avril 2009.
[37] Philippe Dessertine, *Lexpress.fr*, 3 avril 2009.
[38] Jacques Attali, *blogs.lexpress.fr*, 31 mars 2009.
[39] Jacques Attali, *Les échos.fr*, avril 2009.

Pour Daniel Cohen : « S'il y a une innovation institutionnelle, c'est le G 20 lui-même, qui se constitue en un directoire - plus large et donc plus légitime que le G 7 - et s'autorise à tracer les grandes lignes à suivre pour l'économie mondiale. »[40]

Le lecteur pourra bien évidemment faire l'analyse lui-même du sommet du G20 de Pittsburgh.

Il pourra aussi chercher à décoder la position de l'Union européenne dans le traitement de la dette grecque. Il découvrira ainsi le rôle des banques (notamment de Goldman Sachs), des agences de notation, de la Banque centrale européenne, etc.

La France ne doit-elle pas aussi rassurer les marchés et éviter de voir sa note dégradée par les agences de notations. Pour cela elle va devoir envoyer des signaux forts, en annonçant certaines réformes, notamment celle des retraites.

---

[40] Daniel Cohen, *Lepoint.fr,* 8 avril 2009.

Chapitre V

Les perspectives

I. L'international

La crise a montré que les décisions concernant l'économie internationale ne pouvaient plus être prises par le cercle fermé des pays du G8.

Depuis plusieurs années un élargissement progressif s'est instauré.

Les sommets de Washington et de Londres ont démontré que, faute d'un modèle organisationnel répartissant le pouvoir, la structure décisionnelle elle-même relevait déjà du compromis. Certains pays dits "émergeants" ont profité, légitimement, de la crise pour faire modifier la répartition des pouvoirs au sein d'une nouvelle structure élargie.

Rien ne sera plus pareil désormais. Mais nous sommes à nouveau placés devant une nouvelle organisation aux fondements fragiles, sans véritable pouvoir et qui ne donne pas satisfaction à tous les acteurs. Nul ne doute qu'elle sera contestée dans l'avenir.

Pouvait-il en être autrement ?

Au niveau international, nous sommes placés dans un jeu politique permanent, des alliances se nouent et se dénouent. On a vu que des problèmes majeurs restaient en suspens.

Quel crédit donner au FMI s'il reste, comme certains le pensent, dépendant des USA ?

Bâtir une "croissance universelle, verte et soutenable" ne peut se faire dans le seul cadre du G20 quand on sait que, sous la bannière du G90, de nombreux pays refusent le protectionnisme agricole des pays du nord. A l'inverse, des alliances, entre les plus grands pays, pourraient aussi voir le jour.

C'est ainsi que l'ancien Premier ministre, Laurent Fabius, indique sur son blog : « On parle de plus en plus à Washington, et même à Pékin, d'un G2, une alliance Chine-Amérique qui aborderait les grands problèmes du monde. » Ce G2 informel, "Chinamerica", présente des intérêts car la Chine et l'Amérique sont très dépendantes l'une de l'autre. « Les autorités chinoises détiennent environ 800 milliards de dollars de bons du Trésor américain qui permettent aux citoyens américains de consommer des produits chinois bon marché […]. Du coup, si les Chinois cessent d'acheter des bons du Trésor, le dollar baissera, entraînant dans sa chute les réserves de la Banque de Chine […]. A l'inverse, si les américains réduisent trop drastiquement leur consommation, les exportations chinoises seront en difficulté. Conclusion du banquier Hervé de Carmoy : la Chine et les Etats-Unis ont donc intérêt à agir de concert pour que la parité yuan-dollar s'ajuste avec réalisme. »[1]

Face à ce nouveau dispositif, l'Europe pourra-t-elle avoir son mot à dire ?

L'Union européenne est-elle assez forte pour cela ?

C'est ce que nous verrons un peu plus loin après avoir porté un regard sur l'Amérique d'Obama.

II. Les Etats-Unis d'Amérique

Les décisions du G20 de Londres vont être mises en œuvre, mais on l'a vu, elles n'ont pas un effet direct visible et immédiat sur la vie quotidienne de nos concitoyens.

Ce qui importe, pour l'opinion publique, c'est ce qui se passe au niveau de l'Etat où il vit.

« Le président américain a déjà dessiné les contours d'un capitalisme différent, en rupture profonde avec celui de Reagan, de Clinton et de Bush, un capitalisme où le sort des salariés est pris en compte, un capitalisme où l'Etat lutte contre le surendettement des ménages et les taux usuraires, un capitalisme où l'on défend le consommateur contre les pratiques prédatrices du crédit sauvage, un capitalisme où la puissance publique s'autorise à intervenir, s'il le faut, dans la gestion des grandes entreprises » écrit Maurice Szafran dans un article de Marianne intitulé : « La vraie rupture, c'est lui ! Un vrai programme ou de simples déclarations d'intention ? »

Dans le même numéro de Marianne, Marc Perelman correspondant à New York titre un autre article : « Obama, un pragmatique qui divise les intellectuels. »

Les critiques des décisions du président Américain, qui portaient sur l'économie et la politique étrangère, se sont étendues,

---

[1] Philippe Cohen, *Marianne*, 30 mai 2009.

suite à la volte-face d'Obama concernant la publication des photos de sévices infligés par les soldats américains à des détenus.

Certains y voient par contre la capacité d'écoute du président qui le conduit parfois à modifier son point de vue.

Il semblerait que Barack Obama « aime à se nourrir du débat d'idées pour étayer ses décisions ».

« Ce n'est pas par hasard s'il se réfère souvent à Abraham Lincoln », écrit Marc Perelman qui ajoute : « Lincoln avait aussi la particularité de s'appuyer sur ce que l'historienne Doris Kearns a appelé une "équipe de rivaux", avec l'intention de créer concurrence et émulation tant entre les personnes qu'entre les doctrines. Cette recette, Obama se l'applique à lui-même. »

J'ai cité cet exemple concernant le président américain pour indiquer que ce que perçoit l'opinion publique c'est autant la politique, les déclarations et la personnalité du décideur, ceci dans l'attente des résultats des décisions prises sur le quotidien des citoyens.

Il y a pour le public un décideur, un lieu de décision, une décision et une logique de la décision. C'est donc un tout.

C'est aussi ce qui, en situation de crise, peut rassurer si le responsable sait donner du sens, indiquer le cap.

III. L'Union européenne

Au niveau européen, se pose la question de la politique qui va être conduite et de son éventuelle réorientation pour tenir compte de la crise financière et pour sortir des conséquences sociales de cette dernière.

Pour Edwy Plenel : « Cette crise historique du capitalisme ne peut être dissociée d'un réexamen critique de l'idéologie qui s'est imposée depuis les années 80 à la construction européenne : ultralibérale, concurrentielle, financière, faisant de la dérégulation son credo et de la privatisation son instrument. La crise ne vient pas de nulle part, mais bien des politiques menées, des intérêts servis, des idéologies banalisées : bref des choix présentés comme inéluctables, naturels ou raisonnables, qui furent en fait des choix de société non débattus, non soumis aux peuples, non confrontés aux suffrages. La libéralisation des mouvements de capitaux, l'accueil des fonds d'investissement spéculatif, la libéralisation du marché de l'énergie, la déstabilisation des services publics, la sacralisation de la concurrence : on n'en finirait pas d'énumérer les décisions, hélas souvent promues en France par des gouvernements socialistes, qui ont contribué à creuser le précipice de la crise actuelle, et dont une certaine façon de faire l'Europe - celle des marchés plutôt que des peuples- porte la responsabilité principale. »[2]

Ce long plaidoyer pourrait servir à lui seul à expliquer le désintérêt des électeurs lors des élections du 7 juin 2009.

Nous avons montré, à l'occasion de l'étude de cette crise internationale, que l'Union européenne a pris ses décisions selon le modèle politique, et plus particulièrement du "jeu politique".

On a vu, sous la présidence française, une tendance à rechercher un modèle d'acteur unique où le pouvoir est concentré, ce qui n'a pas été sans provoquer des réactions des autres chefs d'Etat et de Gouvernement.

On sait que les décisions qui présentent le moins de risques de générer une crise sont celles qui relèvent d'un modèle organisationnel où le pouvoir est réparti entre les acteurs ou groupes d'acteurs.

On voit mal, dans le fonctionnement actuel de l'Union européenne, qui repose sur un système lui-même complexe, comment on peut se diriger vers un nouveau modèle organisationnel répartissant réellement le pouvoir.

En effet aujourd'hui, « le Parlement de Strasbourg a beau être une formidable enceinte démocratique, l'Europe lui échappe encore en grande part, gouvernée par les alliances, compromis ou arrangements des Etats, donc des gouvernants en place, au sein de son exécutif, la Commission. »[3]

Pourtant, quand on examine la situation de la dette de la Grèce et de la spéculation qui risque de s'étendre à d'autres pays européens endettés, on se dit qu'il serait temps que l'Union européenne ait des capacités de réaction coordonnées.

Pour certains observateurs, cela doit même passer par une véritable structure décisionnelle européenne, au moins pour la dimension économique.

---

[2] Edwy Plenel, *Marianne*, 30 mai 2009.
[3] Idem.

IV. La France

Ce qui va intéresser le citoyen français, ce sont les dispositions prises par le président de la République et son Gouvernement.

Nous avons consacré la seconde partie de ce livre à la "gestion de la crise" par Nicolas Sarkozy. Le lecteur a bien compris que lorsque la crise est installée, on ne peut que subir et prendre des mesures de "sortie de crise". Il s'agit de limiter les conséquences de l'évènement déclencheur et des effets dominos qu'il a générés, notamment sur l'environnement financier et économique et sur les personnes.

Pour ce qui concerne les finances et l'économie, des dispositions ont été décidées au niveau international. Certaines vont être déclinées, voire complétées au niveau de l'Union européenne. Il appartiendra au gouvernement français de prendre également les mesures nécessaires.

Mais la crise financière et économique touche-t-elle réellement à sa fin ? Après le séisme, doit-on s'attendre à quelques répliques ?

Il faut donc assurer une vigilance permanente de l'évolution de la situation internationale, européenne et française, en matière de finance et d'économie. Les autres effets, qui arrivent de manière différée, sont les conséquences de la baisse de l'activité économique. Il s'agit de fermetures d'entreprises, de licenciements, du chômage partiel.

Il reste donc beaucoup d'incertitudes. Les inquiétudes de la population vont aller grandissantes. Comment l'opinion publique va-t-elle réagir ?

Nous avons examiné la possibilité d'une explosion sociale et montré les difficultés que le président de la République pourrait alors rencontrer. La crise financière et économique, et ses conséquences sociales actuelles et à venir, s'accompagnant d'un sentiment d'injustice. L'analyse présentée par les responsables politiques de la crise vise à démontrer que les dysfonctionnements qui sont à l'origine de la situation internationale sont le fait de quelques acteurs, qui ont commis des erreurs, pris des risques inconsidérés, poussés par l'appât du gain. A cela se sont ajoutés des dysfonctionnements systémiques que l'on peut régler en renforçant et en complétant les systèmes de contrôles.

Pour une partie de l'opinion publique, c'est donc les comportements de certains patrons "voyous" qui sont responsables et ce sont les salariés, notamment les plus fragiles, qui vont en être les victimes ; les responsables, malgré leurs pertes s'en tirant plus facilement.

Le communiqué final du G20 de Londres indique : « Nous partons du principe que la prospérité est indivisible et que la croissance durable doit être partagée. »

Partagée entre les Etats ?

Partagée entre les habitants ?

Sur ce dernier point, la répartition au niveau national est l'une des revendications fortes de la population.

En France, la crise conduit, aussi et surtout, à dénoncer les inégalités dans la répartition des profits. Les déclarations du président de la République, concernant la division en trois tiers, apparaît comme une représentation sociale. C'est une décision spectacle qui ne va pas entraîner de bifurcation (pas de modifications dans ce qui se fait déjà). Il est à craindre que cela ne suffise pas à répondre aux attentes de la population placée devant les inquiétudes que génèrent la monté du chômage, de la précarité et de la pauvreté.

Nous avons montré que, face à des incertitudes génératrices d'inquiétudes et de comportements irrationnels, la "représentation sociale" était peut être aussi importante que la décision elle-même.

Et ce "spectacle décisionnel" repose essentiellement sur celui qui détient le "privilège" de la décision. Sa personnalité, et son image bâtie par les communications passées, sont déterminantes pour rassurer, ou non, une population inquiète pour son avenir.

Le responsable de la décision doit être en mesure de donner du sens, et lors de glissements vers l'irrationnel, ce qui donne le plus de sens c'est la dimension symbolique.

En matière d'image, il est difficile de revenir en arrière. Lors des situations de crise on n'hésite pas, au contraire à rappeler le passé. Donner du sens, et surtout du sens symbolique, passe par une certaine distanciation. Cela veut dire moins de communication, mais des apparitions bien ciblées et sur les préoccupations réelles.

Alors quelles sont les pistes possibles pour aider à sortir de la crise financière et économique, pour éviter une éventuelle crise sociale (dans le sens de défaillance du processus décisionnel) et pour prévenir la prochaine crise ?

Trois axes principaux sont à envisager :
- Une gestion globale des risques dans laquelle les acteurs se sentent co-gestionnaires.
- L'évaluation de la politique publique et un audit de vulnérabilité des systèmes de réponse.
- Un accroissement de la résistance du système décisionnel et de la population aux crises.

Mais ces trois axes dépendent en grande partie du modèle décisionnel mis en place et pratiqué. En effet, si le décideur a une grande importance, cela ne veut pas dire qu'il est seul à décider. Evidemment, si la décision est préparée par un dispositif organisationnel, ou si elle est le fruit d'un consensus ou d'un compromis, elle reste bien de la responsabilité finale de celui qui à le "privilège" de la décision au regard de la Constitution, des lois et des règlements. Le décideur a donc le choix du modèle décisionnel. Si le choix porte habituellement sur un modèle de l'acteur unique concentrant le pouvoir, parce que cela correspond aux principes juridiques, ou parce que cela convient mieux à la personnalité du décideur, en situation complexe, le risque de basculer dans la crise existe. Quand le modèle politique est retenu, par défaut du modèle de l'acteur unique, parce que ce dernier ne peut être imposé, il y a un risque de glissement dans la crise. Reste le modèle organisationnel qui répartit le pouvoir et présente le moins de risque de crise.

On a vu combien ce modèle est difficile à concevoir au niveau international. Au niveau européen les obstacles sont également encore forts. Au niveau d'un Etat et en ce qui concerne la France, ce modèle est-il envisageable ?

Différents modèles organisationnels existent en réalité. Tout d'abord le Parlement correspond à un modèle qui répartit le pouvoir selon les résultats d'élections démocratiques. Cette répartition est-elle acceptée par tous les acteurs ? La réponse, même nuancée ne peut être positive. Le mode d'élection reste controversé, d'une part pour le Sénat qui n'a jamais connu d'alternance politique sous la Ve République, d'autre part pour l'Assemblée Nationale qui fait fréquemment l'objet d'un redécoupage des circonscriptions relevant de préoccupations partisanes. L'autre point repose sur la répartition des pouvoirs entre l'exécutif et le législatif.

Nous l'avons indiqué précédemment, la réforme constitutionnelle rend notre système politique plus présidentiel. Mais elle prévoit également un rééquilibrage par une revalorisation du rôle du Parlement et une meilleure garantie des droits de l'opposition.

Cependant la "coproduction législative" chère au président du groupe UMP, Jean François Copé, n'est pas, semble-t-il, appréciée à l'Élysée et à Matignon. François Fillon n'a pas hésité à déclarer, lors d'un déjeuner, en octobre 2008, avec les députés et sénateurs UMP et Nouveau Centre : « On est encore dans un système politique où c'est le Gouvernement qui fait ses propositions et engage le débat avec le Parlement. Et c'est dans cet ordre que les choses doivent se passer. »[4]

Si la volonté politique n'existe pas réellement quand la situation est normale, il est impossible d'envisager que cela soit possible dans une situation complexe.

Dans cet état d'esprit, peut-on concevoir un modèle organisationnel pour réaliser une approche globale de gestion des risques ?

On sait toute la difficulté pour se mettre d'accord sur des mesures de prévention et des moyens de couverture d'un risque sans une bonne analyse de celui-ci. Or il n'est pas toujours aisé de se mettre d'accord sur l'analyse des risques et en particulier sur la simulation des effets dans le temps.

Là encore il s'agit d'une volonté politique au plus haut niveau, et de la conviction du responsable de la décision de l'intérêt d'un tel modèle organisationnel.

Sans cette conviction, on est tenté de proposer une modèle organisationnel, sous forme de comité ou de commission, de demander aux divers acteurs d'y participer, dans une composition qui reçoit un accord de la part de ces derniers, mais une fois le dispositif au travail, on "reprend la main" en décidant seul, sans attendre les conclusions du groupe mis en place.

On a signalé que cela s'est produit dans un passé tout récent ce qui rend moins crédible pour l'avenir une proposition similaire.

Si on reprend l'examen que nous avons fait de "la cellule de crise" mise en place, on peut rappeler qu'elle ne correspond pas à un modèle réellement organisationnel, mais plutôt à une "task force" chargée de seconder le président de la République.

---

[4] Cité par Bruno Jeudy, *Lefigaro.fr*, 20 octobre 2008.

Lorsque j'ai l'occasion d'animer des séminaires de management, j'entends dire qu'aujourd'hui le responsable du service ne peut plus imposer sa vision des choses mais qu'il doit convaincre ses collaborateurs directs pour que ces derniers puissent faire passer le sens de la stratégie de l'organisation. Ces propos recueillent de nombreuses approbations de la part de l'auditoire. Ce dernier reste par contre dubitatif quand je suggère que la stratégie pourrait être coproduite par un système organisationnel répartissant le pouvoir, ce qui ne retire pas la possibilité pour le décideur de faire valoir son point de vue et d'être reconnu comme le détenteur du "privilège de la décision".

Et pourtant cette idée doit être plus facile à faire passer dans une organisation que dans un système politique.

Les acteurs qui accèdent aux responsabilités suprêmes y sont arrivés parce qu'ils avaient une forte ambition pour exercer le pouvoir, ce qui n'est pas en soi blâmable. La difficulté vient souvent qu'une fois en place, le souci est de s'y maintenir et, dans une démocratie, cela signifie gagner les prochaines élections. Pour cela on pense qu'il faut resserrer les rangs de sa majorité et affaiblir l'opposition. Les élections intermédiaires deviennent un moyen d'évaluer les forces en présence.

Il est regrettable, par exemple, que les élections européennes du 7 juin 2009 n'aient pas été l'occasion de montrer tout l'intérêt d'une Europe forte et plus soudée pour faire face à la crise et créer les conditions d'un meilleur équilibre international, plutôt que d'en faire une occasion de connaître les poids politiques respectifs de l'UMP et des autres composantes de l'opposition. Le citoyen français y aurait peut être trouvé des raisons de se mobiliser.

Sans mise en place d'un modèle organisationnel reconnu par les acteurs et respecté par le responsable politique de la décision, il paraît bien difficile de procéder à une gestion globale des risques que fait encore courir la crise économique internationale.

Quand à l'évaluation de la politique publique on a déjà indiqué qu'elle n'était pas envisagée.

Pourtant, il ne serait pas inintéressant, pour le citoyen, d'évaluer les effets des décisions stratégiques du président de la République pour faire face à cette crise, d'identifier la part des vraies décisions des décisions spectacles.

Qu'en est-il de la moralisation du capitalisme ?

De l'encadrement des rémunérations et des stocks options?
Finis les paradis fiscaux ?
Comment s'est traduit, dans les faits, le plan de relance et quels sont ses effets sur l'économie française ?
Les crédits accordés par les banques aux PME et aux particuliers sont-ils plus faciles à obtenir et quel est le bilan du médiateur du crédit ?
L'argent prêté aux banques a-t-il réellement rapporté 1,4 milliard d'euros et ces fonds vont-ils être intégralement utilisés pour financer des mesures sociales ?
Finies les délocalisations, notamment celles des entreprises qui ont reçues des fonds publics ?
Il ne s'agit là que de quelques décisions annoncées par le président de la République et le Gouvernement.
On peut aller plus loin dans la démarche et évaluer l'efficacité de la politique conduite. Là n'est pas notre propos.

En conclusion on peut penser que sans le préalable que constituerait la mise en place d'un modèle organisationnel adapté à la "gestion de la crise", il paraît difficile de mettre en œuvre les principes de prévention des crises indiqués précédemment. Il ne s'agit pas pour autant de changer les pratiques politiques habituelles, qui relèvent à la fois de nos institutions et du "paradigme" propre au chef de l'Etat. Rien de plus normal puisque les électeurs placent à la tête de l'Etat un homme, ou une femme, qui leur permet de s'identifier, à travers sa personnalité et la médiatisation qui en est faite, aux idées qu'il propose pour le pays.

En France, le mode d'élection du président de la République, crée des liens particuliers entre celui qui est placé au sommet de l'Etat et les citoyens.

Rappelons que le paradigme est le moyen de « décrire l'ensemble d'expériences, de croyances et de valeurs qui influencent la façon dont un individu perçoit la réalité et réagit à cette perception. Ce système de représentation lui permet de définir l'environnement, de communiquer à propos de cet environnement, voire d'essayer de le comprendre ou de le prévoir. »

La question qui se pose est donc de savoir si le chef de l'Etat peut envisager, compte tenu de ce qui vient d'être écrit, un dispositif spécifique basé sur le modèle organisationnel.

Ce système particulier pourrait fonctionner, de manière non permanente, pour proposer des mesures de prévention de crises, dans des domaines particuliers. Il pourrait constituer ainsi un réseau d'acteurs partageant la même culture. Il s'activerait pour suivre les situations complexes et étudier les moyens d'éviter la crise.

L'observation des pratiques habituelles de Nicolas Sarkozy et de sa "gestion de la crise" tant au plan européen qu'au plan national ne semble pas conduire à une réponse positive à cette question. Mais qui sait ?

Conclusion

J'ai tenté, à travers cet ouvrage, de montrer les conditions de la survenance d'une crise. Ce cas reste rare.

Lorsqu'une situation complexe survient, elle déstabilise la cellule de décision ou la sphère politique, entraîne bien souvent des inquiétudes et peut conduire à des comportements irrationnels auxquels il est difficile de répondre.

En dehors de la dimension technique de l'évènement, ici la "crise des subprimes", les recherches conduites depuis plusieurs années montrent que l'accumulation de dysfonctionnements mal gérés par les systèmes accroit la complexité de la situation.

Quand s'ajoutent des difficultés dans l'exercice du pouvoir, qui devient disputé entre les acteurs, le risque de crise apparaît.

On sait que derrière le mythe de la rationalité ou de celui du grand stratège, la réalité décisionnelle est complexe.

J'ai proposé au lecteur des moyens pour décoder ces situations complexes et repérer les risques de crise. C'est le modèle des pratiques décisionnelles que nous avons retenu pour la lecture de cette crise financière et économique. C'est en l'utilisant que nous avons dégagé des mesures susceptibles d'éviter le glissement ou le basculement dans la crise.

L'étude des rapports, entre celui qui détient le privilège de la décision et la population, a montré toute l'importance de la dimension communication. Nous avons examiné la représentation sociale de la décision. En exposant le principe de compensation qui fait que, lorsque la décision n'est pas un choix à priori, le spectacle qui en est donné est important, nous avons pu mieux comprendre les aspects de la dimension communication réalisée aux divers niveaux décisionnels.

J'ai envisagé la possibilité d'une explosion sociale et j'ai entraîné le lecteur à la recherche des atouts et faiblesses du chef de l'Etat face à une telle situation.

Enfin, j'ai proposé une stratégie de prévention de crise qui s'appuie sur une démarche globale de gestion des risques, l'évaluation des systèmes de réponses et la mobilisation de tous les acteurs.

Mon objectif était d'offrir des éléments pour une meilleure compréhension de la crise économique et de ses conséquences.

Que ce soit pour la lecture de la crise, pour l'étude des pratiques décisionnelles, celle de la représentation sociale de la décision ou encore de l'examen de mesures d'évitement et de prévention de crise, j'ai proposé des hypothèses et j'ai cherché à les étayer.

On pourra bien sûr me faire le reproche d'avoir procédé avec une rationalité limitée, avec certains biais cognitifs, ce qui m'aurait conduit à retenir les arguments susceptibles de venir soutenir mon raisonnement.

Le lecteur, en utilisant les modèles proposés, pourra reprendre mes hypothèses et ouvrir le débat contradictoire.

J'ai, en ce qui me concerne, cherché à dresser un tableau qui ne soit ni partisan, ni polémique.

Bien sûr, l'utilisation de modèles, par définition réducteurs, présente toujours le risque de la simplification ou de la caricature.

Dans la lecture que j'ai proposée du rôle de Nicolas Sarkozy face à la crise, lors de la présidence de l'Union européenne et dans la conduite de la France, j'espère y avoir échappé.

Au lecteur d'en être juge !

Table des matières

Introduction 7

PREMIERE PARTIE :
Eléments de compréhension du phénomène de crise 11

Chapitre I. Comprendre la crise 13
    I. Les apports de la recherche 13
    II. La dynamique de la crise 19
    III. Le récit de la crise des subprimes 23
        III.1 La montée en puissance 23
        III.2 La prise de conscience 28
        III.3 Chacun pour soi ! 30
        III.4 Vers l'explosion sociale ? 38

Chapitre II. Comprendre les processus de décision 47
    I. Le mythe de la rationalité et le mythe du "stratège " 47
    II. La réalité décisionnelle 49
    III. Le glissement et le basculement dans la crise 61

Chapitre III. Des exemples de crise 65
    I. Les conflits sociaux 65
    II. La "crise" au Parti socialiste 67

Chapitre IV. La stratégie et la politique 81

Chapitre V. Analyse de la crise financière 89
    I. Les banques centrales 89
    II. L'Union européenne 93
    III. Le G8 et le G20 101
    IV. Les Etats 108

Chapitre VI. Comment éviter la crise ? 111
    I. Les composants de l'environnement décisionnel 112
        I.1 Le problème de l'urgence 112
        I.2 La réduction des incertitudes 112

- I.3 Le comportement de la population 113
- I.4 Les "groupes de pression" 122
- I.5 Les médias 124
- I.6 Les responsables politiques 127
- II. Les acteurs de la cellule de décision 128
- III. Le pilotage de la cellule de décision 130
  - III.1 La structure 131
  - III.2 L'identité 134
  - III.3 Le fonctionnement de la cellule 135
  - III.4 Le décideur 138
  - III.5 Le leadership 140

DEUXIEME PARTIE :
Comment Nicolas Sarkozy a "géré la crise" 143

Introduction 145

Chapitre I. Comment la France a vécu la crise 147

Chapitre II. La gestion de la crise par Nicolas Sarkozy 161
- I. Nicolas Sarkozy sur la scène internationale 162
  - I.1 Nicolas Sarkozy et l'Union européenne 162
  - I.2 Nicolas Sarkozy, le G8 et le G20 165
  - I.3 Nicolas Sarkozy et le FMI 166
  - I.4 Les jeux de pouvoir 166
- II. La "gestion de la crise" française 169
  - II.1 Les réponses nationales 169
    - II.1.1 Les banques et les grands patrons 169
    - II.1.2 Les entreprises 172
    - II.1.3 Les partenaires sociaux et les salariés 176
    - II.1.4 Les collectivités territoriales 180
    - II.1.5 Les responsables politiques 183
    - II.1.6 La population 184
    - II.1.7 Les médias 185
  - II.2 La stratégie de Nicolas Sarkozy 187

Chapitre III. Le "système" de gestion de crise de Nicolas Sarkozy 191
    I. Le fonctionnement habituel de l'Elysée 191
    II. L'adaptation à la crise 192
    III. Les pratiques décisionnelles 196
        III.1 Au plan international 196
        III.2 Avec les "patrons" 198
        III.3 Avec les collectivités territoriales.....................199
        III.4 Avec les "groupes de pression" 200
        III.6 Concernant la population..................................200

Chapitre IV. La "mise en scène" de la décision......................203
    I. Les médias et la crise...204
    II. Responsables politiques et médias 205
    III. La représentation sociale..207
    IV. La carte des "bifurcations" 215

Chapitre V. Nicolas Sarkozy, les médias et la crise 217

TROISIEME PARTIE :
Maintenant et demain 225

Chapitre I. La crise à venir : l'explosion sociale ?..............227

Chapitre II. Comment éviter la crise sociale ?....................233

Chapitre III. Pourquoi ce sera difficile pour Nicolas Sarkozy ? ?..237

Chapitre IV. Comment prévenir les crises ? 255
    I. Une approche pour prévenir les crises 255
        I.1 Vers une gestion globale des risques....................256
        I.2 L'évaluation des systèmes de réponse..................261
        I.3 La mobilisation de tous les acteurs 262
    II. Analyse des décisions du G20 de Londres.................264

Chapitre V. Les perspectives **287**
    I. L'international 287
    II Les Etats-Unis d'Amérique 288
    III. L'Union européenne 289
    IV. La France 291

Conclusion **299**

L'HARMATTAN, ITALIA
Via Degli Artisti 15 ; 10124 Torino

L'HARMATTAN HONGRIE
Könyvesbolt ; Kossuth L. u. 14-16
1053 Budapest

L'HARMATTAN BURKINA FASO
Rue 15.167 Route du Pô Patte d'oie
12 BP 226 Ouagadougou 12
(00226) 76 59 79 86

ESPACE L'HARMATTAN KINSHASA
Faculté des Sciences Sociales,
Politiques et Administratives
BP243, KIN XI ; Université de Kinshasa

L'HARMATTAN GUINÉE
Almamya Rue KA 028 en face du restaurant le cèdre
OKB agency BP 3470 Conakry
(00224) 60 20 85 08
harmattanguinee@yahoo.fr

L'HARMATTAN CÔTE D'IVOIRE
M. Etien N'dah Ahmon
Résidence Karl / cité des arts
Abidjan-Cocody 03 BP 1588 Abidjan 03
(00225) 05 77 87 31

L'HARMATTAN MAURITANIE
Espace El Kettab du livre francophone
N° 472 avenue Palais des Congrès
BP 316 Nouakchott
(00222) 63 25 980

L'HARMATTAN CAMEROUN
Immeuble Olympia face à la Camair
BP 11486 Yaoundé
(237) 458.67.00/976.61.66
harmattancam@yahoo.fr

L'HARMATTAN SÉNÉGAL
« Villa Rose », rue de Diourbel X G, Point E
BP 45034 Dakar FANN
(00221) 33 825 98 58 / 77 242 25 08
senharmattan@gmail.com

23665 - mai 2011
Achevé d'imprimer par